謙卑先生與屠夫醫生

實現首例恆河猴換頭手術，
神經外科先驅羅伯・懷特對移植人類大腦的追求，
以及靈魂移植的追尋

MR. HUMBLE & DR. BUTCHER

A Monkey's Head,
the Pope's Neuroscientist,
and the Quest to
Transplant the Soul

BRANDY SCHILLACE

布蘭迪・席萊斯 ———著　徐仕美 ———譯

目次

致謝
Acknowledgments

像這樣的一本書必須透過不少人的好心協助，才能夠問世。我要感謝多倫・韋伯（Doron Weber）以及史隆基金會（Sloan Foundation）的大眾理解科學與科技計畫（Program in Public Understanding of Science and Technology）慷慨支持研究。我也要感謝霍斯金之家基金會（Hosking Houses Trust）允許我進駐停留一個月，可以在不受打擾的情形下，完成最後的編輯（必要又殘酷的過程！）。此外，我還要感謝羅伯・懷特（Robert White）醫生的家人，特別是佩蒂（Patty）和麥克（Michael），還有科里各・威托維茲（Kreg Vetovitz），協助我取得他父親克雷格（Craig）的資料。

萊絲莉・夏普（Lesley Sharp）博士和麥可・德喬治亞（Michael DeGeorgia）醫生，對於你們在整個計畫過程中提供專業指導，我要表達深深感激（麥可，謝謝你最初給我看那本沾染血漬的筆記本，我欠你很多瓶威士忌）。

俄羅斯聯邦科學機構塞馬什科國家公衛研究院（FSSBI, N.A. Semashko National Research Institute of Public Health）的瑪莎（Masha）以及醫學博物館，誠摯感謝你們在尋找弗拉基米爾・德米科夫（Vladimir Demikhov）資料方面的協助。

許多人接受我的採訪，謝謝你們撥出時間，並且願意受訪。

最後但同樣重要的是，感謝作家朋友藍斯・帕金（Lance Parkin），數不清有多少次陪我在午餐時討論草稿，還有我的另一半——馬克・席勒斯（Mark Schillace），耐心聽我朗讀每一章，聽了好多遍，甚至在開車途中。親愛的，你就像獨角獸一樣神奇。

作者記事
Author's Note

有時候是故事找上你，而不是你去找故事。這個故事始於一位老友的電話……他碰巧是位腦外科醫生。

麥可・德喬治亞醫生邀請我到他的小型方正辦公室，就位於克里夫蘭的凱斯西儲大學（Case Western Reserve University）校園。我抵達之後，他親切地請我坐下，因為有一些故事最好在你不需擔心會跌倒的時候聆聽。「我想給你看一樣東西，」他說，一邊把手伸向書桌最下方的抽屜。

那是個鞋盒，有點舊了。他把不起眼的盒子推過桌面，我有點心急地打開蓋子，帶著一絲不安。「不會是顆腦，是嗎？」我問。不，他對我說。或者至少可以說，不完全是。

最上方是一本褪色的棕色方格筆記本，標著麻州理工學院的字樣。封面上寫著羅伯・懷特（Robert J. White）的名字。隨著我翻頁的時候，看到潦草的筆跡、陳舊的膠漬，以及到處都有的鏽色斑點。「或許是小鼠的血。」麥可說。這是一本實驗記錄簿。我拿在手中的筆記本經歷一段漫長旅程，帶著它的創造者從小鼠和狗的早期實驗，到猴子身上的離奇手術——將活生生的腦換位置的大膽嘗試。

「他嘗試移植頭部？」我問道。他不是嘗試，麥可糾正。他成功完成這件事。然而，從來沒人把這個故事原原本本說出來。

至少，到目前為止都沒有。

接下來或許是我曾遇過的最奇怪故事。充分證明了一則古老的諺語：最奇怪的故事，往往是再真實不過的事；最詭譎多變也最豐富多產的故事土壤，就在人類的腦袋裡頭，那裡充滿了好奇、欲望、勇敢及恐懼。

前言　遇見盜屍者
Introduction: Meet the Resurrection Man

腦：一．三六公斤重、充滿皺褶的凝膠狀物質、具有一千多億個神經細胞，它產出的陰謀詭計不著痕跡，但卻主宰我們的思想、行為以及身為什麼樣的人。只要我們還擁有意識，**我們**就會是**我們自己**。暴力、意外與疾病可能侵蝕我們脆弱的身體，但大多數人依然認為**自我**就位於腦袋——存放我們的記憶、希望和夢想的倉庫。但是，如果你把腦子從它所在的身體移走……呃，又是另一種故事了。事實上，**這**就是本書的故事。

打開你的皮夾，拿出駕照。我們許多人在這一小片塑膠上的某處有個記號，載明我們是器官捐贈者，代表在我們死亡時，器官可以被摘取下來，拯救另一個人的生命。一旦選擇了這個選項，大多數人可能從此不作他想。我們現在樂於接受，甚至**讚揚**器官移植，但是不到一百年前，這種想法似乎不過是有病腦袋的瘋狂想像。從人體取出跳動的心臟，讓人聯想到對神的獻祭；從死者身上摘下肝臟來延續生者的性命，簡直是恐怖行為。

長達數個世紀的期間，天主教會等機構和社會禮俗甚至連人體解剖都不允許，導致對人體的複雜運作出現了奇特糟糕的想法。早期的解剖學家把子宮視為瓶子；他們認為乳房和卵巢有管道相連（假設月經和母乳有某種連帶關係）；至於腦，我們最寶貴的配備，他們畫成一團像果凍的黏糊。器官之間的空隙，也就是血液能在其中循環流動的腔室，則非常重要。從許多方面來說，血液承載著人類的靈魂。

然後來到十八世紀，有了盜屍者。歐洲城市充斥著垃圾和露天廁所，擠牛奶的女工整天提著桶子吃力走過街道，她們舀給路人的鮮乳油沾染了煙灰、塵埃和蒼蠅。由於營養不良、空氣不佳、水質不乾淨，不常洗澡的民眾普遍骯髒汙穢，疾病猖獗。生病農人一旦進到墳墓後，常常再被挖出來。由於缺乏冷凍設備，也沒有人體捐贈計畫，積極進取的醫生只能依賴別人的卑鄙勾當，那些人願意清除花環，奮力從土裡挖出新埋的屍體，趕在黎明前撤退，然後把屍體提供給年輕解剖學家——當然得有代價，而且不准問任何問題。這種舉動駭人聽聞，但如果不這樣，醫學生要如何了解包裹在皮膚之下的人體構造呢？

到了此時，終於可以開始弄清楚器官的真實形狀和功能：肝有兩葉、心臟有四個腔室……然而有這麼多肉塊，神學家想知道，靈魂到底棲息在哪一塊？自從笛卡兒（René Descartes，提出「我思故我在」）這些哲學科學家的時代以來，愈來愈多人認為這片神聖空間落在**心智**活動的區域。在解剖學家以及盜屍者的協助之下，**心智**變成**腦**的同義詞。

接著來到充滿神奇想法的冷戰時期，太空人約翰・葛倫（John Glenn）離開地球的範圍，英法聯合研製的協和號客機以及蘇聯圖波列夫Tu-144超音速客機翱翔天際，新一代的盜屍者誕生了。蘇聯的鐵幕之後，與身體分開來的器官在悉心保護之下，可以獨立生存，變成鮮為人知的實驗的研究對象。到了一九五〇年代，有一些奇怪的黑白影片流到西方世界，揭露了看起來很詭異的東西：在體外存活的心臟、自己獨立擴張的肺、一隻經過手術改造的狗正用相連的兩顆頭舔牛奶……史達林的科學家在各種祕密實驗室中深入探索生命的謎團。他們並非在尋找人類靈魂。做為優秀的世俗共產黨員，他們只對**生命**感興趣：如何維持生命、如何把生命分離出來、如何創造生命。他們對於控制心智也感興趣。冷戰時期的研究把腦視為一種無線電接收器，會收發電磁訊號。腦如何運作？為什麼腦可以運作？你需要多少分量的腦就能存活？腦死亡而身體卻繼續活著，會是什麼狀況？當角色互換，變成只有身體停機了呢？生命可能免於癌症侵蝕器官造成的逐漸退化、肌肉萎縮症導致的衰弱，或者葛雷克氏症（Lou Gehrig's disease，俗稱「漸凍症」）引起的肌肉僵硬——只要能把腦移到別處好了。

由於二十世紀中葉的白熱化科學競賽氛圍，催生出一種不可能的夢想：他們想進行的並非移植頭部（這個本體），而是移植整個身體——肺臟、心臟、腎臟，以及整套配備。這聽起來非常像《科學怪人》小說的情節，也很像是B級片科學家在可怕實驗室中所做的狂熱夢想。但是到頭來，這根本不是科學怪人的故事，而是變身怪醫的故事，有著兩個自我、兩種衝動，甚至有兩個名字。

謙卑先生與屠夫醫生

羅伯．懷特是堅定的道德捍衛者、虔誠的天主教徒，還是兩位教宗的朋友，喜歡稱自己為「謙卑的鮑伯」（有點諷刺）。懷特年輕時企圖心十足，是極有天分的專門人才，連哈佛大學醫學院都招攬他從明尼蘇達大學轉學過來，他有志於了解多重器官衰竭是何種情形。懷特是第一例腎臟成功移植的目擊者，這場手術由他的良師益友約瑟夫·莫瑞（Joseph E. Murray）執刀，懷特想疑惑，當一個人能夠進行頭部移植，一次把所有器官都換掉，為什麼還是寧願這次移植腎臟、下次換心。批評他的人，包括提倡善待動物主張的行動分子，稱他是「屠夫醫生」，譴責他讓無數動物遭受不必要的折磨，而且是擁有可怕野心的人，企圖扮演上帝。懷特反駁說，科學是無可非議的實際作為，但他也現身於電視螢幕和《GQ》雜誌頁面上，提著外頭寫有「法蘭肯斯坦醫生」的醫生包。他創立的救命技術，從為事故傷患實施的腦部冷卻方法，到源自真實狀況的實用手術，至今仍在醫院使用，他也是《X檔案》第二部改編電影的顧問，而且激發科幻恐怖電影《不死之腦》（*The Brain that Wouldn't Die*）的拍攝靈感。他為教宗若望保祿二世籌組生物倫理委員會，委員會隸屬於宗座科學院（Pontifical Academy of Sciences），懷特曾獲得諾貝爾獎的提名，但是他也曾切下一隻恆河猴的頭，把它縫合到一個截然不同的身體上，這是為了日後應用在人類上的試驗。

懷特開創的技術在黑暗中啟動，但他拿起手術刀，完全下定決心如同加入太空競賽般參與一場國際賽，這是冷戰時期蘇聯與美國之間為了克服死亡和賦予生命而展開的競爭。想要從狗到猴子，再躍進到人類，開啟一場長達四十年突破科學極限的奮鬥

——這場奮鬥也衝撞了動物福利的新觀點、懷特自己選擇的信念，以及大眾對於從腦死病患身上摘取器官，或對於移植使我們成為我們的東西的抗拒。

我們總會渴望那些觸手可及的未來。「我們即將發現多少事物？」瑪麗・雪萊（Mary Shelley）筆下的維克托・法蘭肯斯坦問道：「若非懦弱或漠視阻礙了我們的好奇心。」人類膽敢用自己的科技干擾宇宙嗎？答案是肯定的，我們的確敢這麼做。從鐵肺到今天的呼吸器，從第一起腎臟手術到創新的基因療法，從懷特的腦部冷卻技術到創新的人工神經網路植入，我們當今醫學的驅動力，來自於過去醫學的大膽躍進。我們看到曾是科幻小說中的構想成為真實的科學，然而移植伴隨欲望和揮之不去的恐懼，挑動我們的理智。當一個母親聽到早夭孩子的心臟在受贈者的體內跳動著，她耳中聽到的心跳聲是誰的？如果我們接受了別人的心、肺或肝，會改變我們是什麼人嗎？

這本書訴說一個不可思議的故事，一趟猶如法蘭肯斯坦般的追尋——有個人追求進行全世界第一例人類頭部移植手術——以及這場奇特的競賽如何開啟至今持續拯救性命的技術。但這也探討了一個仍有待解答的謎題：如果你讓一顆腦離開身體存活，那麼自我會變成什麼呢？或者就如懷特所說的：「你能移植人類的靈魂嗎？」

懷特醫生的研究像是一座非凡的橋梁，跨越冷戰時期的蘇聯和美國、科學和靈魂、實驗倫理，以及希望維護患者免於身體衰退的強烈欲望之間。他的故事開啟了一扇窗，帶領我們回到過去，回到那個國族主義盛行，充滿祕密、危險與間諜的年代，然而那個時代對於遭人遺忘者的權益也愈來愈注重，不論被遺忘的是陷入不可逆昏迷的病人，或是實驗室裡的猴子。這個故事是關於我們最深切的恐懼、最偉大的希望，以及一項驚人的發明，這項發明現在可以拯救心臟病患者和洗腎病人免於死亡。最棒的是，這個故事敘述了一趟科學幻想變成科學事實的漫長神奇旅程。

CHAPTER

1

少了一枚腎臟
For Want of a Kidney

我們沒想到自己創造了歷史。我們根本沒想到歷史，我們只想到正在搶救一位病人。

——約瑟夫．莫瑞，器官移植外科醫生

一九五四年十二月二十日的黎明時刻，大雪紛飛。到了下午三點左右，莫瑞醫生站在廚房，手邊有蛋酒的配方，他是波士頓哈佛醫學院附設彼得本特布萊根醫院（Peter Bent Brigham Hospital）的外科醫生。莫瑞的頭髮日漸稀疏，面容和善，與妻子芭比（Bobbie）正在為一年一度的耶誕派對做準備，客人超過七十五位，但是在他還沒來得及打第一顆蛋時，大廳的電話響起。「是病理科的人。」芭比告訴他。他們都知道這是什麼意思。莫瑞放下威士忌，匆忙穿上外套。他用曲柄發動汽車引擎，開車彎出私人車道，駛上結冰的馬路。布萊根醫院病理科留了一具遺體給他。

外科醫生為過世病人採取行動，並不常見。然而，莫瑞的思緒並沒有在那具屍體上，而是想到一個名叫理查・赫里克（Richard Herrick）的海岸防衛隊員，這名年輕人在那年十二月由於末期腎衰竭的毒性引發精神錯亂。莫瑞沒有想要使用遺體的器官，雖然在西方醫學證實藉由器官移植能夠延長生命的年代，這種想法很正常。但在一九五四年，並沒有器官移植；器官移植不曾成功執行過。起碼在那時還沒有。

缺少莫瑞的耶誕派對仍然進行得很歡樂，而同時他會在當晚把剛送來的屍體剖開，勞神費力地找出腎臟，然後摘除出來，接著以相反的順序重複這個過程，把器官放回去。這對已逝病人沒有什麼影響，但在三天後，這些練習的時數可能代表生或死。莫瑞和一群獨特的醫療小組將在十二月二十三日讓理查的雙胞胎兄弟，從韓戰退伍的羅納德（Ronald）接受一項危險的手術：他們計畫摘下羅納德的一枚健康腎臟給理查。這是器官移植手術的首例，將會開啟大家爭相進行其他器官首例移植的競賽。如果腎臟摘下來仍然可以保持活力，從這個身體轉移到另一個身體，為何不試試心臟？何不換成肺臟？懷特當時是在莫瑞的手術觀摩室的年輕醫學生，這場手術將會激發他對於身體和腦產生獨特且大膽的想法。

人類身體是一團混亂的變動組織，由不斷死亡和再生的細胞組成。每個部分也是整體，最輕微的破壞便能引發一連串細胞死亡。想想你的肺：它們必須提供大腦氧氣，否則大腦就會死亡。然而，呼吸必須仰賴大腦才能進行。沒有腦，就不能呼吸；不能呼吸，就沒有腦。這種相互依賴的關係，甚至在細胞層次也成立。一旦我們死亡，我們全身上下都死了，而且在人類歷史的大部分時間裡，即使是單一器官的衰竭，就相當於判了死刑。這並非在說醫學沒有試圖挽救器官和延長生命，而是嘗試後失敗了。

到了十九世紀後期，能夠殺菌的消毒劑、將傷口處理得更乾淨的方法、更工整的縫合技術，這些措施的出現讓手術能夠在相當安全的情形下進行。有了可靠的麻醉劑，感染機率也大幅下降之後，外科醫生可以在體腔內下刀到更深入的部位，超越以往。換句話說，他能做的不只是切掉可見組織、移除礙事腫瘤或者截肢；技術良好的外科醫生可以矯正身體，讓複雜性骨折復位，在嚴重的例子，還能在器官上動刀，像是割除破裂闌尾或切除乳房。雖然有這些成功例子（儘管機率很渺茫），移除任何器官所造成的損害大過修復。你可以切除讓病人不舒服的器官，但是不能摘下健康的器官給別人。器官的養分由廣大的精緻血管網路供養，如果你不能重建器官的血管（也就是把斷掉的血管縫合起來，而且不會發生滲漏），就無法維持器官存活。除非這項難題可以克服，否則移植科學永遠不會進步。初期的實驗很糟糕、可怕、幾乎注定會失敗，如同大多數早期的嘗試。

亞歷克西・卡雷爾（Alexis Carrel）是法國外科醫生與諾貝爾獎得主，他大部分的手術是在動物上進行的，特別是狗。血管重建術在一八九四年能夠實現，要歸功於卡雷爾的絲線結紮實驗，由於絲線足夠纖細，加上刺繡師傳授縫紉課的協助之下，卡雷爾能夠修補血管，而且針腳小到幾乎無法用裸眼看見。[1]為了避免刺穿血管，他把血管的微小創緣像襯衫袖口一樣外翻，再把兩端縫合，使血管內壁光滑，血流不受影響。[2]等到技巧純熟之後，他把目標轉向狗的腎臟移植。他長期以來就對治療腎臟疾病感興趣；由於病人經常死於腎衰竭，為了推遲疾病進展，卡雷爾提出了實驗手術的想法。畢竟，你能夠移除一枚腎臟，而不會傷及另一枚，而且這個形狀像豆子的器官會過濾掉身體的毒素，產生尿液做為副產品，你可以藉由測量尿液的量，輕易分辨移植是否成功。[3]取出來相當順利，放回去則麻煩得多了。

透過對血管系統的研究，卡雷爾了解，維持腎臟存活的祕訣和血液供應密切相關。他最初的一項試驗是移除一隻狗的腎臟，在腎臟放回狗身上之前，他把分離出來的腎臟放在實驗室中，以人工方式灌注血液。當他把腎臟放回同一隻狗的體內，這枚腎臟通常會再度開始運作，狗兒和腎臟都會活得好好的。但要是他嘗試把腎臟放到另一隻狗身上，往往會造成死亡。不只是移植的器官衰竭，隨著垂死器官造成的感染蔓延開來，還會連帶殺死接受的宿主。卡雷爾很好奇這種衰變牽涉了哪些過程，於是執行了一系列奇怪而可怕實驗的第一個：交換兩隻狗的腳。這時的卡雷爾在紐約定居與工作，他切下兩隻狗的大腿，一隻是白狗，一隻是黑狗。不久後，牠們裝上對方的四肢。[4]卡雷爾跟一位同事說，這種工作比器官移植簡單多了，雖然把大腿骨和關節窩接在一起時，他必須用力讓釘子穿過骨髓腔。這項手術引發大眾的想像力，《華盛頓郵報》上出現一些天馬行空的插畫，讓人留下這些狗帶著新的腳跑來跑去的印象。事實上，牠們不會讓新的腳活動，神經組織復原得太慢，十天後狗兒的腳開始發臭腐爛。兩隻狗最後死於感染。接下來有更多試驗，也帶來更多失敗，直到一九二四年才發現箇中緣由。這次的突破來自一位叫做埃米爾．霍爾曼（Emile Holman）的外科醫生，他比莫瑞大約早二十五年在布萊根醫院工作。

霍爾曼對於皮膚移植有興趣，皮膚移植已經發揮用途五十年了。當時工業化的速度比勞工權益提升的速度更快，於是意外頻傳，而且通常後果嚴重。一八七八年，一個名叫山繆．魯特（Samuel Root）的鑄鐵廠工人作業時，一股液態金屬流過他的腳，造成嚴重燒燙傷；還有其他不幸的工人被機器絞到，衣服和皮膚都被扯掉。[5]保護身體的皮膚要是燒傷或剝離的面積太大，患者很可能會死亡，實際上已經造成多人喪命。然而，有幾位外科醫生冒險試圖把多出來的皮膚覆蓋在傷口上，希望傷口會癒合。歷史學家蘇珊．萊德勒（Susan E. Lederer）甚至敘述了發生於十九世紀的古早外科傳奇，事件中為了重建一名婦女的頭皮，總共募集兩百人的皮膚，這張人皮毯子上的縫線還清晰可見。[6]但是，如同當時的其他器官移植病例，皮膚移植片無法持久。它們會起皺、剝落、壞死。有時候，移植皮可以維持得夠久，讓病人自己的皮膚復原；然而，情形通常不是如此，疼痛和感染隨之而來。

血型鑑定在一九二〇年代與三〇年代開始得到支持，到了一九五〇年代幾乎廣獲接受。這門仍在發展中的科學讓霍爾曼產生一個想法。從某人身上取下健康皮膚，移植到其他人身上，這就是**同種移植**（allograft），雖然還不會成功，不過也不會太久了。在霍爾曼的年代，孩童常因為拿取熱爐子上的東西而燙傷手指，或在火堆旁跌倒而灼傷腳趾，成為燒燙傷受害者。他想到，親子間的皮膚配對，效果應該會跟使用孩子本身的皮膚一樣好，於是他取了一名燒傷患者母親的皮膚做為移植片。[7]這種思維或許有點道理，但是這些移植也失敗了。更糟糕的是，每當他為這個孩子更換移植皮，皮片會比先前更快壞死。霍爾曼意識到，有一種「破壞作用」來自身體本身。[8]不久後，來自聖路易的整形外科醫生詹姆斯．巴瑞特．布朗（James Barrett Brown）證實了霍爾曼的擔憂：這種「作用」實際上是一種**免疫**（immune）反應。宿主身體以某種方式認出外來組織，當成入侵的威脅，於是發動攻擊，加以排斥。人體似乎知道自己的疆界在何處開始，又在何處結束，而且不接受任何外來的肌膚。也就是說，任何希望從別人身上移植皮膚（或其他組織）的人肯定會失敗，這種想法在一九四〇年已經成為眾人都接受的事實。到了一九五〇年，紐約一位高調又多產的病理學家里歐．羅布（Leo Loeb）宣稱，器官移植前景「無望」，完全是「浪費時間」。[9]他的聲明似乎為美國從事移植科學研究的人敲了一記喪鐘。儘管如此，在布萊根醫院，器官移植的研究仍持續進行。這家醫院的外科主任法蘭西斯．莫爾（Francis D. Moore）相信前方依然有路，他把滿腔熱情且志同道合的莫瑞拉到同一艘船上。哈佛的其他頂尖醫學專家對他們投以同情或嘲笑的目光，認為這些人是自家大學愚人船上的迷航船長。

年輕的莫瑞醫生這時三十二歲，剛完成整形外科的訓練，面對各種可能情形都沉著堅定。「有人指責我是病態的樂觀主義者。」他多年後在回憶錄中寫道。[10]他把自己在器官移植方面的工作稱為「靈魂的手術」，這讓他的人生有了使命感，無畏那些持懷疑態度的同事，他們無法動搖他的信心。[11]他重複進行卡雷爾的實驗手術，除了換腿實驗外全都做過，甚至把遺體的腎臟移植到病人大腿上，器官在那裡造成的鼓脹比較不顯眼，也比較靠近尿道口。這種手術還不到真正器官移植的程度，莫瑞知道器官最終會壞死。他只希望多一枚腎臟或許能減輕病人本身那對故障腎臟的壓力，哪怕只有一會兒也好。然而，大多數情形下，這只為病人爭取到幾個星期或幾天的時間。莫瑞相信，一定有方法讓移植器官運作得久一點，但是由於排斥率高達百分之百，沒有人敢進行完整的人體試驗。至少，在理查．赫里克出現在布萊根醫院的急診室之前還沒有。

理查二十二歲，是個活力十足的健康年輕人，在海岸防衛隊的船艦服役，穿梭五大湖巡邏。然而，一九五三年秋天，他突然身體不適，覺得虛弱且不時頭暈。隊員送他上岸，但是他的病情沒有好轉，像是得了嚴重流感那樣。一九五四年一月，他起床時腿和腳踝出現水腫。起初這種狀況斷斷續續，會在一天中逐漸消退。但是隨著幾個月過去，理查的水腫情形會延續到傍晚，皮膚發熱、緊繃，連走路都有困難。他痛到去就醫，醫生診斷出他的尿液中蛋白質過量。這種症狀令人憂心，代表他的腎臟在執行標準的廢物過濾過程非常吃力。很快地，理查開始覺得無精打采，味覺變得奇怪，感覺口中有股金屬味，經常噁心嘔吐。後來，他連尿液都排不出來。理查已經進入腎衰竭階段。

我們的腎臟每一天過濾大約一百九十公升的血液，分離出尿素（蛋白質代謝後的副產物，乾燥時呈結晶狀）等毒素，還有氯、鈉、鉀、肌酸酐（creatinine，肌肉中肌酸分解的廢物），以及多餘的液體，這些一起做為尿液排出體外——每天的尿量可達一．九公升。你不需要兩枚腎臟都為你工作，這種冗餘設計也出現在我們的生殖器官（兩顆卵巢、兩顆睪丸），可說是演化的怪癖，就像是面對傷害的保險措施。其他奇怪的地方還有，兩枚腎臟幾乎總是一起衰竭，如果一枚腎臟生病了，另一枚也幫不了我們。腎臟一旦衰竭，體內廢物累積太多可能會致命。[12] 如果發生嚴重腎衰竭（指兩枚腎臟完全失去功能），患者百分之百需要透析治療，藉由機器淨化血液，這個過程痛苦又複雜，而且餘生都擺脫不了。患者必須每週到透析中心三到四次，讓血液導向體外的機器，過濾後再流回體內。而即使進行透析，許多病人仍然會在一陣子之後過世，從前尤其常見。這就像一首古老詩歌說的，少了一根釘子，丟了一個王國。*

不到一年，赫里克的小王國就亂成一團。他從健康的小伙子，變成虛弱的末期慢性腎炎病人，這種發炎症會造成腎衰竭，導致死亡。[13]他的皮膚變成青銅色，開始出現癲癇、精神錯亂；他在咬了護理師之後，被約束在病床上。即使進行透析，也救不了他太久。理查的病情加劇，醫生把他轉到麻州布萊頓（Brighton）的公共衛生服務醫院（Public Health Service Hospital），讓他離家人近一些。[14]理查的大哥凡恩（Van）告訴醫治弟弟的醫生大衛．米勒（David C. Miller），他願意不惜一切來救理查，即使要把自己的一枚腎臟給理查。不行，米勒向他保證說，它只會被排斥，除非……米勒說到一半停了下來。[15]他沉默一會兒，突然想到一個主意。他們不能用凡恩的腎，這行不通，但是他們**能夠**用理查另一個兄弟羅納德的腎；兩人是同卵雙胞胎。由於理查的腎臟現在只靠維生系統支持，米勒讓他轉到布萊根醫院。米勒也先打電話去，提及理查的情況與大多數不幸的病人不同，他有適合的捐贈者。

「對我們的實驗模式來說，這是最佳的人體安排。」莫瑞在日後接受採訪談到。[16]但是，一群外科醫生應該讓一個健康的人冒險，去救另一個人的性命，即便是為了那人的兄弟？莫瑞有什麼權利做決定？

驚世駭俗的手術

莫瑞不是傻瓜，雖然他的哈佛同事有時候覺得他很傻。十年前的第二次世界大戰期間，他曾經成功完成移植手術，創下自己的首例，那次的對象是一名二十二歲的飛行員，在太平洋戰區墜機，全身有超過百分之七十的面積灼傷。當美軍把查爾斯·伍茲（Charles Woods）從飛機殘骸中拖出來時，他的嘴唇、眼瞼、耳朵和鼻子都被燒掉了。伍茲本身沒有足夠的皮膚做為移植片，他需要沒有纏著很多繃帶的人捐贈皮膚。那時莫瑞在賓州的福吉谷綜合醫院（Valley Forge General Hospital）工作，無他計可施，只好從醫院太平間捐贈計畫的遺體取皮。

莫瑞和他的同行知道，一旦宿主（查爾斯的身體）發現入侵者（遺體的皮膚）來了，就會製造抗體，這是瞄準入侵者而特別準備的。到了莫瑞的年代，外科醫生已經知道這種免疫反應是由漿細胞（plasma cell）產生的蛋白質去攻擊細菌和病毒造成的。

＊作者注：少了一根釘子，損了一塊蹄鐵。／損了一塊蹄鐵，誤了一匹坐騎。／誤了一匹坐騎，缺了一名騎兵。／缺了一名騎兵，輸了一場戰爭。／輸了一場戰爭，丟了一個王國。／一切皆因為少一根馬蹄鐵釘。——佚名

不幸的，演化不能讓這些蛋白質太挑剔，所以它們把任何顯然是外來的東西也一起消滅。[17]儘管如此，他們還是得嘗試移植皮膚；伍茲缺少皮膚的覆蓋，無法防止微生物進到內部組織，最後他會死於敗血症，也就是嚴重的感染。莫瑞需要讓查爾斯活得夠久，查爾斯的身體才能自己長出新的皮膚出來，但是預後似乎很不樂觀。

莫瑞必須切下皮片，然後重新縫合，他知道霍爾曼的研究顯示，連續換皮會使皮片比早先補綴的皮片更快壞死。不過……這次的皮片卻沒有這樣。將近一個月後，莫瑞注意到第一批移植皮還貼合著、沒有死去，而且相當有活力。起初看起來像是奇蹟，但是莫瑞很快就認清背後的原理。患者的免疫系統已經嚴重受損，無法產生抗體攻擊新來的組織。有某種東西正在壓抑免疫反應。如果免疫反應能夠在自然情況下受到抑制，那麼肯定可以用人為的方式壓制。「我開始想知道，」莫瑞後來寫道，「是否可以不僅限於皮膚，」還能把捐贈器官植入人體。[18]

伍茲驚人的復原故事成為轟動世界的新聞，登上《新聞週刊》（*Newsweek*），而且引來一位叫做法蘭西斯・莫爾的外科醫生的注意。一九四二年，發生一場惡名昭彰的椰林夜總會（Cocoanut Grove nightclub）大火（死亡人數多達四百九十二人，至今仍是美國史上奪走最多人命的火災），莫爾曾經治療這場火災的受害者。[19]救治這麼多燒傷患者的經歷，激起這位外科醫生對於移植科學的興趣。莫爾在一九四八年成為布萊根醫院的外科主任，立即建立一項實驗性質的腎臟計畫，並且延攬莫瑞到波士頓來帶領。兩人都相信移植科學能夠有所進展，但也知道需要一場成功的手術，說服世人器官移植是可行的。然而他們還沒找出人為抑制免疫系統的方法，即使認為可能做得到。為了一勞永逸避開免疫系統帶來的風險，他們的第一場手術需要是相同遺傳組成的雙胞胎。因此，在一九五四年吸引到莫瑞注意的，不只是理查．赫里克的悲慘狀況，還有他健康強壯的雙胞胎手足——羅納德。

赫里克兄弟抵達布萊根醫院的幾個星期內，一疊檢驗報告迅速出現在莫瑞的桌上。他進行了十七項正規檢測，確認這對雙胞胎之間真正的遺傳相似度，不過只有一項決定性證據：莫瑞把羅納德的一小塊皮片移植到理查的手臂上，而那片皮膚長得很好。但是，緊張不安的氣氛仍未消退。十二月二十三日早上，一則新聞快報〈布萊根醫生正計畫驚世駭俗的手術〉打斷莫瑞心愛的計畫。[20]或許這則新聞僅只在大波士頓都會區傳播，莫瑞卻覺得全世界都在關注。只消一個錯誤，就可能讓實驗室關閉、經費流失、移植外科領域的時間倒退十年——甚至退回更久之前。失去理查，事情會很糟糕，但以他的病情來說，這並不令人意外。想到失去雙胞胎中健康的那一位，也就是羅納德，則會雪上加霜。莫瑞認為，這場手術其實可能是醫學史上，首度有一個健康的人在對個人沒有任何益處之下進行侵略性手術。羅納德的犧牲，只對他的雙胞胎手足有利。

我們永遠無法為了未來做好準備。未來全速衝向我們，而我們只有瞬間的餘裕，決定冒險並做出改變。莫瑞和他的外科團隊不知道自己即將創造歷史，他們一敗塗地的可能性大得多了。由於如今器官移植行得通，也因為我們曾經看過手術如何進行，聽過結果有多麼成功，甚至遇過受贈者，以至於器官移植曾經帶有的恐懼和魔力已然消散。遺傳學告訴我們，是何種神奇的過程使我們帶有獨特的DNA；人類微生物體（microbiome）的研究則告訴我們關於體內眾多微生物，包括從細菌到寄生蟲的事情。然而，移植卻是取來陌生的東西，然後放到熟悉的東西之間。這代表要拆掉自然創造的成果、分離血管、剝除肌肉，讓器官從它藏匿的地方現身，接著又要重建自然一點一滴打造出的成果。

隨著實驗手術而來的，總是要思考「可以」和「應該」，這是究竟是否該嘗試一件事情的哲學問題。移植不只是在執行醫術，還牽涉到身體和靈魂的問題；靈魂也是「生命的本源」（無論每個人如何定義靈魂）。什麼才是有意義的生命？誰來決定它的重要性和價值？誰能決定它的終結時刻？莫瑞打破了不可能的疆界，開啟一扇門，通往比他想像更令人興奮也更奇怪的事物。移植外科叩問了一連串艱難的問題，攸關身體的終點與我們的起點。我們是誰？我們在何處？不論是好是壞，這對身體、大腦、人類靈魂的未來有什麼意義？這些問題或許沒有造成莫瑞的困擾，他正忙著為那天早上的手術做好萬全準備。然而，莫瑞手術室外有一位二十八歲的住院醫生正在踱步，他已經開始費神思索這些問題。

異域的孤兒

懷特好不容易擠進布萊根醫院的擁擠大廳。他和其他人一樣聽到消息，但是感受到的激動多過新奇。離耶誕節還有兩天，他的住院醫生同事群集在醫院大廳，興奮地討論莫瑞醫生即將操刀的這場手術，一場將會改變一切的手術；比起這群住院醫生，懷特年紀大了一點，而且窮了許多。

懷特曾經是魅力十足的美式足球運動員，戴著黑色方框眼鏡，他是中西部男孩，一九二六年出生於明尼蘇達州的杜魯斯（Duluth），成為老羅伯．懷特（Robert White Sr.）

的大兒子，老懷特當時是美國海岸砲兵的預備軍官。這個男孩出身於藍領、中產階級，並篤信天主教的大家庭，家庭成員包括媽媽凱瑟琳（Catherine）、弟弟吉姆（Jim）、喪偶的阿姨海倫（Helen）、阿姨的兩個兒子（懷特的表兄弟派特〔Pat〕與比爾〔Bill〕），他們同住一個屋簷下。海倫阿姨一直在學校當老師，一場車禍帶走她的先生後，她來和姊妹作伴，這些小孩也變成一群吵吵鬧鬧的玩伴。雖然家裡有些亂而且有點擠，但是很溫馨又和樂，懷特十五歲時，舉家搬到明尼亞波利斯（Minneapolis），他進入天主教的德拉薩高中（DeLaSalle High School）就讀。他在那裡遇到查爾斯（Charles）修士，學校的生物老師。查爾斯修士的期末考需要解剖青蛙，特別要求把這種兩生類小小的腦取出來。這時的懷特身材強壯結實，對運動表現出更多興趣勝過科學，他先前肯定從來沒有展現過操作解剖刀的天賦。他和同學開始下刀時，青蛙腦塊在桌上亂濺，碎裂頭骨四處散落。但是，當查爾斯修士來到懷特的桌子旁，看到平滑的腦膜完好無缺，整片發出光澤。「懷特，你應該去當腦外科醫生。」他說。[21]懷特在往後的歲月常常提到這個故事。

這是懷特第一次把注意力放在畢業以後的人生，而且是在明尼蘇達以外。一九四一年的夏天，他興起「懷特醫生」或「外科醫生懷特」這樣的念頭。然而，明尼亞波利斯沃什本大道（Washburn Avenue）以外的世界，正要邁入混亂的局面。希特勒已經入侵波蘭，法國和英國對德國宣戰。一九四一年九月，他剛升上德拉薩高中二年級，老羅伯．懷特收到美國後備軍人動員令。雖然還沒正式宣戰，我們已經參戰了。

美國政府於一九三〇年代通過的中立法案（Neutrality Acts）禁止提供彈藥給同盟國，但是美國仍成為補給線，把金錢、武器和重要物資運往歐洲。[22]此外，還派出百萬大軍前往另一頭的太平洋，老懷特現在成為其中一員。他將駐守在菲律賓，預定帶領馬尼拉灣的海岸砲兵。前往另一個世界的路途似乎很漫長，幾乎就像要去另一個星球，老懷特軍中的薪水不夠養活全家人。海倫阿姨想辦法到小學教書，懷特和弟弟下課後到鐵路公司打工。時序從九月不知不覺來到十月，接連傳來的只有壞消息。他們到本地堂區的教堂點燃冰涼壁龕裡的蠟燭，祈禱戰情不要升高。每個人都盼望有信件寄回家裡。

一九四一年九月四日：「今天早上醒來，看見美國驅逐艦在我們周遭航行……」老懷特在日記裡寫道。九月五日：「我們的巡洋艦與我們同行，從一側航行到另一側。還是令人非常安心……希望海倫知道她貼心準備的書寫文具組有多麼棒！」到了六日，實施限水，停止淋浴。暴風雨來襲，海浪翻騰，美國一艘驅逐艦在大西洋遭到攻擊的消息傳來。那個週六，老懷特在日記裡同樣寫下這起新聞事件：

一九四一年九月四日上午，基爾號驅逐艦（DD-145）從紐芬蘭島駛往冰島的途中，偵測到一艘德國潛艦的聲納接觸訊號……驅逐艦維持接觸訊號三個半小時，突然發現一枚魚雷朝船艦射來。

危機潛藏在各處。載有一千四百人的船隻就像是在漂浮太平洋上的目標，因此它關燈航行，避免敵人砲火的攻擊。黑暗中，暴風雨以九公尺高的浪濤猛烈襲擊。

他們在九月十七日抵達德拉姆堡（Fort Drum），這是在馬尼拉灣口的一座小島。小島防守森嚴，有「混凝土戰艦」之稱，對第五十九海岸砲兵團的人員和軍官來說，這裡不太舒適，沒有一點樂趣。日子愈來愈漫長，卻愈來愈空虛，直到十二月八日，日本轟炸珍珠港。接著戰爭真正開打，雖然此時還沒人知道，南太平洋將落入敵軍手中。耶誕節時，老懷特在德拉姆堡的坑道中寫下：「我就像在陌生世界的孤兒。」坑道是為他們抵擋炸彈的唯一防護設備。以混凝土建造的艙室像是地下碉堡——或者棺材——保護他們的安全，直到一九四二年五月，美國輸掉德拉姆堡。沒有人知道老懷特的下落。

完全沒有任何消息，猶如石沉大海。在明尼蘇達的一家子等著，盼著。最後，一名在德拉姆堡投降前兩個月才和幾位高階軍官撤離的隨軍牧師，把一小冊日記本，也就是海倫阿姨的貼心禮物送回沃什本大道。最後一篇紀錄的開頭是，「我在這裡寫下的種種不快，不代表傷心絕望或抑鬱失志……而只有對未來的描述，或許才是這本日記最有趣的部分。」日記結束在「但是當然……」思緒未完時戛然而止。最後一行陷入沉寂，如同一團迷霧籠罩全家。懷特的父親寫下這些話時，人是活著的。他可能現在還活著，亟待救援。懷特在一九四四年初剛滿十八歲時報名從軍。他母親為此簡直活不下去，但是他想要找到父親。

懷特那年六月畢業，是班上的畢業生致詞代表，不久後，他就穿戴整齊乾淨在等待命令。在軍方招募員的辦公室裡，他背脊挺直、精神抖擻地坐好，長官正在看他的檔案。學業表現優異、對科學有興趣、天賦優異，他是快速且靈活的學習者。他原本應該分發到步兵，就像大多數年輕人一樣；尤其突出部之役戰況激烈，美軍傷亡慘重。[23]戰役相關照片顯示人員裹著厚重衣物，在不見盡頭的白色道路上以及覆蓋白雪的樹木間跋涉，冰凍的散兵坑裡滿是已經喪生或垂死之人。他們需要熱血青年，但更迫切需要醫療人員。「你在這裡稍候。」招募員說。他們讓他盯著牆壁半個鐘頭，似乎就像永恆。最後門打開了，那人下達新的指令：他會被派到醫療團。[24]於是，懷特被送到印第安納州，接受嚴格密集的醫事檢驗訓練課程，從血液檢驗、水質檢驗，到複雜的野戰裝備和基本急救術。他最後沒有去比利時，而是來到菲律賓，也就是兩年前他父親失蹤的天涯海角。

懷特最初抵達呂宋島。他的主要職責是治療罹患瘧疾的美軍，兼顧變化多端的戰爭需求。他要撥時間守衛補給品倉庫，以及檢驗水樣是否有寄生蟲。這代表他不會看到前線，但不代表他不會有戰爭創傷。身陷勞累的工作時間以及潮濕悶熱的惡劣環境，他利用餘暇探訪（目前由盟軍管控的）監獄及醫療站，尋找父親的蹤跡。對懷特來說，這是天意：他來這裡必有其因。然而，名單上從未出現父親的名字，前進早先被敵人占領地域的部隊也沒有發現他父親的身影。他們發現的是萬人塚。

當日本在一九四五年八月投降，懷特從菲律賓移調到日本東京，在那裡加入紅十字會醫院。年僅十九歲的懷特，在十天內建立臨床實驗室，並且開始檢驗水質。他與外科醫生及其他醫生、醫事人員、技師共用空間。病人與傷患一直蜂擁而來，許多人手腳傷殘。在彈殼四射或炸彈直接命中的災難現場附近，整形外科先驅努力重建顏面。一個人失去身體的多少部分，還能算是自己呢？

為了尋求平靜，懷特走到市郊的神社。朱漆神社矗立在山巔或林壑，眼前的崇拜方式既陌生又熟悉。懷特想知道，要怎麼把戰爭的可怕與敬神的文化一概而論？他學到一些日文，足以了解這裡的人也受害慘重，他開始思索自己的信念。他喜愛醫學，但是如果當神父的話，說不定能服務更多人？突然有兩條路出現在眼前：一條通往神職，一條通往外科醫生的手術檯。然而，原子彈摧毀廣島和長崎，集中營湧出大批孱弱的婦女和兒童，軍人身體受傷或出現砲彈恐懼的心理症狀，他知道最初的想法是最佳選擇。他想要拯救這些人的性命，甚至是所有人的性命，如果能力可及的話。

他也希望可以拯救父親的性命。在東京待了幾個月之後，一名傳令員騎機車送來一封發自道格拉斯．麥克阿瑟（Douglas MacArthur）的信件，麥克阿瑟是美國五星上將暨菲律賓陸軍元帥。這封信致上個人的哀悼：「我們發現令尊的墳墓。」老懷特在德拉姆堡失守之後只活了幾個月，抓到他的敵軍在一九四二年七月把人留在舊比利比監獄（Old Bilibid Prison）。收到通知的幾天內，懷特搭機到馬尼拉，站在父親的墓碑前，然後寫了一封簡短的信寄回家：「我和他在一起。」只有名字和數字標在石頭上，哀痛和解脫感覺交雜。任務完畢，戰爭結束。他搭下一班飛機返回明尼蘇達。

懷特在軍隊受到的訓練，教導他的事情遠超過大學課堂所教的。他已經學過細菌學、流行病學（疾病防治）、血液檢驗、水質檢查，甚至在日本遭受核武攻擊後，他一度被派去測量輻射強度。他當過醫務兵兼實驗室技術員，曾在戰地行醫，但是他不能就讀醫學院，因為沒有大學學位。所以懷特利用美國的「軍人權利法案」（The GI Bill of Rights）註冊位於明尼蘇達州聖保羅的聖湯瑪斯學院（College of St. Thomas）。兩年後，他被明尼蘇達大學錄取，取得化學學士學位；一九五一年秋天，懷特申請到這所大學的醫學院。

明尼蘇達大學以擁有許多知名校友和教員自豪，包括菲利普・亨奇（Philip Hench），因為研究類固醇激素皮質酮，和其他科學家在一九五〇年共同獲得諾貝爾生醫獎，還有約翰・劉易斯（F. John Lewis），在一九五二年成功施行第一例開心手術。然而，成功的要求很高。這群和懷特一起念醫學院的熱血年輕學子，有許多人無法承受課程的壓力。才過了僅僅一年，懷特被叫進院長室。這是他第二次坐在默默細讀自己成績的人面前。他們會把他踢出去嗎？「羅伯，你不屬於這裡，」院長開口了，懷特也做好聽到壞消息的準備……「你屬於哈佛醫學院。」有一項全額獎學金已經安排好，讓懷特轉學到國內最好的醫學院之一，他大吃一驚，好運擋都擋不住。一九五三年，懷特以優異成績從哈佛畢業，開始在莫爾的指導下擔任布萊根醫院的住院醫生，距離大約一年後將進行第一例器官移植的手術觀摩室，其實只有幾步之遙。他來得正是時候。

一九五四年十二月二十三日，波士頓：赫里克雙胞胎的手術在上午八點十五分準時開始。前面的九十分鐘當中，莫瑞在隔壁手術室待命，聆聽羅納德手術的即時有線播送。他的組員需要迅速行動，但是不容絲毫差錯。只有一位雙胞胎，只有一顆候用腎臟，這群醫生只有一次機會。到了上午九點五十分，醫生已經把捐贈者供應腎臟的血管挑出來，但是不敢剪斷；莫瑞仍需要讓理查準備好接受器官。[25]不像早期的實驗把捐贈腎臟留在病人的大腿中，這次的手術需要永久植入腹腔內。

理查的病情持續惡化，甚至影響神智，莫瑞知道光是手術可能就會要了他的命。即便是讓他接受麻醉，似乎都會造成風險，但要是他們的行動不夠快，他還是會死掉。理查蓋著灰綠色被單推出來時，莫瑞立刻在理查的腹部劃出第一個切口。莫瑞的手穿過腹壁肌肉後，小心拉開包著小腸和闌尾的腹膜囊。他執行一系列掐好時機的動作，把理查體內為腎臟和腳供應血液的動脈夾住。接著，他深呼吸了一口氣之後，請莫爾切斷羅納德健康腎臟的血液供應，把腎臟摘取出來。[26]

他們稱這段時期為**缺血時間**（ischemic time），就是取出器官到將血液重新導向組織之間，令人腎上腺素高漲的關鍵時刻。每條肌肉、神經和纖維像引線一樣在震顫，每項動作必須精心安排，時鐘指針的每個節奏和聲響都受到關注。莫爾把腎臟用普通的濕毛巾裹著，放在尋常的盆子裡遞過來，「對如此珍貴的物品來說，是很不起眼的遞送方式。」莫瑞日後回想道。[27]在那個盆子裡登場的，夾著夾子的東西，是通往理查王國的鑰匙。莫瑞把器官放進腹壁內，還要等到外科醫生把自體血管接到捐贈腎臟上，才能重新接通血流。接下來再把腎動脈連接到理查的髂外動脈。時鐘指向上午十點十分，但是夾子還沒取下。隨著大波士頓都會區的廣播電臺一再重複播送這則新聞，三十分鐘滴答流逝，外科醫生在白色燈光和公開展示的壓力下汗流浹背，大家都渴望知道消息。

莫瑞的醫療團隊到十一點一刻，才完成必要的連接縫合。「當我們輕輕鬆開夾子，整個手術室鴉雀無聲。」他回憶道。[28]只有儀器的聲音，這是血液注入捐贈腎臟時手術室裡的背景噪音。腎臟膨脹、變成粉紅色，已經有一小時二十二分鐘沒有血液流過，理查的腿也是。所有的夾子都移除了，腎臟開始脈動，執行自己的任務。幾分鐘內，尿液快速流過理查的導尿管，還得勞煩人員把地板的尿液拖乾。[29]醫生把理查的輸尿管開口的那一端接到膀胱，立刻恢復正常的排尿。[30]莫瑞鬆了一口氣，他們已經克服第一重障礙，現在必須等待。

才過了兩個星期，赫里克雙胞胎就一起步出布萊根醫院，這是器官移植外科的第一場勝利。由於赫里克兄弟是從一個受精卵分裂發育而成的兩個人，這場腎臟移植相當於把熟悉的器官放到熟悉的環境中。不過，當理查體內的關鍵液體再度流動時，他自己的兩枚腎臟還留在原處。理查現在有三枚腎臟，他的兄弟羅納德只有一枚。他不是換腎，而是得到額外的賞賜，但這帶來潛在的風險。莫瑞擔心生病的那兩枚腎臟會感染新植入的那一枚，而想要立即將它們切除。理查原來的醫生約翰．梅里爾（John Merrill）持較保守的看法，認為應該保留下來。所以理查的腎臟像地雷一般留在體內，好比死神如影隨形，幾年後梅里爾終於同意拿掉。理查手術出院後過得很好，精神狀態恢復正常，回到活躍的人生。他和照顧他的護理師結婚，帶著兄弟的腎臟生活，如同那枚腎臟是自己的。《紐約時報》頭版刊登〈被雙胞胎腎臟救回一命〉，接著類似的新聞標題傳遍國內（與國外），都宣稱這是一個新時代的曙光。噢，多麼光明的時代。

莫爾繼續支持創新。他說服布萊根醫院發展全國最早的心內手術團隊之一，時至今日仍是最頂尖的團隊，以擁有或許是哈佛醫學院史上最能激勵學生的師資聞名。莫爾給了莫瑞起點，一個讓他證明自己的機會，而且在莫爾的看顧監督下，小羅伯·懷特也成為能幹的外科醫生。懷特第一年擔任住院醫生才幾個月，莫爾就分派他第一次手術。這完全在意料之外——他刷好手準備協助闌尾切除術，還跟在場的護理師打情罵俏，然後莫爾請一位更資深的外科醫生讓位，給這個小子試試看。懷特站在手術檯旁，護理師有節奏地把器械遞給他，他意氣風發。這裡似乎能挑起他手指裡的原始神經。他以前從來沒有經歷過那樣的感覺，接下來的人生，他想要追逐那種強烈的感受。懷特進行闌尾切除手術，醫好病人，用完美的技術縫合切口。一年後，他與那位護理師派翠莎（Patricia）結婚。「我在手術檯上墜入愛河。」懷特會這麼說，然而他也愛上了手術檯。光是動手術無法令他滿足。他想要發明新的手術，挑戰科學能夠做到什麼地步的極限。

但是，「科學能夠做到什麼地步」會引發一大堆其他複雜甚至可怕的問題——是許多外科醫生沒興趣思量的問題。到了一九六三年，華盛頓特區舉行腎臟移植的首次國際會議，當討論到從遺體「摘取」器官的時機，也就是說，捐贈者到什麼時候才算是充分死亡，有一位醫生站起來。[31]「我才不要在旁邊等待法醫宣告病人死亡，」他聲稱，「我要直接取出器官。」[32]他的觀點並不新鮮。長久以來，醫學和在深更半夜撬開剛埋下棺木的盜屍者糾纏不清。這個問題在二十世紀之交透過遺體捐贈計畫的成立得到很大程度的解決，引發的部分契機卻是醜聞（一位富裕的白人政治人物最後意外出現於解剖檯上），還有醫學倫理的進步，以及鼓勵大眾參與科學進展的新觀點。然而隨著這例手術而來的進展，莫瑞的團隊啟動了「摘取者」的年代，開啟對於新規範，甚至於死亡新定義的需求。

從死者身上摘取活體組織，與我們最慎重（即使並非總是特意）抱持的某些信仰有所衝突。從想要「完整回歸耶穌懷抱」*而相信身體復活的基督徒，到害怕身體會遭非法摘取器官賣給最高出價者的人，在面對組織移植時，我們需要處理最基本的問題是：在由細胞和神經組成的蓬勃不息王國中，活生生的自我停駐於何處？健康的時候，我們的身體和自我似乎是不可分割的。但是生病或死亡時，我們不正與內在拖垮

* 作者注：歷史學家萊德勒提出問題：「比如說，倘若你相信在神聖的審判日會歷經身體復活，那麼組織和器官移植的意義為何？是誰的身體會復活？」請見萊德勒所著的《血與肉：二十世紀美國的器官移植和輸血》（*Flesh and Blood: Organ Transplantation and Blood Transfusion in Twentieth-Century America*），紐約：牛津大學出版，二〇〇八，頁一八六。

自己的重擔奮戰，就像那是有別於我們的東西？那麼，我們如何知道，我們就是我們自己呢？

奪走理查．赫里克腎臟的那種疾病，在他動完移植手術的八年後，回過頭來奪走他的性命。在他切除原來腎臟的幾個月前，這種感染症已經侵襲了第三人，它一直在害死人。莫瑞繼續動更多手術，對象不是雙胞胎，而是不匹配的病人和捐贈者，因為他在實驗抑制抗體的方法，從放射線到幾種化療都有。最後，靠著使用藥物奏效，雖然在這之前，莫瑞已經從器官移植轉到顏面重建領域，而他的開創性成就在未來讓他獲得諾貝爾獎。

懷特從來不曾對腎臟感興趣。自從他打開一隻兩生類的頭骨，揭露底下組織的那一刻起，他熱愛的目標始終如一。他在一九五五年離開布萊根醫院，回到明尼蘇達大學註冊神經科學博士學位學程，同時也在梅約診所（Mayo Clinic）接受神經外科專業訓練，幾乎等於做兩份全職工作。身為外科醫生，代表會一再遇到創傷，這些創傷不只來自作戰的武器，還有自殺未遂、車禍及其他災難。腦需要血液和氧氣才能維持，和腎臟一樣。他可以止血，他能夠盡全力修補缺損，然而腦組織每一秒鐘都有細胞會耗損。有些病患會死亡，有些病人雖然身體活了下來，卻成為植物人狀態。他很想知道，如此珍貴的組織，你到底失去多少而還能承受得住？或者，回到他在戰時面對的嚴酷問題，在你不再是你之前，你能對腦做多少事情？

他在梅約診所失去第一個病人，接著失去更多。顱內血腫奪走車禍傷患的性命，由於腦中血管破裂造成積血。癌症侵蝕健康的大腦，使得腦主人在術後癱瘓或無法言語。曾經，他的病人腦波停止起伏，雖然肺仍在呼吸，心仍在跳動，他就在病床旁。懷特的責任感、個人的哀傷以及天主教信仰，讓他在努力照顧病人的過程中，逐漸形成一種想法：「我不認為靈魂位於你的手臂、腎臟或心臟，」他日後寫道，意圖把醫學和神職結合起來，「我相信腦組織是靈魂停駐在身體的棲所。」[33]如果他能保存那團灰色物質，如果還能讓它繼續活著，那麼就能保存最神聖的東西。

懷特問自己，**如果莫瑞做得還不夠呢？**如果拯救生命的解決方法不在於一次移植單一器官，而是一次全部換掉呢？「生命既珍貴且脆弱，往往需要爭取。」莫瑞後來在二〇〇四年器官移植運動會上這麼說，那是獲得新器官的運動員一起競賽的場合，就像奧林匹克運動會一樣。然而，懷特醫生不想移植腎臟、心臟和肺臟，他想要把「自我」從生病的身體移到全新的身體上。雖然他還是博士班學生，但已經決定畢生的目標：他想要進行**腦部移植**。

CHAPTER

2

雙頭狗和太空競賽

Two-Headed Dogs and the Space Race

一九五八年五月的最後一天，充滿顆粒感的黑白影像在電視螢幕上跳動著。一位身穿白色長實驗衣的人把手指向角落，有一團黑暗模糊的身影正在待命。他把這隻動物牽到院子中的明亮處，牠的身體顯露出詭異的組合：原來是一隻獒犬，但背上長出一截奇怪扭曲的身軀。第二顆頭垂往一邊，舌頭伸出來喘氣，兩條腿斜掛在大隻同伴的肩上。有人用淺盤餵了牛奶，兩顆頭都舔了，有一群圍觀者在鼓掌；鏡頭拉近時，還可以看到狗身上的繃帶和縫線。這是經過手術改造而成的雙頭狗，借用神話中冥王黑帝斯（Hades）的三頭犬命名為賽伯洛斯（Cerberus），走過鏡頭前展示。

短片中沒有人說話，即使有，外界的多數人應該聽不懂。這段影片以及背後的生理學家德米科夫來自於鐵幕之後，讓人難以捉摸、毛骨悚然，搞不清來龍去脈。然而，這些閃爍的影像在外科世界引發一陣騷動。短片最遠流傳到南非的開普敦，當地的外科醫生克里斯欽・巴納德（Christiaan Barnard）已經在籌劃首例人類心臟移植，他覺得有必要重複德米科夫的實驗。（後來巴納德成功了，但是狗兒沒活多久，有人幫他製作一個填充狗模型，並帶到校園四處遊行。）影片的消息也傳到波士頓布萊根醫院的外科醫生之間，但莫瑞不相信是真的。這或許不是騙局？大約十多年前，蘇聯曾經釋出另一段影片，是首次專程為西方觀眾製作的，片名是《有機體復活實驗》（*Experiments in the Revival of Organisms*）。影片展示了一間醫學中心，其中所有部門都致力於分離各種器官：會自己跳動的心臟、靠風箱呼吸的肺、據稱利用儀器而存活的狗頭。這些實驗就像雜七雜八的馬戲團表演，出自謝爾蓋・布留霍年科（Sergei Brukhonenko），他因輸血研究的開創性成就受到讚譽，後來又（在蘇聯以外）被貶為外科騙子。他的實驗是半真半假的夢想。他雖然成功分離出一些器官，但除此之外，他聲稱的許多事情只是宣傳，為了散播蘇聯科學將會使人類永生不死的訊息。影片不免引發對於身體可以死後復生的恐懼，那代表能夠在墳墓之外以人為方式延伸生命，賽伯洛斯的影片也同樣令人難以忽視。一九五八年五月，德米科夫到東德的萊比錫公開演講，並在數個月後重返當地，在狗身上進行幾起心臟移植手術。[1]翌年，他參加國際外科學會

（International Society of Surgery）在慕尼黑舉辦的第十八屆大會。德米科夫在口頭報告和論文中透露，他從事這類移植手術已經四年多了，第一例發生在一九五四年二月——這時莫瑞還沒移植腎臟，西方世界尚不知道移植任何組織是可行的，除了植皮以外。西方醫學界想問，還有什麼是蘇聯人已經做到的？

莫斯科的外圍，有許多信奉史達林主義的實驗室悄悄地營運。它們的研究蒙上一層神祕色彩，要是沒來由洩漏出去，可能有人會遭到拘押（甚至下場更慘）；同一實驗室的科學家交談內容僅限於天氣和路況；想透過共同計畫得到進展，暨困難又讓人沮喪。如同影片畫面這樣引人矚目的東西，能夠流出蘇聯而沒被注意到，簡直令人難以置信。不，這肯定是故意的。但是，這有什麼涵義？這樁「洩漏事件」（如果真是洩漏的話）發生前不久，時任蘇聯部長會議主席的尼基塔．赫魯雪夫（Nikita Khrushchev）才在一九五六年於莫斯科波蘭大使館，對著齊聚一堂的西方大使說了以下名言：「無論你們喜歡與否，歷史都站在我們這一邊……我們將會埋葬你們！」[2]他認為社會主義終究會勝過資本主義，打算給與會來賓留下深刻印象。*他堅信蘇聯政權是「歷史

* 作者注：赫魯雪夫後來聲稱，他的意思是「我們會活得比你們久」。然而，美國人把這次演說視為一種直接的威脅。

發展的邏輯」。[3]德米科夫的研究傳達出同樣的訊息，提醒西方世界，蘇聯的科學極其優越。這令人震驚且恐慌，但也讓人渴望知道答案。美國要如何面對這項不尋常的挑戰？只靠著區區幾分鐘的影片，賽伯洛斯和動刀創造牠的人將開啟冷戰時期最奇怪的競賽之一。

如果科學不是武器，會是什麼？

我們所有人都在核戰可能爆發的世界中長大。直到一九八〇年代，學生仍會躲在脆弱的課桌下進行防空演習，而同一時期，像英國歌手史汀（Sting）這樣的流行偶像則發布單曲，希望「俄國人也愛他們的孩子。」*軍事工業複合體牢牢箝制我們對上個世紀的理解，以至於我們很難想像在那之前的世界。然而，在艾諾拉·蓋號轟炸機（Enola Gay）於一九四五年八月六日在廣島上空投擲第一顆原子彈之前，很少有這類非比尋常的軍事裝備存在。對於這項行動，檯面上的理由是為了「終止戰爭」，即使日本的城市已經遭到燃燒彈轟炸，日本的海軍也受到牽制，無法展開大型操演。[4]歷史學家至今仍在爭論，發動放射戰是否為必要步驟，但有一件事是確定的：原子彈的純粹破壞力，從爆炸中心的明顯蕈狀雲神祕地擴散出來，使得它成為人類所有發明當中，心理威脅性最強大的武器。[5]這相當於向世界發出令人擔憂的訊息，美國擁有軍事實力加上科技優勢。畢竟，這才是重點。

洛斯阿拉莫斯實驗室（Los Alamos Laboratory）的主任羅伯・歐本海默（Robert Oppenheimer）親自警告美國總統哈瑞・杜魯門（Harry Truman），不要對人類使用未曾嘗試過的新奇力量，他堅稱「不展現這種武器的可行性，人類的景況會好得多。」[6]當原子彈背後的科學已經出現在公共領域時，打開潘朵拉的盒子實在太過危險。科學研究仰賴透明的運作，藉由論文、會議、對話來分享資料（至少在西方是如此）。曼哈頓計畫（Manhattan Project）本身可能受到嚴密防護，但是其中的數學和戰略工作則是外包給眾多機構，代表某些討論、甚至是特定方程式，已經可以透過論文和口頭報告獲知。歐本海默知道，倘若細節夠詳盡，夠格的科學家能夠計算出整套公式。雪上加霜的是，加拿大有一個間諜網已經把原子彈機密傳給蘇聯。[7]因此，當杜魯門告知史達林說美國發展出一種強大的新型武器時，這次交談其實沒有太大意義。

* 作者注：史汀〈俄國人〉（Russians, 1985）的歌詞片段：赫魯雪夫先生說，「我們將會埋葬你們。」／我不認同這個觀點。／這樣做太無知／如果俄國人也愛他們的孩子。

杜魯門並不相信所謂的蘇聯盟友，二次大戰期間，兩國的關係一直處於緊張狀態。在各機構對原子研究斥資巨額的批評與緊盯，以及證明美國科技優於蘇聯的壓力之下，杜魯門為這項新武器排除所有束縛。[8]

原子彈令人畏懼的毀滅力量不僅終結一場戰爭，還改變了科學的角色，冷戰史學家奧黛莉・沃爾夫（Audra J. Wolfe）寫到，科學不再只是戰爭的工具，也是外交關係的工具。基於科學已經為我們打贏戰爭，養成我們對於敵人和競爭者的鬆懈，美國大眾之間形成一種樂觀的氛圍。畢竟，美國握有一群科學家智囊團以及原料（鈾儲量）。對於美國獨享這種優越感和安全感，一些研究者和政府官員的看法沒有這麼美好。最保守的估計認為，美國可以壟斷製造原子彈的能力至少五年的時間。他們錯了。蘇聯在一九四九年就開始試驗自製的原子彈，隨著時間過去，差距縮短的速度愈來愈快。美國在一九五四年試驗熱核彈（氫彈），摧毀比基尼島（Bikini Island），傳播出去的輻射使得距離試爆點將近一百三十公里外毫無防備的民眾受到危害，此時我們保持領先地位的時間剩下不到十二個月。[9]雖然看似不可能，蘇聯已經努力追趕美國的獨創力。

一個飽受戰火蹂躪、仍然深陷債務困境的國家，怎麼可以這麼快就產生一番成果？*這個問題讓美國官員很困擾。蘇聯記者馬克・波波夫斯基（Mark Popovskii）因為對蘇聯政府所做的報導而不得不逃到美國，他描述軍事實驗室「如蘑菇般冒出地面」，同時高等考試委員會（Higher Examination Boards）每年授予多達五千個博士學位。[10]這不僅是耀武揚威。如果蘇聯可以證明他們在科學和技術上擁有優越地位，就能控制冷戰的溫度。有一種觀點認為，如果我的科學贏了，那麼我的意識形態也會贏，而且雙方都相信，只有一種制度可以勝出。[11]

遍及全美國的外科醫生更衣室充斥著關於蘇聯醫學的謠言，這些更衣室是醫學界的八卦空間。懷特與莫瑞直接目睹軍事科學如何影響並催化醫學科學、將資源重新分配到治療傷口的整形外科，以及研究可能使部隊生病的病原。自從戰爭以來，蘇聯的軍事科技「進展如此迅速……我們懷疑是否有部分擴展到醫學領域，」懷特日後說明，回憶起那時的大膽猜測。「或許在鐵幕之後，已經有研究中心能治癒癌症，或者發現用人工溶液取代血液的方法。」[12]美國的醫生擔心蘇聯快要贏了。[13]無疑地，蘇聯透過不時傳到西方的影片、出版品和宣傳演講，試圖建立這種印象。

* 作者注：雖然其他同盟國彼此的債務大多一筆勾銷，做為戰時出兵的補償，但蘇聯卻面臨難以償還的巨款，顯示蘇聯和西方國家的關係在一九四五以前就已經嚴重惡化。

戰後，醫學方面的實驗突飛猛進。列寧格勒國立大學的蘇聯腦研究所（Soviet Institute for Brain Research）鑽研心電感應（也就是「生物溝通」），並嘗試建立可以增進軍事人員預知能力的訓練計畫。[14]可怕的謠言盛傳，蘇聯已經掌握能夠操控導彈的念力，還涉獵了神祕魔法。這聽起來很驚人，甚至荒謬，但美國很認真看待這些可能是超自然的事物。美國科學家不敢懷疑，沒有人真的確定蘇聯不曾做出這類突破性進展。畢竟，才不過十多年前，原子分裂似乎也很神奇、神祕，而且實際上不可能達成。

戰後的行動有兩項指導原則。一方面，對科學（甚至偽科學）的潛力抱持不可思議的期待；另一方面，愈來愈恐懼蘇聯會取得領先——就像科幻小說的情節，敵人由於掌握科技，結果以某種方式擊敗「好人」。所以，當德米科夫的影片出現，幾乎相當於遙遠島嶼升起的蕈狀雲。不論鐵幕之後發生了什麼事，蘇聯人肯定正在製造怪獸。

執行不可能的任務

弗拉基米爾・彼得羅維奇・德米科夫（Vladimir Petrovich Demikhov）出生於一九一六年，年紀幾乎與俄羅斯實施新社會主義政治體制的時間相當。[15]德米科夫是弗羅涅日地區（Voronezh region，與烏克蘭接壤）西部貧困農民的小孩，在歷時五年的俄國內戰中失去父親。[16]母親多明妮卡（Domnika）獨自拉拔德米科夫及另外一兒一女長大。

弗羅涅日主要是農業區，位置具戰略重要性，鄉村的農產品和穀物會經過這裡運至蘇聯的工業中心。然而，在新政權的統治之下，弗羅涅日（和其他許多爭取工業化的城鎮）也變成機械工程中心。蘇聯的宣傳將勞動者塑造成英雄，把中產階級的「休閒」文化貶為邪惡。孩童都要去工作，德米科夫十三歲的時候，在指定的職業學校學習配管工程和機械。帶有齒輪與凸輪的機械裝置滿足他對過程的好奇心。他想知道，東西是怎麼作用的，我們也能「打開生物過程的蓋子」嗎？德米科夫甚至從小就很執著，把調查研究活動推到極致。他母親有一次逮到他手中拿著菜刀，朝著家中的狗兒。最後，她驚險地阻止了一場解剖課。[17]

德米科夫的興趣，來自於效法年邁的生理學家伊凡・彼得羅維奇・巴夫洛夫（Ivan Petrovich Pavlov，就是研究「巴夫洛夫的狗」的那一位），這位諾貝爾獎得主寫下〈巴夫洛夫給祖國年輕學者的贈言〉，號召蘇聯青年追求「無窮無盡的各式各樣實驗，只要人類的聰明才智允許。」他的言下之意是，奇蹟等待夠勇敢的人去追尋。德米科夫聽進去了。[18]到了十八歲，他離開機械工的工作，進入弗羅涅日國立大學（Voronezh State

University），在那裡仍然一心想要解開跳動心臟的祕密，他獨自熬夜研究。他想要成為生理學家，就像巴夫洛夫一樣；生理學是生物學的子領域，關注的是生物系統中各種功能如何運作。德米科夫相信機器與生物可以共同運作，由泵浦與風箱組成的機器「心臟」，如果完善的話，能夠發揮作用，取代心臟這個器官。如同工程師能夠更換發動機，德米科夫確信自己能夠更換心臟。

德米科夫這個時期的筆記本展現了一些不尋常的研究圖解。他設計出一對像蝴蝶一樣平鋪並排的橫隔膜，乍看之下很像是教堂尖塔上的窗戶。有四根套管（中空細管）把兩片橫隔膜連到原來進出狗兒心臟的靜脈和動脈。透過外部的電動機驅動，這對橫隔膜能夠重現兩個心室的泵血作用，讓人工充氧血從套管流到主動脈，主動脈是人體中供血到全身的粗大動脈。大學三年級時，德米科夫覺得已經做好準備，可以試驗自己的機器。他在校園附近抓了一隻流浪狗來麻醉，這一次沒有人阻止他剖開狗的胸膛。他那一天的筆記寫著：「十八時十五分，心臟停止導致死亡。」其實嚴格說來，他並沒有「殺死」這隻狗，或者說至少在他記錄時還沒。在病患心跳停止導致不可挽回的死亡之前，他還有一些時間。德米科夫把原本的心臟取出來，用套管將機器裝置連到這隻狗的兩個心房、主動脈及肺動脈。[19]他動作敏捷，打開電動機，橫隔膜呼呼地運轉起來。人工心臟持續抽送，供應血液流回狗兒的器官和腦；牠的眼睛眨呀眨地睜開，肺臟大力喘氣。這隻狗撐過來了，胸口現在已經縫合，除了動脈和靜脈與外部機器相連的地方。這隻動物雖然體內沒有自己的心臟，仍然多活了五個半鐘頭。[20]實際上，德米科夫讓瀕臨死亡的生物復活。那時，他才二十一歲。

德米科夫以早期的成功為墊腳石，進入莫斯科大學攻讀生物與生理學的研究生學位。他沒有正式服裝可以拍攝學校需要的人像照，所以請攝影師幫忙合成，也就是實際畫上衣領和領帶。[21]德米科夫看起來很嚴肅，雙眼炯炯有神，還有明顯的美人尖，他除了研究，沒有別的嗜好，除了實驗室，沒有其他的雄心壯志。一九四〇年，他在動物身上進行世界首例胸腔內心臟移植（把心臟放在胸腔內），甚至嘗試冠狀血管繞道手術，這些都是在狗身上進行，比莫瑞計畫在赫里克雙胞胎身上進行腎臟手術幾乎早了十二年。然而，即使德米科夫有如此雄心壯志，這些實驗將會被他無法控制的力量打斷。

第二次世界大戰爆發，德米科夫被徵召到軍中擔任病理學家。由於他的家鄉非常靠近蘇聯的西部邊界，在一九四二年夏季德國發動進攻期間落入納粹手中。戰爭結束時，蘇聯有兩千七百萬人死亡，超過七萬座村莊被毀。[22]雪上加霜的是，杜魯門政府要求蘇聯償還二十六億美元的「非軍用補給品」。[23]德米科夫回到負債累累的祖國繼續進行他的實驗，而決心證明他們的韌性——也會很快地證明他們的主導地位。

到了一九五〇年代早期，德米科夫已經在狗兒身上進行超過三百次手術，而且能夠在五十五秒內完成血管吻合（讓兩條血管接通的手術）。[24]然而，沒有人把他當成外科醫生，因為他沒有醫學士學位（MD）。雖然他修完課程（即使因戰爭一度中斷），但他跟大學的教職員鬧翻，最後也沒有拿到哲學博士學位（PhD）。儘管如此，他仍然在輔助儀器不甚完備的情況下繼續實驗，通常只靠生理學研究工作的緊縮經費支持。他後來在莫斯科外科研究所（Moscow Institute of Surgery）找到工作。即使這樣，德米科夫需要妻子莉雅（Lia）的財務支援，才能勉強維持生計。莉雅和年幼的女兒奧嘉（Olga）表示，德米科夫晚上往往見不到人，並且經常把工作帶回家，讓纏著繃帶的狗兒一起分享他們的兩房小公寓。他的心思從來沒有停下來，總是繞著尚未解答的問題打轉，思考心臟跳動與肺臟呼吸的問題，還有大腦的錯綜複雜，以及腦對身體系統的意義。他認真奮發，不計後果，願意嘗試超乎想像的事情。然而，不論是德米科夫特立獨行的醫學想法，或者他的雙頭狗影片，都沒有使美國人對於自身優越的信心動搖。

一九五七年十月四日，一顆八十三點四公斤的蘇聯衛星劃過夜空，升上軌道。史波尼克一號（Sputnik I）的升空發出懷疑和恐懼的衝擊波，傳送到美國和歐洲大部分區域。問題不在於這顆衛星，甚或接下來的史波尼克二號。蘇聯太空科技令人害怕的地方，在於發射那些衛星的火箭：如果有個國家能把東西送到地球上方的軌道，那麼就能夠發射更具威脅性的物體，瞄準離我們家鄉更近的地方。[25]德懷特・艾森豪（Dwight D. Eisenhower）總統才剛接手恐怖的核僵局，現在對手赫魯雪夫擁有火箭動力任憑指揮，而西方普遍認定赫魯雪夫是不值得信任的危險人物。[26]史波尼克的總設計師*在衛星升空後宣稱：「通往星星的通道，現在已經開啟。」但是，赫魯雪夫認為火箭科學做為廣宣素材更有價值。[27]他並不孤單。

理查・雷斯頓（Richard Reston）是《紐約時報》記者詹姆斯・雷斯頓（James Reston）的兒子，在那個關鍵的十月與父親正在蘇聯。他回到位在英格蘭的大學後，發現同儕對於美國的落後感到沮喪。「他們把這件事看成大國的失敗，」他寫道。「我們被教

* 作者注：雖然現在普遍認為衛星是由謝爾蓋・柯羅列夫（Sergei Korolev）設計的，當時他是五十一歲的工程師，體格魁梧，有著黑眼圈，畢生致力於太空研究，但赫魯雪夫故意抹滅他的名字，好讓自己（和蘇聯）可以占據功勞，留名青史。

導，美國能解答所有事情，但突然之間，我們並沒有。」[28]二戰期間看似堅不可摧的美國，簡直在一夕之間失去實力和地位。甚至，連當時參議院的多數黨領袖林登·詹森（Lyndon Johnson）都深感擔憂。「在開闊的西部，我們習慣親近天空生活，」他後來寫道。「但是現在，不知何故，有一種新的感覺，天空似乎變得陌生。我記得那股強烈的震驚，明白另一個國家很可能在科技上的優勢贏過我們偉大的國家。」[29]一九五〇年代的美好光明變得黯淡。

蘇聯為史波尼克一號設定的無線電頻率，我們只要利用放在車庫架上的一般短波收音機，就能夠偵測到衛星把軌道回報給蘇聯的嗶嗶聲。所以在新聞播報衛星發射之後，民眾可以每天接收天空的訊號，聽到蘇聯傑作劃過夜空的微弱蹤跡。相關領域的專家知道這顆最早的衛星對國際安全不構成真正的威脅——事實上，衛星升空的消息讓美國衛星計畫的物理學家詹姆斯·范艾倫（James Van Allen）十分雀躍——然而，史波尼克欠缺的能力，卻被可能性給補起來了。[30]蘇聯不再是一個很遙遠的世界，它正在我們頭頂上。儘管五角大廈的中將詹姆斯·加文（James Gavin）可能是對這則消息最不訝異的人之一，仍然感覺像是腸子破了一個洞。他回憶道：「我覺得很崩潰。」而他的同僚約翰·布魯斯·梅達里斯（John Bruce Medaris）則大罵：「這些該死的混蛋！」

[31]我們低估了蘇聯。現在，爭奪戰一觸即發，我們不是要痛擊蘇聯，而是得急起直追。太空競賽啟動，但是美國已經落後。

乍看之下，德米科夫的狗頭和蘇聯發射衛星似乎沒有太大的共同點。一項與醫學科學有關（雖然可怕又怪誕），另一項涉及火箭和武器。儘管德米科夫的賽伯洛斯實驗吸引全世界的目光，而這些目光幾乎來自生物醫學圈的人士。亞歷山大．維什涅夫斯基（Alexander Vishnevsky）是當時蘇聯醫學科學院（Soviet Academy of Medical Sciences）莫斯科外科研究所的所長，他同意德米科夫擔任生理學家，這代表德米科夫將進行動物功能的研究，得到的成果將來有一天可能應用在醫學上。維什涅夫斯基認為這些是值得讚許且必需的研究，但是他的回護和支持也只能到此為止，而且利用手術把兩隻狗的身體結合在一起，這種事情並非總是大受歡迎。德米科夫還能獲准持續多久，沒人說得準。然而，在後史波尼克時代的激昂氛圍中，蘇聯科學的突破性進展可以為人帶來權力，贏得讚賞，而且可能提供經費和保障。只是這些必須在大眾前曝光。

一九五九年，《生活》（*Life*）雜誌的記者艾德蒙．史蒂文斯（Edmund Stevens）接獲一項不尋常的邀請：德米科夫歡迎他和攝影記者霍華德．索丘雷克（Howard Sochurek）去記錄手術。史蒂文斯在一九五〇年代為《基督教科學箴言報》（*Christian Science Monitor*）

寫過一系列報導，標題是〈未經審查的蘇聯〉，敘述史達林統治下的生活，這些文章讓他獲得普立茲獎。雖然史蒂文斯生為美國人，但同情這個一九三四年以來他稱之為家園的國家。[32]他和當地人妮娜．邦達連科（Nina Bondarenko）結婚，再也沒有回到美國定居。[33]他欣賞蘇聯的生活方式，為《展望》（*Look*）、《時代》（*Time*）、《新聞日報》（*Newsday*）、《星期六晚間郵報》（*The Saturday Evening Post*）、全國廣播公司（NBC）電臺，以及倫敦《星期日泰晤士報》（*Sunday Times*）和《晚報》（*Evening News*）撰寫報導。邀請他做人物側寫並非新鮮事，但這次的邀請來自德米科夫，何況還是在莫斯科研究所的同意之下？這的確很新奇，他怎麼拒絕得了？

史蒂文斯形容德米科夫「十分果斷」，是一個掌控全局的人。手術當天早上，德米科夫依序介紹助理和手術室護理師，但是兩位記者忍不住因「患者」而分心，其中一個患者叫個不停。那是莎芙卡（Shavka，意思是「活潑的小雜種犬」）興奮地尖聲狂吠，牠的耳朵下垂，尖尖的鼻子不時抽動並保持警覺。[34]牠平時蓬鬆的毛髮，在腰部剃掉了一圈；牠就快要失去軀幹和後肢，包括消化、呼吸和心跳的能力。手術檯上的布羅迪亞嘉（Brodyaga，意思是「流浪漢」）已經麻醉了，躺在莎芙卡旁邊。布羅迪亞嘉被捕狗人員逮到，失去自由，現在成為莎芙卡的「受贈者」。[35]正當兩位記者覺得驚訝的時候，德米科夫把另一隻狗叫過來。牠叫做琶爾瑪（Palma），六天前的手術在牠胸口留下一串明顯疤痕；德米科夫為牠植入第二顆心臟，並改造肺臟好適應新的心臟。牠搖著尾巴，開心地用鼻子輕輕摩擦他。「瞧，牠對我沒有惡意。」他說道，彷彿在回答史蒂文斯未說出口的疑慮。

德米科夫刷手，準備給莎芙卡和布羅迪亞嘉動手術。「你知道這句諺語，」他用俄語說。「兩顆腦袋勝過一顆腦袋。」[36]莎芙卡不停吠叫，最後被注射大量麻醉藥。

對外界來說，這是德米科夫的第二次雙頭狗手術。事實上，這是他五年來第二十四次（利用四十八隻狗實施）手術。德米科夫已經把過程精簡化，但由於情況複雜，照理說，這種步調可能會有危險。德米科夫首先切開布羅迪亞嘉喉嚨的背側面，讓牠的主動脈和脊柱露出來，主動脈是體內最大條的動脈。他在脊椎骨鑽出幾個洞，把塑膠繩穿過去。同時，護理師用毛巾把莎芙卡的頭包起來，只留下剃毛的區域。助理切下第一刀，掀開皮膚，然後德米科夫以精湛技法揮舞手術刀，挑出小血管紮好之後，才把莎芙卡身體的其餘部分切掉。最後一步是切斷莎芙卡與自體心肺的連結，但要等精細的動脈和靜脈與布羅迪亞嘉的循環系統接通之後才能進行。讓兩隻狗相連最簡單的方式，是把莎芙卡疊在布羅迪亞嘉上面，就接在大狗頭部後面一點的位置，靠近牠的重要心肺器官。德米科夫用塑膠繩把莎芙卡的頭和前腳固定在布羅迪亞嘉的脊柱上，將牠們縫合在一起，變成一隻拼裝狗。整個過程不到四個鐘頭。[37]他在一九五四年的第一次手術，耗費十二個小時。

德米科夫完成駭人的工作，脫下手套。他平靜地解釋，早在十年前就想到雙頭狗的主意。目前在狗身上的研究似乎快過時了。「我有消息要告訴你們，」他宣布，「我們將要把整個計畫移到斯克利福索夫斯基研究所（Sklifosovsky Institute）的一側，」那是莫斯科最大的急診醫院。[38]他宣稱，他們已經超越「實驗」階段，該是邁向人類移植的時候了。

史蒂文斯知道五年前在波士頓告捷的赫里克手術。到了一九五九年，莫瑞正在試驗放射線的亞致死劑量（sublethal doses），避免受贈者的免疫系統排斥非雙胞胎來源的移植腎臟；他證明這種方法是有效的，但是放射線本身會造成持久傷害。在英國的里茲（Leeds），彼得．雷波（Peter Raper）已經使用環磷醯胺（cyclophosphamide，一種化療藥物）做為免疫抑制劑，病人卻只活了八個月。[39]即使科學上還沒有可靠的方法，讓非雙胞胎之間的移植能夠成功，德米科夫真的打算在人類身上執行嗎？德米科夫揮手打消這個疑問。他們計畫建立組織銀行，他解釋，包含器官、手臂到腳等所有部位。

「莫斯科是座巨大的城市，每天都有上百人死亡，」他補充。[40]為什麼死者不能為生者服務？德米科夫對史蒂文斯露出難得的微笑，透露他已經有試驗對象，是在車禍中失去一條腿的三十五歲婦女。他準備給她一條新的腿。「主要的問題會是連接神經，讓這位女士能夠控制自己的活動，」他補充。「但是我確定我們也會克服那個問題。」[41]

當他們談話的時候，莎芙卡的眼皮開始動了。牠無法搖尾巴，也無法指揮布羅迪亞嘉身體的任何部位，但急切地舔牛奶，雖然牠的食道還沒癒合，液體只會從一根插入喉嚨的管子滴下來。布羅迪亞嘉也醒了，還不習慣小狗的重量，只能低著頭。因為莎芙卡垂下的腳遮住牠的眼睛，牠需要協助才能飲食。德米科夫說這兩隻狗是「幸運的畜牲」，牠們有幸奉獻參與追尋科學的過程，他堅稱這些實驗有一天可以拯救人類的性命。這對狗兒在四天後死亡。相連的笨拙身體讓牠們很難入睡，莎芙卡只能癱向一側，而且牠們之間有一段縫合的靜脈發生致命扭曲。不過，德米科夫不認為這是失敗。[42]還差得遠呢。

回到布萊根醫院，莫瑞看到史蒂文斯在《生活》雜誌上的文章後嗤之以鼻；他發牢騷說，德米科夫計畫移植的組織永遠無法正常運作。這些狗終究難逃一死，與上世紀之交卡雷爾的狗有相同的原因：對外來組織的排斥作用。莫瑞正在努力研究抗排斥藥物，雖然他要在接下來的十年當中才會獲得較大的進展；德米科夫無法期望有更好的結果，莫瑞以嘲弄的態度補充道，除非「俄國人做出一些我們不知道的突破性進展。」[43]但是，隨著史波尼克一號升空，沒有人敢肯定他們還沒做到。美國不想再輸掉第二局。

於是，大量經費挹注到研究和開發。既然蘇聯發射第一顆人造衛星，那麼美國就要發射更好的衛星。既然蘇聯把一隻狗送上太空（萊卡〔Laika〕，搭乘史波尼克二號），美國就要送上一隻黑猩猩（名叫漢姆〔ham〕）。史蒂文斯為《生活》雜誌寫的特別報導，證實了德米科夫在頭部移植方面的本事，美國國家衛生研究院秉持想在創新方面占上風的相同精神，開始資助各實驗室。蘇聯能在狗身上完成的事情，同樣的邏輯，我們也能在靈長類動物身上做到。而且，能在靈長類動物身上完成的事情，也能在人類身上做到。美國和蘇聯已然展開一場內太空競賽。

從狗到猴子

一九五九年，懷特在明尼蘇達州羅徹斯特的梅約診所接受第四年神經外科專業訓練。在手術室之外，他還在明尼蘇達大學的生理學科擔任研究人員。白天很辛苦，晚上更是如此。懷特在兩個世界工作，一個是開創性的研究範疇，一個是精細的外科領域。他有時間睡覺的時候，會在想像如何摘除腦部腫瘤的策略中漸漸睡著。[44]懷特在波士頓的朋友形容他很好玩、有魅力、喜歡和紐約市的有錢朋友一起找樂子，在那裡他們與無線電城音樂廳的火箭女郎相得甚歡。然而，經歷長時間的學習，以及更長時間的手術之後，眼前展現出來的懷特強悍且專注，這些作風成為他外在性格的標誌。「我會在腦袋裡重複播放（下一場）手術的影像，」他後來告訴同事。「這些來自我曾經操刀的記憶。這麼做幾乎成了強迫行為。」[45]

他對天主教的信仰日漸加深，成為科學家所受的訓練並沒有引發信仰危機。事實正好相反：他把手術觀摩室視為「神聖的場所」，天主賦予他的才華與天主指引的目標在那裡交會。[46]他不是被選中了嗎？他不是在日本神社旁允諾把人生奉獻給拯救其他人嗎？心臟和腎臟無法和精密的神經系統相比，他在把手術刀伸到一位病人腦中時體認到：「我與造成死亡的距離，只差幾公釐。」[47]這可能是在扮演天主，但也是為了天主。這或許也可以解釋他在手術室的異常行為。他的外科同事說他有「冷靜的眼光」，而且超級嚴肅。他從未亂了手腳——即使曾經有一名工作人員讓注射器掉到地上，針頭穿過懷特的鞋子並刺到腳。他只暫停了一下說：「請盡量不要害死外科主任。」然後繼續手術，透過病人頭骨上的窺孔，小心切除一顆致命的腫瘤。（過程中他甚至讓針頭留在腳上。）[48]一旦手術前站上刷手檯，整天的其他煩憂都消失了。取而代之的，是更深刻的東西，是雄心壯志。這是一種純屬個人的喜悅，一種他生來就該做這些事情的感覺。在錯綜複雜的腦部動刀，用腦來做實驗，帶給他前所未有的興奮之情。

白天，他在創傷單位開刀，並且在明尼蘇達大學的生理學實驗室擔任研究人員。他在那裡可以繼續狗類的實驗，做為博士學位的研究，寫論文通常是在夜深人靜時。在這兩個時段之餘，他努力當爸爸。他和派翠莎抵達羅徹斯特後不久就開始建立自己的家庭：羅伯（這個家族的第三個羅伯）誕生於一九五六年七月，克里斯（Chris）出生在一九五八年一月，而即將到來的一九五九年夏季，派翠莎就要生下第三個寶寶了；屋子裡裡外外有一堆事情要做。手術、研究、家庭，懷特在博士班、一群病人、熱鬧的家庭生活之間團團轉，每晚只能睡幾個鐘頭。這項習慣一直跟著他。至少，這一點是他和德米科夫的共同之處。

德米科夫登上《生活》雜誌，讓懷特回想起第一次看到雙頭賽伯洛斯時的激動。這是一個順著自己……腦袋想法的人。至今三、四年來，懷特一直想知道：「人類是否可能在割捨身體之後，只以腦的形式繼續維持下去？」[49]他在看見那第一部有粗糙顆粒畫面的影片之後，心中是存疑的；現在有新聞報導澄清和照片證據，德米科夫的雙頭狗再也無庸置疑了。他回到家裡，和曾是神經科護理師的派翠莎聊過可能性。**我知道可以做得到，他這麼想。競賽開始了。**

懷特的博士論文研究並未從加上第二顆頭著手，而是專注在腦半球，更精確來說，是移除動物的一側腦半球，然後觀察結果。這類手術稱為大腦半球切除術（hemispherectomy），自一九二八年起，偶爾在人體上實施，通常應用在癌症和腫瘤的特例，或治療嚴重癲癇。*結果好壞參半：有時候病人會完全康復；有些時候會帶來不尋常的後果，最常見的是失去語言能力或局部麻痺。即使到現在，我們仍不清楚為什麼會這樣，雖然可能的原因不一，或許與神經可塑性（大腦的適應能力）及患者年齡（愈年輕狀況愈好）有關。在某些病例只把左右大腦半球之間的連結切斷，而非完全移除某側大腦半球，一般是為了讓無法以藥物治療的癲癇停止發作。這種方式的復原率往往還更好，雖然會有輕微程度的不適……然而在極少數的情形下，會出現奇怪

* 作者注：第一起手術是由約翰霍普金斯醫院的華特・丹迪（Walter Dandy）醫生執刀，為了治療多形性神經膠母細胞瘤，這是一種惡性的腦部神經膠質細胞瘤。

的症狀，包括所謂的「他人之手症候群」(alien hand syndrome)，這些人的手掌或手臂（通常是右手）似乎會按照自己的意願行動……在某些案例中還會打主人或掐脖子。[50]換句話說，腦很奇怪又奇妙（有時令人毛骨悚然），我們對腦所知甚少。懷特想知道，到底需要多少分量的腦就夠用。

懷特的團隊將兔子麻醉，後來是狗，好移除牠們的一側大腦半球，有時是右腦，有時是左腦。在大多數情況下，這些動物會恢復，帶著半顆腦過大致正常的生活，雖然有些小麻煩，但大多只是行動不順的問題。生命的火花似乎存在於剩餘半球的意識裡，仍然裹在動物的頭骨中。不過，梅約診所同時也是創傷醫院，而懷特是腦外科醫生。他一次又一次看著年輕的意外受害者，他們的頭骨遭重壓或刺穿，陷入昏迷，再也沒有醒來。如果你能夠只靠半顆腦活下去，那麼，你要怎麼解釋這些災難？

懷特曾經用手拿著一顆孩童的腦。他曾經聽到家長帶著期盼，乞求答案問道：他們的寶貝何時會好起來？在那些憂心忡忡的問診當中，懷特只能緊閉薄唇；其實他認為復原無望。但是，你會告訴才剛陷入悲傷狀態的媽媽和爸爸嗎？或者，你就是等待，讓時間在接下來的幾天或幾週揭曉？有時候，懷特會和這些家長一起祈禱。手術後，他會到附近的天主教堂停留，也在那裡禱告。然而，對於神經系統受損的病人來說，他知道祈禱無法改變他們的結局。這種矛盾的情況使他苦惱：如果大腦半球切除術證實人可以只靠半個大腦活下來，那麼大腦受創後妨礙意識恢復的大敵似乎不是創傷本身，而是別的因素，是手術後才出現的東西。懷特懷疑罪魁禍首應該是脊髓組織的腫脹，這會讓創傷後通往腦部的血流受阻，但是他沒有把握如何精確地中斷這種效應。而答案將從不尋常之處冒出來——又是與狗有關。

懷特來到梅約診所的好幾年前，診所就一直在研究分離腦部的主題。他們的目的在於分離出狗的腦（也就是把它移出頭顱，並維持活力），希望能創造出所謂的「模型」。分離出來的器官讓研究人員可以了解代謝率（器官消耗能量的速率）、血液如何在裡頭循環，以及其他因素，而不需要去分辨器官和身體的差別（身體有自己的循環模式和代謝情形）。如果外科醫生沒有從分離研究（並外推到人類）而來的資訊，可能會誤判某種器官維持穩定所需的血液量，在複雜的手術中，沒有餘地容許犯這類錯誤。懷特在一九五五年來到診所時，他的新同事還沒成功完成分離，他們每次嘗試時都會意外壓壞、割傷或損害組織。懷特已經以手術精湛聞名，他的大腦半球切除術堪稱藝術傑作。[51]他很快就加入獸醫暨資深生理學家大衛·唐諾（David E. Donald）的實驗室。他們一起開始進行低溫實驗，並稱之為局部低溫腦灌流（localized hypothermic cerebral perfusion）。他們計畫利用冰凍來減緩傷害。

進入深度凍結

科學家不是最早考慮到冰凍的威力的人。尼爾・瓊斯（Neil R. Jones）在一九三一年寫出一個科幻故事《詹森衛星》（*The Jameson Satellite*），讓主角在死後特地被冷凍起來，期盼未來能掌握長生不老的關鍵。* 羅伯特・艾丁格（Robert Ettinger）寫了一本書《永生的期盼》（*The Prospect of Immortality*），因而獲得「人體冷凍技術之父」的稱號（人體冷凍技術的英文是cryonics，有時候會被誤以為是cryogenics，後者是指低溫學），他聲稱自己是受到《詹森衛星》的啟發，而且多年來已有一些懷抱希望的人接受冷凍保存。詹姆斯・貝德福德（James Bedford）博士曾是加州大學柏克萊分校的心理學教授，是第一位冰入冷凍庫的人；他在遺囑中保留一筆錢，用於購買鋼桶和液態氮。第二位是演員兼製作人的狄克・克萊爾（Dick Clair）（曾參與的節目有《瑪麗・泰勒・摩爾秀》〔*The Mary Tyler Moore Show*〕、《鮑勃・紐哈特秀》〔*The Bob Newhart Show*〕、《生命的真諦》〔*The Facts of Life*〕及《媽媽的家庭》〔*Mama's Family*〕等），他罹患愛滋病，希望將來有一天解藥出現時再甦醒過來。[52]然而，到目前為止，還沒有生物從冰冷的墳墓成功復活。**

醫學上的低溫保存例子，目的比較溫和：並非要透過超低溫冷凍來進行時間旅行，而是想讓人體的生理時鐘變慢。我們感冒的時候，身體會發抖以產生熱。但是如果身體失溫過快，神經系統會開始停止作用。接著出現暈眩和定向力障礙，身體不再顫抖，並且，為了維持器官運作，所有能保持體溫的資源都轉往身體核心。我們的血液（與氧氣）循環減緩，然後再也無法產熱，心臟停止跳動。體溫過低是會致命的。歷史上有幾場戰役，讓成千上萬人死於嚴寒：迦太基名將漢尼拔（Hannibal）翻越阿爾卑斯山脈時，保守估計損失了兩萬人；拿破崙的軍隊從莫斯科撤退時死傷慘重。[53]羅

* 作者注：還有更多例子。威廉．克拉克．羅素（Russell William Clark）一八八七年的小說《冷凍海盜》（*The Frozen Pirate*），書名所指的人物就是解凍後活過來的古人，而路易斯．布斯納德（Louis Boussenard）一八九八年的《冰封萬年》（*Dix mille ans dans un bloc de glace*）向讀者介紹另一種寒冷的時間旅行。傑克．倫敦（Jack London）一八九九年的短篇醫學驚悚小說《死過一千回》（A Thousand Deaths）描述一位無情的醫生反覆讓自己兒子死而復生的故事，H．P．洛夫克拉夫（H. P. Lovecraft）一九二六年的短篇小說〈寒氣〉（Cool Air），則是有個人透過冰凍防止身體腐敗的故事。

** 作者注：二〇一八年，史密森尼學會保育生物學研究所（Smithsonian Conservation Biology Institute）讓冷凍的珊瑚幼蟲「復活」。但是借用《新科學怪人》（*Young Frankenstein*）裡的話，珊瑚幼蟲不是人類，除了極少數的例外。

伯特．法爾肯．史考特（Robert Falcon Scott）在他一去不返的南極探險中，描述寒冷如何影響腦袋，造成混亂與遲緩。[54]懷特需要逆轉這種自然過程，才能與寒冷化敵為友。局部灌流的目的，是要降低腦部的溫度，而不會影響身體的溫度。

懷特和他的團隊剖開狗的胸膛，接觸到供應腦部的血管系統，使用冰冷的生理食鹽水讓這個系統產生休克；他們讓供應身體的血管系統保持溫暖。狗的腦進入低溫，然後「關機」——也就是說，顱內循環停止了。[55]沒有血液，就沒有氧氣；沒有氧氣，腦細胞就會死亡。懷特假設，這是許多腦損傷的麻煩所在。不可挽回的傷害並非總是發生在脊髓損傷當下，通常在三到四小時之後才出現，由於發炎作用的關係——發炎是身體對損傷的反應，會把體液送往受傷部位。發炎的組織擠壓這個區域，阻礙運送血液到腦部的脊椎通道。如果缺乏充氧血三十秒，你會失去意識；一分鐘，使腦細胞死亡；三分鐘，造成腦部永久損傷；超過五分鐘，死亡迫在眉睫。[56]但是在極低溫之下，情況改觀了。雖然灌注生理食鹽水會使狗的血液停止流動幾分鐘，在離開冷卻狀態之後，牠就恢復了。懷特的內心一陣激動。減緩腦部的代謝過程，會降低腦對氧的依賴。外科醫生可以為手術爭取到寶貴時間，而且如果在病人受傷之後馬上冷卻脊髓，這樣會暫緩腫脹，避免傷及神經和腦細胞。「我們完成了。我們做到了！」[57]懷特回想起那個發現時刻，他第一次看到病人身上的實質效果：四肢麻痺的孩童或許可以得救，以及複雜手術能夠進行而不會造成腦傷。下一步，當然就是分離出整顆腦。

對懷特來說，一個充滿機會的嶄新世界已經開啟。如果他可以發展出在體外替腦部冷卻和加溫的方法，這樣一來，身體和腦部幾乎像是分開存在的。如果他以人工的方式，從外部提供血液和氧氣給腦部，情況會怎樣呢？那麼他就能得到一顆在體外存活的腦。[58]然而，這不會在梅約診所實現。唐諾和懷特對於結果很滿意，持續改善他們的靈長類灌流實驗。診所從這些實驗看出治療人類脊椎損傷的未來希望，認為這比追求分離腦部更重要。雖然實際外科應用比研究事項更重要，但是懷特從不認為自己只是外科醫生，甚或不認為他主要的職業是外科醫生。他是外科醫生科學家，而且他想要做更多。

我們往往樂於享受突如其來的靈感、直覺和意外好運。歷史學家史蒂芬・強生（Steven Johnson）在《偉大創新的誕生》（*Where Good Ideas Come From*）這本講述創新歷史的書裡，列出許多大家愛用的比喻，從「靈光一閃」到「腦力激盪」等等。[59]可是，創新不會憑空掉下來。它們會從思緒的幽谷冒出，那裡有許多半成形的點子聚集，等著誕生。腦部冷卻實驗的流程並不是懷特的「靈光一閃」，而是透過梅約診所同事的協助之下逐漸演變出來的。由於上述的成功，這時懷特想要嘗試看似不可能的事情，儘管只是因為還沒有人做過。如果你一開始就深信做得到，那麼成功只是早晚的事了。懷特已經把問題在腦袋中翻來覆去盤算，從各個角度設想實驗。他打算把腦從它的保護殼取出，拆掉動脈和靜脈管路，盡可能以人工方式維持長期存活。[60]德米科夫對於如何把腦分離出來的問題已經想出部分解決方案，他發現狗的腦（以及頭和前腳）可以依靠另一隻更大型的動物做為「維生系統」而存活下來。但是，他並沒有完成精細的工作，也就是把腦部整個移出來，讓血管系統和血流一直保持運作。更重要的是，狗從來不是人類的合理替代品；為了建立真正的模型，應該要在靈長類身上實行分離研究。

「狗比較容易。」懷特會這麼說。友善、好相處、容易訓練、成本低廉——每方面都和人類大不相同。牠們簡單的大腦永遠不可能成為人類真正的替代品。他想要用猴子，猴子會是場硬仗。採購和照顧靈長類動物既困難又花錢，因而讓蘇聯使用猴子進行研究受到局限，二次大戰的蹂躪以及糟糕的社會政策已經重挫這個國家的經濟。這使得靈長類動物對於懷特的實驗格外重要。狗在衛星火箭裡窒息，不會讓你把人類送上太空；教老狗新把戲，不會使你改變醫學界。這不可能在梅約診所實現，沒有經費和支持是無法做到的。

一個人的實驗室

懷特此時已經成為一位出色的外科醫生，發表了許多在梅約診所完成的研究工作，甚至在完成博士學業之前就受到多家機構的青睞。工作邀約通常有兩種形式：他可以加入醫院，擔任主要腦外科醫生，或擔任主要神經科學家，但不能身兼二職。懷特回絕了這些提議。他心之所向且愈來愈迫切渴求的是，有一個地方能提供空間、彈性和餘地，讓他以外科醫生科學家的身分工作，如同莫瑞一樣，德米科夫當然也是如此。部門壁壘對他活躍的思維是一種阻礙；他怎麼能夠只把精力專注在一個方向呢？就在一九六一年，懷特正式拿到博士學位的前一年，從俄亥俄州的克里夫蘭傳來一項有點不尋常的面談邀約，來自一位名叫法蘭克．納爾森（Frank E. Nulsen）的人。

八年前，納爾森醫生成為西儲大學（Western Reserve University）醫學院和克里夫蘭大學醫院（University Hospitals of Cleveland）神經外科的哈維．杭丁頓．小布朗講座（Harvey

Huntington Brown Jr.）教授。這所醫學院的問題在於，他們並沒有神經外科學科，於是聘請納爾森從零開始創立。到了一九六〇年代早期，他已經建立一套全面性的神經外科住院醫生訓練計畫，包括在克里夫蘭市立醫院（Cleveland City Hospital）接受培訓，這家醫院不久後改名為克里夫蘭都會綜合醫院（Cleveland Metropolitan General Hospital，簡稱都會醫院），不過他網羅傑出教學人才的行動從未停止。都會醫院是這座城市的創傷中心，和梅約診所很不一樣。民眾會大老遠跋涉到梅約診所接受治療。但另一方面，都會醫院急診室醫治的是車禍倖存者、槍擊受害者，以及無處可去的當地窮困居民。[61]一堆通常無望的病例源源不絕湧入，讓住院外科醫生疲憊不堪，人員流動率居高不下。

乍看之下，都會醫院的職位似乎比不上懷特在原來醫院擔任的角色，但是納爾森有宏觀的想法。「首先，」他向懷特解釋，「你將在克里夫蘭都會醫院創立神經外科部。」光是這個提議就很有意思。懷特可以在醫院打造出一整個部門，如同納爾森在西儲醫學院建立神經外科學科一樣。懷特也會獲得醫學院的助理教授職位，除了動手術以外，同時教學和進行研究。然而納爾森了解自己找的這個人，所以把最好的提議留到最後。如果懷特來到克里夫蘭，納爾森將給他機會成立腦研究實驗室。這代表他要透過計畫補助找到經費（全國大部分的研究實驗室都是如此），並且從最小空間和最少人力開始。不過，這也代表他能自由追求外科與科學研究。懷特立刻答應了。他告訴派翠莎，他們要提早一年搬家，帶著鮑比（Bobby，大兒子羅伯的小名）、克里斯、大女兒佩蒂，以及還包著尿布的第四個小孩麥克。懷特會以遠距方式完成博士學業。「而且，」他承諾，「我們會有更大的房子。」

懷特的實驗室叫做BRL，在一九六一年九月啟用，位於都會醫院的克里夫蘭主院區一棟研究大樓四樓的一個房間，緊鄰西二十五街旁。實驗室的前任主人是拜倫·布洛爾（Byron Bloor）醫生，率先使用恆河猴來研究腦血流量（測量有多少血液流入和流出腦部）。有人告訴懷特，布洛爾醫生在轉到西維吉尼亞大學時留下幾件儀器，這些應該可以讓他們在補助款進來之前開工。[62]當時和現在一樣，所有機構的大部分經費來自聯邦政府，而且在群情激昂的太空競賽期間，納爾森有信心，懷特在找經費時不會有問題的。

懷特計畫利用自己剛獲得的雙重職位，讓神經外科同事或住院醫生與神經生理學家、生化學家、內分泌學家，甚至實驗心理學家和工程師密切合作。[63]他需要如此寬廣的專業人才。他想要開始進行腦分離，這件事需要開發並打造機器和設備，需要融合生物學與技術，但他不會只停在這裡。他想到一整套新程序，甚至是神經科學的一片新領域。懷特驕傲宣稱，他的新實驗室將會「成為神經化學的權威」——懷特的分離實驗將會揭露腦化學和生理學不為人知的基本面向，如果沒有這些「化學知識」，我們無法治療像是阿茲海默症這類的疾病。[64]但是，懷特並未忘記移植手術帶來令人振奮的第一道微光，也沒忘記這為腦部移植帶來的前景。納爾森想找一個願意冒險的人；他可能找到最愛冒險的那一個人了。懷特等不及要上工。

儘管他很焦急，要把車程十二小時外的家庭移過來，不是件容易的事。其實他心急如焚。鐵幕再度緊閉，但懷特知道德米科夫已經領先。蘇聯儲存現成器官的倉庫建好了嗎？德米科夫（只是生理學家，而非外科醫生）成功完成腿部移植了嗎？如果成功的話，結果如何？關於蘇聯在醫學方面的嘗試，沒有隻字片語傳來。

蘇聯的太空任務可不是這樣。每一回展開新的發射行動，都讓國際關係變得緊張。艾森豪在一九六〇年提出外太空非軍事化條約（根據一份為了南極探險而制訂的條約）。然而，蘇聯不同意其中的條款，而且不打算掩飾他們計畫內含的軍事性質。[65]他們也不隱瞞自己的成果，不論這些成就有多不尋常。等到約翰·甘迺迪（John F. Kennedy）一九六一年一月就任總統時，蘇聯已經把一群五花八門的動物送上地球軌道，包括兩隻狗、一隻兔子、四十二隻小鼠、兩隻大鼠，以及一些果蠅。[66]甘迺迪接下國家航空暨太空總署（NASA），這是新成立的民用太空機構，也接下必須成功的巨大壓力。在這些太空任務仍處於未載人階段時，NASA的顧問一直堅持下列想法。他們警告，唯一比在太空中排名第二更糟糕的事情，是在嘗試行動中讓太空人送命。[67]但就在同一年，蘇聯太空人尤里．加加林（Yuri Gagarin）成功完成人類首度繞行地球的壯舉，甘迺迪於是迅速把NASA的經費提升為兩倍，宣布至今仍相當著名的登月計畫。

接下來的一週，甘迺迪政府的豬玀灣入侵（Bay of Pigs Invasion）行動受挫，造成中情局訓練的古巴流亡者喪命或遭監禁。[68]菲德爾．卡斯楚（Fidel Castro）與蘇聯締約，允許他們在古巴領土部屬飛彈。一九六二年十月裡連續十三天，許多著急的面孔緊盯黑白電視畫面。最後，蘇聯同意，如果美國把飛彈撤出土耳其，他們就把飛彈撤出古巴。接下來的那個月底，終於完全撤除軍備。這次的事件對於甘迺迪政府是必要的教訓。冷戰的成就與進攻和防守有關；而謀求支持比威脅更有意義。歷史學家沃爾夫說得最好：美國在「透過和平、繁榮、合作」，甚至更重要的「宣傳」方式以贏得冷戰的計畫上加倍下注。[69]這是靠言辭煽動的戰爭，目的是抓住民眾的想像力——在該恐懼的地方灌輸恐懼。甘迺迪察覺到，蘇聯操作德米科夫成果的黑手早在一九五九年就明白上述道理，他們允許《生活》雜誌把雙頭狗帶入美國家庭的客廳：外科科學的創新和成就，可以化為推動自身意圖的棋子。無論是外太空或內太空的競賽，都能用來為國家服務。

腦感受不到痛覺，雖然它負責接收全身傳來的痛覺訊號。腦不會抽送血液，但若沒有它的脈動，其他器官最終會衰竭。這團異常複雜的東西，比最新型的超級電腦更強大，雖然精緻卻更靈活耐用，以某種方式驅動其他一切。黑白電影中的法蘭肯斯坦醫生和他的同夥偷來浸在液體中的腦，趁它新鮮時塞入剛死去的人的頭骨裂縫裡，但是，真正處理腦的方式並非如此，有許多細節需要琢磨。BRL團隊有許多問題需要解決。他們如何監測腦脊髓液，這是充滿在腦和脊柱的透明體液，又要怎麼讓它的壓力維持恆定而不會造成傷害？顱內的基底動脈是精細微小的血管，分枝錯綜複雜勝過糾纏的樹籬，使用什麼工具可以讓基底動脈露出來？多少氧氣，多少血液——以及何種溫度——才符合生存所需？而所有這些考量，能夠讓他們利用機器以體外系統維持腦的存活嗎？

懷特明白，都會醫院和布萊根醫院的神聖大廳有天壤之別，西儲大學醫學院的全部資源，絕對比不上哈佛醫學院。但是懷特會有人手和空間——更重要的是，還有猴子。這不起眼的研究大樓中的一個房間，將擴張成占滿整個樓層的實驗室，而且成為懷特接下來二十年漫長白天和深更半夜的第二個家。白色咖啡杯和白袍，黑色菸斗和深色眉毛，懷特醫生將持續為移出靈長類的腦做準備。這一次，他保證，美國將會拿下第一。

CHAPTER

3

那顆腦是否正在思考？

What Do Dead Brains Think?

九月的天氣宜人，懷特在一陣舒爽微風中經過樹蔭下，從公車站穿過馬路來到克里夫蘭都會綜合醫院。由於伊利湖（Lake Erie）的冷卻效應，克里夫蘭的氣候不像明尼蘇達州的羅徹斯特那樣隨著季節劇烈變動；秋天的早晨清爽，天空湛藍。懷特在夏末忙著把全家搬到沙克高地（Shaker Heights），這裡是擁有綠林蔭道的郊區山丘頂。懷特在此處的一小隅天地，看起來一定很有田園風情。如同他所承諾的，房子比在羅徹斯特的大多了，有十間臥室，是鑲著屋頂窗的喬治亞式紅磚建築，坐落在濃密樹林中。屋旁牧草地般的院子很快就輪流權充懷特家孩子的棒球場、足球場和溜冰場，也歡迎許多鄰居加入。他們還有另一個寶寶即將誕生。派翠莎早已不擔任神經科護理師，現在掌管亂糟糟的一大家子。懷特把新居叫做二十四小時大飯店，朋友和鄰居偶爾會說是動物園。沙克高地附近有幾所最好的公立學校，懷特承認這影響他選擇克里夫蘭，而非其他競爭城市落腳。當然，在都會醫院可以擁有自己的研究實驗室，也是助力。九月的這個早晨，懷特天未破曉就起床，喝過咖啡，為新工作的第一天著裝，接手布洛爾前輩僅只一個房間大的實驗室，準備迎向光明。

布洛爾是神經外科的前頭號人物，出生於莫斯科，愛達荷州的莫斯科。在一家沒有正式神經外科部的醫院，他是唯一的神經外科醫生，布洛爾的工作聚焦在腦的血流量和耗氧量，也就是研究血液與氧氣如何進出腦部，要是出了問題會怎樣？大多數人知道讓血液流向心臟的動脈；可能甚至認識像是**心肌梗塞**這些醫學名詞，心肌梗塞發生於心臟動脈阻塞之際，我們更常把這種狀況叫做心臟病發作。但是人體充滿血管的器官中，心臟並非唯一會出現梗塞的器官，也不是最重要的器官。當你想到是腦發出訊號控制心、肺和其他一切，就知道心臟不是最重要的。如果你會心臟病發作，那麼你也會中風。布洛爾研究的是**腦梗塞**：腦中動脈阻塞，導致組織壞死。令人驚訝的是，我們可以只靠著少部分的心臟活下去，或者利用科技（例如德米科夫的體外泵浦）來驅動血液和氧氣的流通，就可以完全不需要心臟。沒有腦，我們就無法生存。布洛爾抱怨說，沒有人認真重視腦動脈阻塞的病理學，大部分醫生連評估健康人體的腦血流量也做不到。[1]但是，這個問題令懷特著迷。

懷特站在實驗室門口，清點鋼製實驗桌、白色架子、無菌牆面。留下來的材料包含測量腦部液體的設備：薄壁的十八G針頭、吸量管、玻璃圓罩、塑膠導管。傳承到的東西或許不算豐富，但是仍具備實驗的要素。如果懷特計畫取出一顆腦而且不會害死它，需要確定進入腦部的氧氣量，以及壓力大小，這樣他才能維持腦的穩定狀態；否則他會面臨讓這顆腦休克繼而死亡的風險。這間實驗室雖小，卻提供了起步的地方。

懷特對於腦研究實驗室的願景，最終會需要大量人力。然而，他一開始的團隊規模相當精簡。麻醉科醫生摩里斯·奥本（Maurice Albin）在梅約診所就與懷特共事。[2]他有一張嚴肅的面孔，頭髮雖然稀疏，但髮色仍然很深，看上去比懷特年輕，那時他四十二歲，其實比懷特大三歲。奥本學識淵博，像是活躍有魅力的懷特的「陪襯配角」。[3]懷特很清楚，有一個可以讓他完全依賴的人，也就是他能夠信任的人，意義重大。這兩人小組很快就有第三人加入，他是來自墨西哥的哈維爾·維杜拉·里瓦·帕拉西歐（Javier Verdura Riva Palacio）神經外科住院醫生，擁有僅次於懷特的穩定雙手和鋼鐵意志。

這三人組，加上護理師的協助，幾乎就是第一年的全部團隊，但仍完成重要的工作，尤其是設計一種能持續測量腦脊髓液壓力的方法。[4]他們在起初幾個月訂出未來將進行的所有事情的基本準則：懷特的研究應該要在真實的醫學世界能有實際應用。他們不但發展出測量脊髓液的方法，還發明了把脊髓液「收集」到植入式塑膠模組——這種技術不久就應用到人類臨床實務上，有助於確定壓力和診斷神經疾病。[5]懷特的研究當中，另一項即將問世的有用技術是把猴子的腦循環情形變成影像，他從猴子上臂進行肱動脈攝影，這種放射攝影術有點像是動態X光。這將可以應用在人類嬰兒上，當發現需要檢查他們的小巧系統才能進行醫療介入時。[6]這個團隊也進行手術來操縱猴子和狗的腦幹，這使他們與分離腦部的目標更近了。這段期間，懷特同時完成博士學位的收尾，在西儲大學教授神經學，在都會醫院為病人開刀，以及為自己的實驗室申請補助款。他和團隊都需要錢，需要更大的空間，需要人手。他們的工作值得拿到經費，懷特在補助申請書上清楚表示，因為這不只是高談闊論。他打算把自己的研究從狗應用於猴子，再應用到人類身上。

懷特以分離靈長類腦部為目的，最終在一九六二年獲得美國公共衛生局的補助。他在計畫書中承諾，這項研究將讓他能回答看似簡單的問題：腦如何代謝能量？也就是說，腦在受損之前，需要多少能量（以葡萄糖的形式）和氧氣？懷特的計畫書主張，以前確實有人研究過腦部，但是在原位（in situ）的情形下，也就是仍在頭部裡面，與身體和血管系統仍然相連（即使已經用結紮線把一些血管綁起來）。「可惜的是，這些生物學模型中的腦，都與分離器官的狀態有所差距。」懷特寫道。想要真正的區別，真正知道單單只有腦的情形下使用了多少能量，「與腦競爭代謝能量的相鄰組織全得要剝離」，也就是把它們都切除。[7]

這類資訊為什麼如此重要，特別是對公共衛生經費補助委員會而言？因為我們現在視為理所當然的過程，例如多少劑量的藥物會對腦部造成衝擊，或者多大的壓力可能會造成神經學上的變化，在那個時候還不是很清楚。想知道腦如何處理外界輸入的東西（疾病、壓力、化學物質、藥物、毒品）需要基線，科學需要了解腦在沒有身體的干擾下如何運作。[8]

首先，想想你的腦，它待在骨頭搖籃裡，舒舒服服躲在頭殼中。現在，想像它被分離出來，與源源不絕流入的資訊斷線，通往手指和腳趾的神經與纖維被切斷。分離出來的腦，是外科學的聖杯。懷特和他的團隊想知道，當腦在車禍中受撞擊或因中風而癱瘓時，裡頭的細胞究竟發生了什麼事。[9]腦為何可以運作？為什麼會出錯？腦死時到底發生什麼事？因為從來沒有人能仔細察看腦在不受身體拘束時的生理過程，它的活動大部分還是謎團。接下來的階段需要有創意的想像力，但是懷特在與唐諾合作脊髓冷卻實驗當中奠定了基礎。就在懷特離開羅徹斯特前，這對搭檔成功完成為猴子灌流。恆河猴以含有二十毫克戊巴比妥鈉的溶液麻醉之後，每一隻都癱軟躺著，彷彿準備接受手術似的，牠們脖子的毛給剃掉，插了一根供應氧氣的軟管通到氣管。與所有體溫過低的情形一樣，猴子如果體溫下降過多，會自動停止呼吸。[10]懷特劃下第一刀，露出的不是脊髓，而是頸動脈，那些在頸部搏動的大血管。他使用協助連接靜脈和動脈的套管，把來自一條動脈的血液輸送到特製的小型熱交換器。再把冰冷的生理食鹽水注入熱交換器的軟管中，很快讓即將流向猴腦的血液冷卻，而不是處理流向交換器下游的動脈血液。腦部冷卻下來之後，變得需要較少的血氧就能生存；使用熱交換器，讓比較溫暖的身體組織本身不會遭受低溫致死的危險。懷特持續這種選擇性低體溫狀態整整三十分鐘；八隻受試猴子當中，有五隻活下來而且沒有發生不良反應。[11]

現在，懷特在自己的實驗室中，與維杜拉及奧本重複這項實驗。他們花了一整年的時間精心準備，調整熱交換器，並評估產生的復原結果，最終提升這項技術。在這三十分鐘內，腦可以被視為在功能上是和其餘身體部位分離的。能夠安全供應低溫血液給腦部，代表腦可以完全從身體切除，只要小心謹慎的話。我們可以摘下腦部，並保持它存活，懷特很確定這一點。他即將獲得第一次機會，進行突破性的科學研究——他認為，這是他首次在內太空競賽真正挑戰德米科夫。懷特將要分離靈長動物的腦。

我們把分離出來的心臟、肺臟和腎臟稱為「活組織」，但是沒有電刺激，心臟不會跳動，沒有外部驅動的空氣泵為肺泡充氣，肺臟不能「呼吸」。就連莫瑞的腎臟移植團隊也明白，器官離開人體之後每一秒都在逐漸死去。對愛出風頭的蘇聯外科醫生布留霍年科的「有機體復活實驗」來說，死掉的組織無法真正復活，箇中原因就是這不只和機械有關。我們的每一樣器官需要某種東西來驅動，這種東西叫它們跳動、呼吸或收縮，器官才能產生活動。事實上，每一樣器官需要的是腦。一旦你把這些神經活動的思考、刺激、處理源頭分離出來，新的問題就出現了。懷特在實驗室的工作不只是想問：分離的腦如何運作？還有另一個更縈繞不去的問題：這顆腦本身就是有生命的物體嗎？

以肉眼來看，腦像是一團湯凍。科學作家山姆・肯恩（Sam Kean）把腦比做熟透的酪梨，用湯匙就可以舀起來。[12]從最基本的層面來說，腦由「下層腦」（包含橋腦、腦幹下端的延腦、小腦等結構）、「中層腦」（視丘、下視丘、腦垂腺、杏仁核、海馬迴的所在地），以及我們熟悉的、看來柔軟的「腦葉」（額葉、頂葉、顳葉、枕葉）所組成。有時候，這三個區域被稱為爬蟲類腦、哺乳類腦及靈長類腦。下層腦控制身體的基本功能和動作，這是我們和鬣蜥到科摩多龍等各種爬蟲類都有的部分。中層腦傳達感覺刺激，並協助形成和處理記憶與情緒。[13]然而，就是在我們稱為靈長類腦的額葉，使我們之所以為人的活動大多發生在此區。我們在這裡得到「自我」，也就是大部分人相信自己擁有，而青蛙沒有的奇特無形東西。*當我們問到一顆活著但與身體無關的腦是什麼意思，好比說在另一個身體醒來的腦，或者在一個身體裡有兩種心靈（如同變身怪醫一樣），我們在每一種情形中的起始假設是，腦（或心靈）至少包含我們個人認同的一部分；反過來說，腦能夠以某種方式與身體分離。懷特的博士課程才結束後幾個月，他在自己最早只有一個房間的實驗室，將名聲押注在認定前述假設是正確的信念上。他為大腦開刀，日復一日，讓雙手遊走在劃分精神與肉體，區隔心靈和物質的不明分界。畢竟，這是他的工作。

不一樣的心靈

來到克里夫蘭不到一年的時間，懷特的日常行程已經接近按表操課了。每個工作日和幾個星期六，他在早上六點前離開家門，前往沙克廣場的小餐館。他不只喜歡在那裡喝咖啡，也喜歡端咖啡，餐館忙碌時他會走到櫃檯後去幫忙倒咖啡。他知道大多數客人的名字，他們當然也知道他的。他白天耗在手術室，週末會回醫院巡視虛弱的病人。他失去的病人不是只有幾位而已，都會醫院是創傷醫院，而且鄰近克里夫蘭最貧窮、最艱困的幾個區。他看過太多悲慘的事件，從槍擊到身體虐待都有。然而，他喜歡無傷大雅地哄騙同仁，或作弄學生和護理師。他也因為惡作劇而出名。有一天，懷特正好到一家肉鋪拿牛腦要給學生實習，附近發生一場沒有嚴重傷亡的車禍。他說動兒子麥克拿著一顆腦，衝到後來才到現場的警察面前，大喊：「快點，趕快送去都會醫院，他們才能放回去！」懷特接著預先打電話到急診室，讓他們參與這場玩笑。這位警官抵達時，只見急診室入院櫃檯人員問道：「你知道這顆腦要裝回哪一具身體

* 作者注：當然也有人覺得，所有動物都有自我，就像人類一樣。這是提倡動物權利的善待動物組織（People for the Ethical Treatment of Animals, PETA）的部分動力，這項議題將是後面幾章的焦點。

裡嗎？」[14]懷特的輕率舉動似乎極度不得體，但他也是虔誠且認真的人。他每天下班後會去聖母堂參加五點半的彌撒。他有時會說「是為了補贖我的罪」，儘管參拜聖堂給了他更多恩賜。這座喧鬧的聖所，由畫在藍色半圓頂壁上的天使守護著，是信眾把一天的喜悅和悲傷攤在更崇高力量之前的場所。每一天，懷特參與手術，為了治療創傷受害者，或是切除深藏於脆弱腦褶裡的腫瘤。每一天，他注定要失去某位病人。如果得在有點調皮的幽默感和絕望之間做選擇，那麼就選幽默吧。但是，他至少會嘗試安頓自己的靈魂，然後才回家面對甜蜜的混亂場面。

懷特家的三個大男孩分別是六歲、四歲和兩歲，女兒佩蒂最近滿三歲，新生兒丹尼（Danny）才剛降臨。讓每個人溫飽，責任就夠重了。星期六望彌撒之後，懷特把四個比較大的孩子集合起來，帶去「占領」當地的超市——一開始需要買滿滿兩輛購物車的東西，隨著家庭成長變成三輛，然後是四輛購物車。派翠莎（溫柔地）責怪丈夫在市立醫院工作，那裡的薪水很低，即使懷特有時省下自己的花費也沒有幫助。有這麼多張嘴要吃飯，而且人口持續增加，還有學校的衣服要添購，以及一般家庭的維護和翻新，外科醫生的薪水無法令人滿意。懷特回到家吃晚餐時，常常是他當天唯一的一餐，聊天話題會轉到學校衣服和用品，需要請幫傭來避免家裡天下大亂，以及霍夫

（Hough）周遭的情勢，那裡是附近以非裔美國人為主的社區。派翠莎終其一身都是全國有色人種協進會的會員，一九六二年的中期選舉即將到來，她負責協助選民登記，當地有許多人支持甘迺迪。社會正義對懷特來說也很重要，他一直想要讓都會醫院更具族群多樣性。然而，無論晚餐時光的話題是什麼，有些夜晚，他的思緒會忍不住飄回到實驗上。他知道如何冷卻腦部，也清楚如何把它摘出來。但事後以血液和氧氣繼續供養腦，需要的不僅是精巧的開刀技術。他需要完美的機器。

送小孩上床之後，懷特回到書房。他有時會炫耀自己一天看不止一本書。這聽起來像是對同事說的大話，不過他家中的辦公室被印刷品淹沒，成堆的報紙和雜誌，以及一疊疊書籍四處氾濫。哲學和研究與科幻在此衝撞，包括一本邊角已翹起的《科學怪人》。懷特每天晚上待在這個神聖的場所，從九點直到凌晨兩、三點，在暖氣機（或夏天電扇）嗡嗡聲響與古典音樂的背景之下安靜思考。他在黑暗中以三維的角度想像自己的工作，不需要參考紙上的模型，這表示他可能擁有如同照相機似的全現遺覺記憶（eidetic memory），也就是空間上的創新能力。若真是如此，他就擁有和達文西與特斯拉同樣的天賦。對懷特來說，這種視覺化能力讓他可以「看到」手術，也可以看到手術需要的那種機器。雖然懷特在布萊根醫院的時候，就一直在思考人類腦部移植，但除非他完成早期階段的工作，否則具體實現就會是不可及的目標。懷特認為，我們需要的是一種升級版的檸檬汽水循環機，就是你會在加油站看到的那種飲料機。[15]如果有這樣的東西，他或許能讓腦持續無限期運作下去。懷特甚至在輪到他起床陪新生寶寶時，體認到如此複雜的機器裝置很難打造、不好維護，也容易故障。他需要的是一種截然不同的機器，這種機器不需要刻意刺激就能讓血液循環，可以發出適當的加熱和冷卻電子訊號，完全不需要介入就能做自己的工作。他的小兒子就是這樣的機器，這個新生兒手指和腳趾老是在抓握，堪稱完美的小奇蹟。懷特總是以為，身體只是「腦的機器」。[16]當你可以把腦連到另一具活著的**身體**，為什麼還要打造新的東西呢？說到底，這就是德米科夫一直在用的方法。

懷特在天亮前小睡了兩、三個小時，但在派翠莎醒來準備早餐時，他已經起床出門了。反正他從來不需要太多睡眠，特別是當他有想法要探尋時。懷特回到實驗室，他挑選了十隻恆河猴：五隻體型較小，體重約在二．七至三．六公斤之間；五隻體型較大，約六．八至一一．三公斤。[17]他將取出小猴子的腦，然後利用牠們的大型同伴做為一種維生系統，相當於靈長類血袋的概念，來維持腦的存活。「分離」出來的腦還需要一個休息區，能夠浸泡在循環的血液裡。懷特建立的奇怪裝置看起來非常粗糙，與蘇聯影片中的心肺準備措施差不多。裸露的腦懸空架在一個平臺上，有一小片接著電極的頭骨仍附著在腦上。電極再接到腦波儀（EEG）偵測電刺激，電刺激是顯示腦仍存活的證據。懷特在小平臺下方放了一個漏斗，卡在一個裝血液用的容器上，容器下有加熱器。整個裝置外觀有點像是沒有玻璃燈罩的熔岩燈，還伸出幾根動脈觸手，使血液能進出供血者的身體而來回循環。研究小組調整好模型之後，把注意力轉回籠子裡的受試者。這群外科醫生已經準備好了。

一九六三年一月十七日：懷特刷好手，準備動刀。他和維杜拉及奧本已預先為每一對猴子進行血液相容性的交叉配對。現在，這些小隻的猴子注射了戊巴比妥鈉，無法行動，牠們很快就會只剩下腦部。牠們再也不會在自己的身體裡醒過來。

懷特和他的小組著手為每一對猴子灌流，監控血壓，並使用示波記錄器來列印和儲存數據。實驗心理學家李・沃林（Lee Wolin）和工程師榮恩・葉茲（Ron Yates）事前協助設計這種維生系統，但是在手術室，懷特仍主要依賴維杜拉和奧本。奧本首先為猴子麻醉和剃毛，仔細刮除頭部及脖子的全部毛髮。供血的猴子也會剃除兩側腹股溝的毛髮，讓股動脈更容易處理。他們把第一隻猴子光禿禿的頭小心翼翼架在固定器上，這個器具長得像有三根腳趾的爪子。鋼鐵腳趾從三處牢牢固定頭部：一個小木塊塞在上顎，可開合爪子上半部的雙叉對到眼眶骨的突起處，剛好卡住眼窩。整套設備上有一個接頭，讓懷特能夠將猴子的頭旋轉一百八十度。一開始，兩隻猴子會並排躺著，供血者則綁在特製的木頭「椅子」上。接下來，這些外科醫生把供血者的股動脈接到T形套管，套管再經由管子連到受血者。然後兩隻動物會裹上可調節溫度的毯子。懷特與小組成員需要確保這些動物的體溫維持穩定，並以插入式肛門溫度計來量體溫。[18]當供血猴子變成兩具身體的循環機時，懷特把很少離口的菸斗放在一旁。如果說他對於精心切除組織的興趣始於天主教學校的解剖教室，那麼這一刻已經讓他等了二十多年。

直到此時，手術還算簡單：讓包在毯子裡的兩隻猴子，透過一根管子共用循環系統。現在可以開始處理小猴子了，牠仰躺在小型可調整手術檯上。懷特從頭部劃下第一刀。沿著下頷角劃出刀口，就能剝開皮膚。懷特和維杜拉把頸部前側以及沿著頸骨側面的肌肉一一切斷、剔除。懷特接著切斷氣管，把它和食道一起拉起來，與頭骨底部的肌肉分開。[19]同時，助手持續監測猴子的生命徵象。血壓、體溫、氧氣濃度：每一處，每一件事看來都情況良好。輪到切除顏面了，到了這個時刻，儘管是謹慎且無菌的過程，卻似乎開始比較不像手術，而更像當地肉販為了賣牛腦的切割手法。

懷特把猴子翻過來讓牠趴著，好處理頭皮。頭皮和眼睛、鼻組織，以及顏面結構上剩下的東西一併剝除。懷特在頭骨上打洞，維杜拉用快乾的牙科黏合劑把六支不鏽鋼電極接到露出來的腦組織上。猴子這時已經沒有舌頭、嘴部及頭皮，基本上只是一顆頭骨架在身體上，靠著同伴的血液供養。他們再把猴子翻過身來仰躺，使牠的動脈壓穩定。然後他們移除這隻動物的下顎，細心呵護腦神經，切斷這些神經可能會造成腦部損傷。經過幾個複雜的程序，把頸動脈導入另一個套管，套管由上方的粗金屬線吊著，於是透過管子可以把血液直接輸送到這顆腦。[20]除了準備「體外」灌流，血流外化的過程也已經開始。再四個步驟，他們就完成了。懷特切斷脊髓，從頭部下方的第一節頸椎和第二節頸椎之間把脊柱分開。身體就和腦脫離了。接下來，他們檢查冷卻腦部的壓力是否穩定，然後去除頭骨這些支持結構。最後，一顆完好的猴腦掛在一小片頭骨之下，架在懷特以漏斗和管子組成的奇特裝置上。手術花了八個小時。

關於腦部的外科學影像展現出一種怪誕、詭異，卻又異常熟悉的景象。腦擁有如同果凍般的質地，無法維持良好的形狀，於是解剖檯上的腦會很快攤平成一片。然而，懷特裝置中懸吊起來的猴腦，浸泡在維持生命的血液裡，並經過冷卻以避免傷害，這顆腦看起來就像教科書上的一樣完美。它的外表迴旋起伏，宛如美麗的地形，血管脈絡分明——仍在脈動，仍然充滿著有活力的體液。它泛出粉紅色澤，看起來一點都不像灰質。更重要的是，這顆腦仍在發出電訊號，就像活生生身體裡的活生生大腦一樣。

這些訊號時強時弱，在列印出來的腦波圖中呈現出高峰和低谷的形狀，如同地震儀在地震發生時記錄針描繪出來的線條。透過測量體液，懷特能夠判斷這顆腦正在消耗能量，「餵」自己吃葡萄糖。維持細胞生命的生化反應持續在進行——腦細胞還活著。[21]懷特匆匆寫下狂亂的筆記，奧本與維杜拉也一樣。供血的猴子醒過來，需要有人餵食；然後研究人員觀察並等了一段時間。裸露的腦受到懷特裝置的保護，流露出來的訊息在方格紙上飛馳；偶爾出現的強烈訊號可能是意外，是機器本身的失誤。但是這顆腦持續這樣長達二十二小時，毫無疑問，它是活著的。

懷特喝下大量咖啡，牙齒緊咬著未點燃的菸斗，思考腦波儀輸出的資料。他們已經在分離前後分別測量各個腦葉，先是額葉，然後是頂葉，再來是枕葉。猴腦從身體分割出來之後的內部情況，與手術前並不相同。頂葉負責視覺刺激，活動完全消失，這可能不會令人驚訝，因為這顆腦本身沒有眼睛。枕葉的活動也出現顯著改變：手術前的圖形顯示密集但幾乎穩定的起伏，而手術後的圖形則是大起大落。因為這片腦葉涉及身體其他區域的感覺資訊，突然之間的差異或許讓電活動無處可去。然而，認知技巧、記憶和解決問題能力所在的額葉，圖形則維持和原來有些相似的模式。手術前的方格紙上，呈現出由緊密尖波形成、如同小型森林的圖形，手術後，這些尖波間隔拉大，上升和下降的趨勢比較緩和，但是仍然可以辨認出來。懷特宣稱「我們首度展現了分離的腦可以存活。」[22]手術室中的一位神經生理學家表示贊同，甚至認為沒了身體，腦會活得更好。「我猜想，沒了感官，它可以思考得更敏捷。」這人假設。「至於是哪一種思考，」他補充說，「我不知道。」[23]

這些成果已經足夠寫一篇首開先例的論文，這篇論文稍後會出現在著名的《科學》（*Science*）期刊。但這還不充分。手術需要重複執行來改進，結果需要重現並確認。分離出來的腦，活動開始減弱，所以懷特和他的小組拔除供血猴子的套管，把冷卻腦的過程反向操作，並縫合切口，相當於在小猴子被掛起來的腦自己死亡之前，就把它「殺死」。供血的大猴子將送去休養，接受餵食，以後再用來支持其他猴腦。這就足夠忙一天了，然後精疲力竭的組員會回家好好休息。然而，這不是終點，而是起點。在盡快安排之下，手術再度開始，對另外一組猴子動刀，兩隻接著兩隻，就這樣幾個星期過去了。可惜的是，剩下的幾組猴子都必須在手術半途中止，由於在尚未完全分離的猴腦中流動的血液裡頭，紅血球容積比例下降到危險的程度。[24]懷特推測，這主要是由於小猴子的體溫波動和失血，而使得情況無法妥當地穩定下來。供應血液的猴子（體型較大、更昂貴、用處更多）發生危急狀況之前，他就會停止手術，最後所有的供血者都活了下來。

這或許像是在無情地犧牲猴子，或起碼可說是糟蹋研究經費，但是在這方面，懷特的「內太空競賽」也同樣和外太空競賽並駕齊驅。恆河猴的認知能力或許相當於人類的學步幼兒，NASA持續把牠們送上命運多舛的飛行任務。[25]大約二十五隻太空猴幾乎全都喪命，死法不一，牠們就像NASA的靈長類死小孩*：有些猴子是因為維生系統發生機械故障而噎死的，有一隻是在升空過程中爆炸慘死，另一隻是在重返大氣層時燒死，有一些失蹤在大海，還有幾隻回來了，卻在幾個小時後由於過熱和壓力死亡。科學家和外科醫生主張，不能把人類生命置於危險之中，但是任何新發展的實行階段總會有亂糟糟的情形。所以，會利用人類以外的靈長動物，來使過程更加完善。

猴子並非唯一因試驗而死亡的動物。人類器官移植的早期受贈者，像是理查·赫里克這樣危急的自願接受者，也都活不久。相較之下，分離腦部有五分之一的成功率算是很出色，但懷特在擴大實驗規模之前必須進行更多工作。阻礙成功的最大威脅，來自試圖從雙循環（兩隻猴子的血管已經連結，但受血者仍有心跳的情形）切換到只由供血者支援單循環的過程中。這麼多切口，很可能造成失血；懷特使用燒灼工具避免流血過多，可是刀鋒的熱度會影響猴子的體溫。隨著這一年過去，懷特為手術添加了額外的利器，包括兩架小型的推進器，一架用來推進動脈血流，一架推進靜脈血流，它們可以靠二十四伏特的電池獨立運作。他也要工程師葉茲協助自己建造一種特製的供氧機，使用於透過一套管路把氣體打入猴子血液裡的裝置上。這些增補的新工具提供一種備用循環系統，萬一供血的猴子開始衰竭時可以發揮作用。這樣一來，即使這些外科醫生在把小猴子的腦連到供血者時，這顆腦仍可以得到源源不絕的支援。懷特的小組能夠連續二十四小時執行手術。他們準備好要再次嘗試。

懷特和他的小組在一九六三與一九六四年間，收到更多猴子可以進行試驗。這一回合，供血的猴子坐在高木椅上，實驗室充滿泵浦和馬達的背景噪音，這些機器在讓

* 作者注：出自愛德華．高栗（Edward Gorey）的《死小孩》（*The Gashlycrumb Tinies*, New York: Simon & Schuster, 1963）繪本。這本書從頭至尾有一系列按照英文字母順序排列的童年意外事件，例如「A是從樓梯摔下的Amy，B是被熊攻擊的Basil……」等等。

一具身體的循環系統橋接到另一具身體時會用到。新技術把原來的熔岩燈裝置擴展成一個房間長的幾何結構，這項專門設備價值幾百萬美元，猴子在一頭，裸露的腦在另一頭。懷特並沒有打造原先構思的那種自動化檸檬汽水循環機，而是建構出實驗性質的半機器人：一部分是猴子，一部分是機器的生物。

實習醫生輪流睡覺，隨時有一雙眼睛持續監控實驗，並照顧綁在椅子上的猴子。主要的外科醫生是懷特和維杜拉，以及後來加入的神經外科醫生同事喬治・洛克（George E. Locke），奧本仍是主力麻醉醫生。他們一起進行了六十三次手術，最後，成功的次數超越失敗。[26]引入人工循環系統避免腦部功能退化，輔以腦波圖長達二十二小時展現電衝動的顯著波動。[27]懷特和他的小組在每一次手術之後都會解剖猴腦，把腦組織以蘇木精染色後放到玻片上，再拿到顯微鏡底下，仔細觀察是否有絲毫退化。腦組織看起來正常，即使經過幾個小時的灌流和分離過程。最後，懷特掌握了電刺激的證據、健康組織的證據，以及重現性的證據。該是時候讓腦研究實驗室的成果向大眾公開了。

死掉的腦不會洩露祕密

在一九六四年，美國擁有四個神經外科學會，其中哈維．庫欣學會（Harvey Cushing Society）是會員資格要求最嚴格的古老學會。哈維．庫欣學會成立於一九三一年，具有聲譽卓著的悠久傳統，它的年會堪稱是重大科學進展的盛會。[28]對於像懷特這樣的人來說，這裡是建立名聲的最佳場所。於是，他在四月二十日，收拾行李飛往洛杉磯，發表即將登上學會期刊的論文的摘要版，附帶腦成功分離的驚人影像（雖然有些血淋淋）。從投影機放出來，展現給全體觀眾的最後一幅影像，是令人嚮往的外科聖杯的明證：與身體脫離的、裸露在外的、一顆孤零零的腦。

對於大使飯店內聚集在白色桌子旁的外科醫生而言，首例腦分離提供了一種方法，可以研究腦部對於藥物、溫度變化、細菌感染及其他因素會如何反應，不會因為相連的身體而削弱影響。最終，他們能夠探究以下問題的答案：腦在代謝方面除了糖和氧以外，還需要什麼？即使沒有身體輸入資源的情形下，腦本身會產生化學物質嗎？在失去身體屏障後，腦要如何保護自己？[29]他們也對懷特的灌流技術感到興奮，他並非唯一報告冷卻用途的人，但是他在機器上的調整，展現出值得仿效的直接好處。只有一項隱憂。

懷特解釋：「每個人都可以想到用它來做一百萬件事。」然而在返回克里夫蘭的途中，他覺得有些氣餒。雖然有一百萬件事，但不是他動手術想要弄清楚的那一件事。哈維・庫欣學會的同行承認，他方格紙上的線條突起處，是來自分離的腦的電刺激。但是，他們拒絕稱它為意識。讓懷特大感興奮的腦電波，眾人的反應卻是含糊地聳聳肩。「不要把目標訂得太高。」他們似乎是這麼說的。畢竟，神經科社群那時連構成**腦死**的條件都還沒有共識，他們還沒準備好（甚至沒有興趣）討論構成**生命**的各類訊號會是什麼。

二十世紀中期以前，腦部創傷導致的後果之一是呼吸暫停，由於受損的腦停止傳送電訊號到肺部。死亡很快到來。然而，在可以幫患者肺部充氣和排氣的呼吸器出現之後，腦傷患者能夠在人工機器的協助下存活。一九五六年首次提出「腦死」這個概念，即使這樣，當時的標準可說是相當簡略。接下來的十年當中，從腦波圖得到的新型數據提供了一些幫助。腦波圖上出現「等電位」訊號，也就是呈現一直線，代表記錄不到與電相關的資訊，這種情形成為判定腦死的部分標準，再加上瞳孔固定，沒有反射，也不能自主呼吸。但是，這仍沒有真正回答主要的問題：這個人死了嗎？或只是「等同於死亡」，技術上的死亡？[30]在一篇具里程碑意義的法國論文中，里昂的神經科醫生皮耶・韋爾泰默（Pierre Wertheimer）與兩位同事決定把符合以上四個條件稱為「超越昏迷」的狀態——一種對死亡的預測，但不是確切的死亡。[31]這種說法似乎太過縹緲。腦死病人「幾乎是死了」，然而，這仍不能讓腦死的身體稱為「屍體」。這項議題的另一面，則是懷特從身體分離出來的腦或許會展現腦波圖活動，這是判定物體活著的一項標準，但卻不符合其他標準：瞳孔不會動，因為沒有瞳孔；不會呼吸，因為沒有肺；而且實際上，若沒有供血猴子和機器組成類機器人組合體的協助，循環系統也沒有作用。懷特可能展示了奇蹟——讓腦組織冷卻到比平常低二十多度的溫度而沒有損傷，這是一開始的情形，但他無法證明這些腦是活著的，腦無法替自己說話。

或者，其實它們可以？懷特回到家裡，他在被許多隻腳跑跳聲響包圍的書房中——男孩們最近發現，可以用拆開來的比克原子筆打開食物櫃的鎖，偷吃中午的餐點——擬出新的實驗。他有個大膽的想法，但是過程需要拆成三部分。首先，他訂了實驗狗，而不是猴子，送到實驗室。總共有十二隻，牠們會進行配對，就像猴子一樣，每一組有供血者和受血者。維杜拉與新加入小組的神經外科生力軍亨利・布朗（Henry

Brown）可能會疑惑為何貌似要放棄靈長類動物，而奧本知道最好不要問。懷特在對新的犬類病患進行實驗之前，回到克里夫蘭都會綜合醫院手術室，準備計畫的第二階段。該是試驗他的灌流技術的時候了，看看這種技術在何時何地的效果最大。

納爾森冒險聘用懷特，是因為他想要有一個和哈佛同樣權威的神經科學部門。或許由於這個原因，在一九六四年的四到六月間，發生一件前所未聞的事。一名病患（匿名病例）由於腦部惡性腫瘤入院動緊急手術。外科醫生進行手術摘除腫瘤時，懷特的小組把病患腦部從平時的攝氏三十七度，冷卻至攝氏十一度。懷特相信，腦在這麼低的溫度下會處於假死狀態，「就像是舞臺上動也不動的演員。」[32]醫生把動脈結紮起來，使血流暫停，讓視野更清晰，碰觸操作更容易——這就是外科醫生所說的「術野清晰無血」（dry field）條件。[33]隨著血流恢復及腦部溫度回升，患者醒來時沒有不良反應。

這場手術一年後在國際期刊《外科神經學》（*Surgical Neurology*）首度公開。直到一九六八年，都會醫院在人類身上灌流的第一次正式臨床試驗才通過審核，然而之後卻很快中止這種做法，因為擔心吃上官司。[34]懷特的低溫實驗最終確立了二十一世紀在創傷病患身上實施的標準照護，但在當時是新穎的奇特方法。

一九六四年六月八日，懷特把人生的首度專訪給了《紐約時報》。他這麼做，是由於才完成的人類灌流法威力強大，以及在這方面的興趣，但是他比較少提到正在康復的那位病人，反而更常說到猴子……因為懷特大膽想法的第三階段，是把自己的工作帶到公眾媒體上，以觸及更廣大的受眾。

「腦部冷卻到極低溫有好有壞，即使醫學科學家之間意見紛歧，」這篇頭版文章寫道，「懷特醫生深信，這是神經外科醫生至今手中握有的最強大工具之一。」[35] 懷特描述分離猴腦需要「格外嚴謹和精細的手術」，雖然他略去更令人不安的細節。文章繼續提到，外科醫生或許有一天能讓病患在沒有心臟或肺臟的情形下存活，運用獨立的循環機器保存腦部。換句話說，這流露出懷特是先驅的意涵。過沒多久，懷特再度發表猴子的腦分離實驗在《自然》（*Nature*）期刊上，那是一份跨領域的期刊，流通遠遠大於哈維．庫欣學會的有限範圍。這些初次在大眾前曝光的冒險舉動設下先例，是懷特今後人生所遵循的：他想要做有開創性的大事，而且不會在安靜角落默默地做。回到實驗室，他的小組正要嘗試新事物——同樣以《自然》為目標的實驗。這篇論文發表後，將會有一個看似不太可能發生的標題：〈狗腦移植〉。

懷特的猴子實驗證明了腦分離是可行的，然而沒有相連的身體，這顆腦的電功能沒有實際的輸出，不能與世界交流。於是他打算取出一隻小狗的腦，移植到一隻大狗脖子上的特製囊袋裡，把牠們的血管接在一起。擔任接受者的狗兒，外觀看起來會相當正常，除了脖子有一塊隆起。在這段期間，仍然活著的第二顆腦將在有功能的身體裡發揮作用，這個身體會受到刺激，同時懷特用腦波儀測量腦的反應。他已經解決「沒有反射」這個問題。他發現，在這顆腦的聽覺神經束附近搖鈴，所啟動的化學反應和活體動物相同——現在他有了把腦長期「儲存」在活體動物的方法，可以這麼說，這隻動物不需要綁在椅子上，也不需要拴在人工循環機的管子上。更奇怪的是，經過第一起新式移植之後，狗兒並沒有如同腎臟或肝臟移植那樣排斥外來的腦組織，這顆腦在一隻德國狼犬體內活得好好的，而且仍具有功能。這類移植的實現令人震驚，也是一種鼓勵；或許（目前還）不可能做到法蘭肯斯坦醫生的地步，把一具身體裡的腦替換成另一顆腦（況且狗兒的第二顆腦無法控制身體），但如果我們設法清除剩下的障礙，身體（理論上）會接受新的主人，如同它是與生俱來的一樣。這種技藝仿效自生命科學，而這種生命科學仿效自藝術。

一九六五年，懷特和小組成員把他們的發現投稿到《自然》期刊。然後他們一等再等。懷特在學術界內外都有成果發表，在媒體的曝光度日增，科學社群不能忽視他，但是他們不同意他的觀點。「噢，那真糟糕，腦波圖看起來好極了。」他在日後的訪談中回憶這次挫折時說道。「但你知道那顆腦是否正在思考？你知道那顆腦是否有意識？」[36]懷特認為是，不過，他的神經科學界同儕說，先別急著下結論。那可能只是反射，或是某種持續未消、仍有待解釋的電現象。什麼都有可能。他們的懷疑態度令他坐立不安。儘管其他神經科學家不是完全對立，他們的反應肯定有些疏遠。夏季來臨，懷特在酷熱難耐的天氣下，和妻子在院子散步。派翠莎很清楚醫學界的文化，自始至終都很支持丈夫的工作。但她現在懷著第七個孩子，已經八個月半了，腰瘦背痛，又快要失去耐性。「不如度個假？」她建議，「你把孩子帶去。」

一項家庭傳統就此展開，這不是給懷特的假期，而是給派翠莎的，他們說是她的「清靜」假期。[37]她留在家裡，懷特把六個小孩塞進家庭旅行車，出發前往浪花飯店（Breakers Hotel），就在伊利湖南岸雪松角（Cedar Point）遊樂園附近。[38]假期引發的混亂，需要異常嚴格的方法來解決。懷特在T恤標上號碼，還買了一個大聲公。然後他放任孩子在岸邊自由活動一個星期，自己則在海灘傘下監視，不時下令：「二號，你跑太遠了，回來岸上！」[39]

懷特坐在伊利湖畔，重複思索同樣的老問題。腦只有一千五百公克重，含有近千億個神經細胞，卻是他身為人類所知道的一切，以及全人類對宇宙的理解的源頭。[40]

他知道這裡是意識之所在——他能感覺到。他過去十二個月過得非常開心，沒有逼自己在大眾前曝光，其實他一直不願意把全部想法公開說出來。你如何告訴世界，自己每天晚上夢到健康身體裡嚴重受創的腦，或者健康的腦拖著傷痕累累的身體？[41]你要怎麼解釋，你的興趣，你的執迷，在於為受困的靈魂保存生命？懷特看著自己的小孩玩耍，他們活躍的四肢與活躍的心智是如此協調，這必定與自己手上的問題形成鮮明對比。他需要證明意識是可以移植的，身體原有的徵象就是意識的最佳證明。德米科夫以及閃爍的顆粒影像，加上赫里克的腎臟手術，激發了他的強烈興趣，想知道科學能做的所有事情，而這些可能提供解答。一年前，洛杉磯似乎是遙遠的地方。但是，他在疑惑要如何說服同儕相信分離的腦是活著的時候，把目光轉向莫斯科。或許德米科夫和他的雙頭狗，能給出一些答案。

家中書房的成堆信函中，有一些特別正式的信件。他以前會找藉口拖延。現在他要重新考慮來自謝切諾夫莫斯科第一醫學研究所（I.M. Sechenov First Moscow Institute of Medicine）的信，據說德米科夫有一些實驗是在那裡進行的。

懷特受邀到鐵幕之後參訪。

CHAPTER

4

鐵幕之後的腦（科學、伏特加及美女）

Brains Behind the Iron Curtain (or, Science, Vodka, and Pretty Girls)

一九六六年五月，蘇聯科學院（Soviet Academy of Sciences）邀請美國的一艘海洋研究船停靠列寧格勒。美國人希望參加預定於月底在莫斯科舉行的第二屆國際海洋學大會（International Oceanographic Congress）。[1]這艘船叫做西拉斯・本特號（Silas Bent）將乘載最新科技及三十四位科學家，但就在船員離開紐約之前，蘇聯外交部出面干預。他們裁決：如果西拉斯・本特號接近蘇聯水域，將會被認定是軍事船隻，也會被如此對待。美國官員表示抗議——這艘船雖屬海軍，但只配備了電腦，沒有武器，沒有槍砲——結果無濟於事。華盛頓的海軍辦公室宣稱：「它是全世界最新最好的海洋研究船。」並且補充，克里姆林宮只是害怕看到美國科技變得多麼先進。[2]克里姆林宮的想法截然不同。蘇聯報紙登出的是諜報故事，有間諜假冒科學家想要滲透並竊取機

CHAPTER 4——鐵幕之後的腦（科學、伏特加及美女）
Brains Behind the Iron Curtain (or, Science, Vodka, and Pretty Girls)

密。西拉斯・本特號遭拒，被視為美蘇關係惡化的另一項證據，也是冷戰逐步更加冷卻的部分象徵，尤其當時美國升級在越南的軍事行動，地面部署十八萬四千人的部隊，並展開大規模轟炸行動。

然而，同年十一月，懷特醫生在蘇聯政府的批准（和資助）下，一路搭乘頭等艙飛往莫斯科。

鋪著地毯的地板之下，引擎發出轟隆巨吼，玻璃杯丁鈴作響。明亮的廣告看板上或許宣傳著新型巨無霸噴射客機「異常安靜」，但是這些金屬大鳥仍然喀啦鏗啷地衝上天際。懷特在很像雞尾酒吧的機艙裡，把背靠在類似俱樂部沙發的座椅上。符合年輕、動人、單身三項標準的空服員腳踩高跟鞋，推著餐車，帶來以瓷盤盛裝的美味餐點，送上倒在水晶酒杯裡的香檳。與懷特同行的乘客盛裝打扮，幾乎像要去欣賞戲劇一樣。懷特也特地訂做了一套體面西裝，雖然得把它稍微放寬一點；他的體重像溜溜球般忽上忽下，因為在緊張工作的期間，他會忘記吃飯，接著休息的那陣子，他會想到把食物統統補回來。最近懷特又處於體重增加時期，但是飛在六萬呎的高空，而且是前往共產黨統治的莫斯科途中，他沒有什麼胃口。

這次的邀請始於一年前，在他初次登上《自然》期刊和《紐約時報》之後。一個蘇聯代表團曾經參觀懷特的腦研究實驗室，這種情況在都會醫院很少見，但院方表示歡迎。後來，客人很親切地邀請他跟著一起回去。懷特以為這只表示善意，卻並非如此。隨後就有正式信函寄來。或許蘇聯不想見海洋學家，然而似乎對於外科學和生物科學很有興趣。他們也邀請了在薩里大學（University of Surrey）研究的英國人哈洛德·希爾曼（Harold Hillman），懷特和他的研究領域有所重疊，兩人偶爾在研討會上交際往來。希爾曼是專門研究處決和復甦的生物學家（這裡的復甦，是指讓瀕死的人復活）。「死亡並非發生於瞬間，」這是希爾曼的有名主張，「而是一種過程。」[3]他支持德米科夫的研究，也支持懷特的研究，受到鐵幕後神祕科學所吸引，這裡充滿令人費解的開創性研究，因著政府的主導以及寬鬆的道德標準而形成一股強大力量，讓這些研究得以實現。但是，這些還不足以引起懷特的好奇心。最早一批邀請信寄來時，懷特向派翠莎抱怨：「我為什麼要去這麼醜陋的國家？」[4]到頭來，他是因為德米科夫的研究才去的。他需要證明，腦不論是經過移植或分離，還是能夠思考。這是哈維·庫欣學會的同儕唯一能接受的標準，沒有妥協的餘地。

身為天主教徒的懷特，一想到蘇聯的反宗教氛圍就心驚膽戰。身為愛國的美國人，對自己人在共產國家感到真正不安，特別是一個把美國視為主要敵人的國家。這些並非自尋煩惱。懷特成行的一個月前，一位造訪莫斯科的哈佛教授遭指控是間諜，被驅逐出境；甚至在懷特飛越天空之際，兩名美國退役軍人在蘇聯與芬蘭邊界徒步旅行時遭到逮捕。[5]而蘇聯才通過新的法律，擴大對國家「毀謗」的認定，包括「西方電臺散播的新聞」都可能觸法。[6]或許對於出門在外的外科醫生來說，最大的擔憂來自蘇聯記者阿爾伯特・勞林楚卡斯（Albert Laurinchukas）正要發表近五百頁的長篇大論斥責美國，他指控外科醫生在美國黑人和原住民身上進行危險的實驗。[7]這些說法大部分是錯誤的，但只是**大部分**。畢竟，美國有過蓄奴以及系統性殺戮和遷移原住民的這些黑歷史，而且目前是種族主義和民權運動衝突的溫床。*懷特既是外科醫生，**也是**科學家，蘇聯人會怎麼看待他？

然而，當巨大的飛機顛簸越過無盡大海的上空，空姐第二度現身，端上飲料，然後又消失之際，懷特才展現笑容，覺得自己放鬆了。畢竟，飛行是他最喜歡的旅行模式，雖然會有起伏震盪和轟隆聲響。這樣的生活方式讓你感覺像是另一個人，而且他可以發揮促狹的幽默感。

「長途飛行，嗯？」一名同行的乘客開口，「出差或旅遊？」

「都有，」他咧嘴笑著回答。「你瞧，我是禮儀師。」

他以前開過這類玩笑，很讓派翠莎抓狂。懷特有時候假裝是鄉村獸醫，有時候是作家，有一次是猶太教拉比。他曾在前往西德參加研討會的飛行途中，騙過專門飾演紳士的演員羅伯·莫利（Robert Morley），這位英國人後來把這次遭遇寫成文章，登在《花花公子》雜誌上。這起初是一種與人建立關係的方法，讓同行旅客不會害怕交談。[8] 然而，在旅途中逐漸變了調，變成在眾目睽睽下大膽隱瞞，他利用日益廣博的各種知識，說服機上其他乘客相信他偽造的資歷。或許懷特是從提出要求的美國官員那裡得到的靈感，在他出發前有便衣人員表示，他回來後要接受國家的盤問，交出蘇聯人正在從事何種活動的完整報告。不管如何，經過空中整整十二小時，以及更多落地換機的時間，懷特終於降落在莫斯科國際機場，成了隻身在異國的美國人。

有一個代表團來機場迎接懷特，這裡原本是軍事基地，最近才轉為商用機場。有幾位科學家能夠說英語，但是有一位看起來像官方人員的通譯負責大部分談話。懷特本來可能有片刻時間確定自己的方位，但找不到機會。有人幫他領好行李，通譯員沿

* 作者注：事實上，美國在南北戰爭之前曾在奴隸身上進行醫學實驗，也曾對波多黎各人、黑人、原住民婦女祕密實行強制節育手段，直到一九七〇年代。二〇二〇年，有一些關於美國移民及海關執法局拘留營內強制子宮切除術的報告，說明了這些做法仍持續進行中。

路解釋事情，他被趕著送上一輛等候的汽車。「是被塞進去的。」他後來回憶道。彷彿他們不想讓他看到不在計畫中的東西。

他們沿著公路疾駛時，懷特盯著窗外，車子行經巨大的混凝土建築，大部分沒有明顯特徵，都掛著粗大的電線，像蜘蛛網交織在建築物之間。冰冷、單調、灰暗。快到市中心時，懷特問了是「哪一家旅館？」歡迎團的其中一人展露笑顏。年輕、金髮、動人，她可能是另一名空姐。*沒有旅館，她解釋。他們正要把懷特帶到一位科學家的家裡。

他抵達一間裝修講究的住家，雖然沒有懷特在沙克高地的房子那麼大，裡頭的陳設令他驚訝。有繪畫、樂器、人物胸像及雕塑。房子的外觀缺乏個性，但他們顯然用文化來彌補。[9]懷特覺得放鬆（雖然漸漸才到達這種狀態），參加了一場大型宴會。

懷特認得一些與會者，因為他們會到都會醫院參訪：這些人是科學家，來自莫斯科腦研究所（Moscow Brain Research Institute）、莫斯科大學，以及謝切諾夫莫斯科第一醫學研究所，也就是現在的謝切諾夫莫斯科國立第一醫學大學，或簡稱為謝切諾夫大學。懷特將遇到安德烈．羅莫達諾夫（Andrei P. Romodanov），此人是即將聲名大噪的神經外科醫生，接著成為研究院士，同時擔任基輔神經外科研究所（Kiev Research Institute of Neurosurgery）所長，籌劃烏克蘭大部分神經科學研究，將近有四十年的時間。多年後，懷特為哈維．庫欣學會親自訪問羅莫達諾夫，稱他是「全世界最傑出卓越的神經外科醫生」之一。[10]

懷特知道，在這種場合與主人共飲是當地風俗，顯然要喝伏特加，但他幾乎滴酒不沾。他出於禮貌舉杯敬酒，然後設法在接下來的用餐期間換成水，反正看起來都一樣。菜餚和冷盤持續上桌，通譯員一直跟在身邊。懷特懷疑，這個人正在監視他，而且餐桌上有一些人是政府官員。[11]儘管如此，他發現自己最驚訝的不是出席的人，而是沒有出現的人。德米科夫並沒有參與歡迎團或晚宴，而且懷特也沒有在腦研究所看到他。

第二天上午，他們在飄雪的惡劣天候中，搭車到附近的研究所。懷特猜測他們不想讓自己到處察看。抵達之後，情況多少有點令人意外；他原先預期會是在大學或醫院內的研究設施，但他們在巨大的紅磚立面前下車。懷特仰望這棟革命前宅邸的拱

* 作者注：這是懷特接下來的行程中一再出現的主題。他有時會遇到平民，有時是軍人，但總是年輕漂亮的女子。據說在最初幾次的經驗之後，懷特明確提出這項特別要求，因為「這會改善景觀」。（約翰．李納爾迪〔John Rinaldi〕的訪談。）

形窗戶和精緻磚石。如同莫斯科的許多景點，像是紅場附近的大劇院、聖瓦西里主教座堂，以及克里姆林宮內經過改造的教堂的高聳圓頂，這棟宅邸也一直保持原來的優雅狀態。建築物最初是由俄國德意志人的商人家族建造做為路德會醫院，在布爾什維克派「重新分配」上流階層的財富時遭到沒收。到了一九一七年，變成職業病研究所（Institute for the Study of Occupational Diseases），但是十年後，研究所把重點轉移到腦，特別是列寧的腦。這時的任務是：從解剖學探討這位「全世界無產階級領袖的非凡天賦」的起源。*

腦研究所的誕生歸功於神經學家弗拉基米爾．別赫捷列夫（Vladimir Bekhterev），但這所機構的成立是一則警世故事，展現了蘇聯科學和政治之間的糾結關係。別赫捷列夫的研究始於冷戰早期，他主持一間心電感應訓練實驗室，終生都是邊緣科學的忠實信徒。這種信念在當時意外地普遍，對於西方創新發展抱持深度懷疑，以及政治上阻隔外界資訊進入國內，為某些方面的生物研究增添幾近加拉巴哥群島式的演化特質。別赫捷列夫主張，傑出人士的體格上必定擁有傑出的腦，而且藉由建立腦的萬神殿來進行研究和解剖，可以「揭露天賦和才能的本質」。[12]可惜的是，他沒有調整自己的科學，去迎合贊助者的政治文化。他一個不留意，脫口說自己診斷當時的掌權者史達林有偏執多疑的性格，並非傑出人士。沒多久，他就死於「食物中毒」，然後由德國神經科學家奧斯卡・佛柯特（Oskar Vogt）接任這間研究所的所長職務，並且有幸解剖列寧的腦。[13]蘇聯的科學是屬於政治的科學，這個教訓確實被記取在這所機構的建築中，別赫捷列夫驟逝之後，他的腦保存在這裡，供人解剖。會惹麻煩的真相，千萬不能說出口。

懷特獲准參觀這所機構的許多地方，雖然不包括寶貴的第十九號房，收藏列寧的腦的處所。接待員另外帶他遊覽這座城市，拜訪莫斯科醫學研究所（Moscow Medical Institute），並觀賞奇怪的次級實驗展示。懷特後來描述，他看到狗的頭被切下來，然後這些狗頭被接到維持存活的裝置上。但是，真實情況不如預期。斷頭之後，這些狗的腦只展現了幾秒鐘的活動，這段期間它們對於聲音或觸摸有反應。然後，腦就死了。懷特皺了眉頭，他已經在自己的實驗室做過許多次，讓腦保持存活，而且還活力十足，可達幾個小時或幾天之久。[14]他們是不是把最好的成果隱藏起來，不讓他看到？雖然希爾曼從未告訴懷特，但在參訪過程中，他也有同樣疑慮。「他們害怕讓我們知道他

* 作者注：這項資訊由俄羅斯醫學博物館（Russian Medical Museum）的瑪利亞・圖托爾斯卡亞（Maria Tutorskaya）熱心提供。

們做了什麼，」希爾曼抱怨道。「他們用伏特加和美女來搪塞——他們沒有真的告訴我們目前正在做的事情。」[15]到了離開研究所的時候，懷特的懷疑開始縈繞不去。蘇聯人的興趣不在於分享知識，而是想要刺探。

懷特沒有見到任何特別具開創性的研究，但他在各機構遇到的科學家和外科醫生都渴望了解懷特的實驗室：關於他的冷卻程序，特別是身體死亡後保持腦部存活的能力。懷特不介意在某種程度上告訴他們實話，反正從蘇聯的設備看來，他們遠落後他在國內的研究。可是，有一些疑問油然而生。他想到，或許蘇聯人想要長生不死。[16]他們想要一個不朽的列寧？想要史達林永在？還是別的？

懷特終於讓接待員把鍊子放長一些，雖然他猜想政府調查員仍跟著他，這些人會出現在咖啡館和附近角落，穿著深色大衣，看起來一個樣。他離開旅館，在寒冷天氣中散步思考，而且採取更實際的做法，為他日漸禿頂的頭買頂帽子。但是在他的隨記中，他最關注的不是蘇聯人擁有什麼，而是他們沒有的東西。走下地鐵站，觀光客會看到明亮的大理石大廳、看起來像在支撐天花板的工人雕像、華麗的尖頂飾，以及優美的磚面。列車運行準時，群眾沒有推擠，似乎也沒有到處都是塗鴉或扒手。這裡有美麗、文化、效率的明證。但是制裁、負債、經濟低迷，以及來自內部和外部強加的孤立，造成巨大的傷害。懷特希望能在鐵幕後找到移植意識的鐵證根本不存在，那裡只有裁切過的故事，和列寧海馬迴的切片一樣薄弱。

蘇聯科學的真相

一九六〇年代的莫斯科範圍廣大，占地超過一千九百平方公里，沉鬱灰暗，氣氛幾乎不會比這座城市的建築物更令人覺得愉快。[17]年老婦人得排隊好幾個小時，才能從國營商店買到基本用品；由於實施配給制度，食堂的食物難以下嚥；而且每個地方的服務都拖拖拉拉且態度冷漠。[18]不用多久，懷特就發現他在那裡買的每一樣東西品質都不好。皮草帽會裂開，有一些紀念品在他回到家之前就壞了，還有買來禦寒的靴子也一樣。基本需求很難獲得滿足，即使是女性衛生用品。這些是蘇聯普通百姓的生活情形，而這個國家應當建立在共產主義的人人平等理想之上。同時，共產黨，也就是統治菁英階層，彷彿生活在另一個世界。英國記者葛蘿莉亞．史都華（Gloria Stewart）為《新政治家》（*New Statesman*）所寫的報導，提到供應高級餐飲的俱樂部，裡頭的服務可與倫敦的薩沃耶飯店（Savoy Hotel）媲美，以及販賣現代電視等西方貨品的

「閉門商店」，只允許黨員購買，不准他們的同胞進入。[19]

醫療機構同樣貧富分配不均。懷特在當地有機會動手術時，通常是向蘇聯同行示範複雜的神經外科新技術，會在設備齊全的無菌手術室進行。而共產黨給工人的特權則是：讓公立托兒所照顧他們的寶寶，這樣婦女就能夠（也將會）工作；以及推行公共衛生運動，試圖透過疫苗和害蟲防治消除疾病。然而，公立醫院就是稍微好一點的體育館，擺滿了給病人和窮人使用的摺疊床，卻沒什麼藥品。這些對懷特來說好像存在歷史中的醫院，彷彿回到還沒有麻醉劑的維多利亞時代。[20]他原先認為蘇聯將超越西方的擔憂，隨著每見到一幅新景象而逐漸消退。研究人員在艱苦的環境下盡力而為，醫生也是。他遇到的人都吃苦耐勞且堅韌不拔，熱愛音樂、文化和文學。不論冷戰強權的政府怎麼說，這些蘇聯人就只是人民，就只是普通百姓。他們甚至並非沒有宗教信仰，許多人祕密信奉東正教，懷特還能找到方法進行彌撒。此時他還沒找到的，就是他最初想來見的那個人。

回到一九五〇年代，懷特與布萊根的同事看到德米科夫的影片時，內心充滿恐懼和讚嘆參雜的情緒。當下這些神奇的狗頭移植對他而言，甚至似乎搶走莫瑞腎臟移植的鋒頭。隨著太空計畫的發展，許多人覺得蘇聯彷彿領先一步，如同〇〇七電影裡的超級反派逃過西方的掌握那樣。德米科夫在《生活》專訪裡提到一項很有信心的科學計畫——其實這是探索性想法的避風港。但是，德米科夫的現實處境更加嚴峻。

科學家屬於受過教育的階級，因此總是遭到懷疑，從未真正和革命握手。一九一七年之後，俄國民主社會工黨（後來的俄國共產黨）的黨員對國內的知識分子宣戰，成千上萬的研究者和學者遭到逮捕和處決，雖然後來這些人的死從公開紀錄中被抹去。[21]俄國第一位諾貝爾獎得主的生理學家巴夫洛夫目睹一切，驚恐萬分。「如果布爾什維克對俄國所做的是一場實驗，」他後來說，「我連一隻青蛙都不會拿去做這場實驗。」[22]學院關閉，經費短缺，食物也不足。尼古拉・維利亞米諾夫（Nikolai A. Velyaminov）是野戰外科學的開創者，把他的科學家同行比做進入競技場，注定毀滅的角鬥士，而說出「赴死之人向您致敬！」[23]

列寧死後，史達林讓這種隱喻更貼切。他擴大古拉格制度：這是布爾什維克的勞改營，用來懲罰政治異議人士、知識分子和資產階級。很快地，布拉格收容了各種科學家、哲學家和學者，因為不同派系的人都想要剷除不聽話的人。這種手段的效果良好。光是一九三七和一九三八年，蘇聯總人口中有超過百分之十（兩千萬人以上）被強行帶到勞改營，在那裡的人剩餘壽命預期是一個冬季。[24]到了一九三〇年代結束時，前革命時期的科學家大多消失了，遭到殺害或者（少數幸運兒）設法移民。[25]那些留下來的科學家遭圈禁在封閉實驗室裡，被迫為政府的計畫工作；如果你無法交出要求的成果，就會遭到槍斃。[26]謝爾蓋．柯羅列夫（Sergei Korolev）日後成為史波尼克一號衛星的匿名總設計師，也曾在一九三九年被逮捕，有長達五年的時間禁止與家人見面。

然而，這個國家需要科學家。沒有科學家，蘇聯無法與西方競爭。國家急於增加研究人員的數量，於是大學與科學機構向農村的孩子們敞開大門，即使他們的識字率很低，基本教育技能很少，通常缺乏可以溝通的共同語言。舊課本太複雜而必須摒棄，取而代之的是簡化的新課本，而且課程被縮短。最後，國家也減少研究生的在學學期，這些「半生不熟」的研究人員、外科醫生和藥物學家就被「放出來」，而民眾渾然不知內情，逃到西方的波波夫斯基如是報導。戰後，蘇聯的科學家暴增到超過一百萬人。這段期間，由共產黨同志在不熟悉的領域擔任部門領導。

鐵幕掩蓋的不是蘇聯科學的豐饒，而是它的貧乏。這個國家汲汲營營，並非保護自己的機密不被偷走，而是讓世界相信他們有東西可以竊取。[27]聰明的研究人員學到扭曲科學能做到什麼的真相；如果上級想要不可能的成果，例如從念力到讓死去的生物復活，那麼比起說出不受歡迎的事實，說謊是更明智的做法。這樣一來，失敗往往近在眼前。巴夫洛夫心灰意冷之餘，在生命的最後階段寫下給「年輕學者」的信，敦促他們繼續追求科學，裡頭帶有的弦外之音是，國家就是阻礙道路的石頭。[28]德米科夫在自己最重要的書中，以這句話做為開頭引言；他認為這是人生信奉的座右銘，甚至也可以為此而死。

德米科夫以蘇聯科學驕子之姿登上《生活》雜誌，沉穩自信的形象幾乎完全是虛構出來的。德米科夫的家人能逃過古拉格大多出於僥倖，但是讓他從修理童工爬升到生理學博士候選人的天賦，也加速他跌入深淵。他沒有交際手腕，沒有耐心，也不受同事歡迎。可能對他事業生涯最有害原因是，他有違抗命令的本事。二次大戰期間，德米科夫入伍擔任病理學家和自殘事故專家。有一些士兵無法克服戰壕恐懼，於是經常發生開槍自殘但不致危害性命的事件；如果經查證屬實，這種行為會讓他們立即遭到處決。德米科夫首次違抗史達林主義準則，拒絕提供不利於這些人的證據。他為了保住他們的性命而說謊，認為醫療人員的職責不應該使他成為劊子手。[29]他恪守自身的道德觀，也代表他無法結交很多位居高位的朋友。

戰爭一結束，他設法在不同機構謀得病理學和生理學的低階職位，才能掙到微薄薪資。德米科夫的同事認為他有點狂熱，甚至危險。德米科夫首度嘗試狗頭移植之後，開始出現來自更高層的質疑。一九五〇年代早期，蘇聯衛生部的一個審查委員會把德米科夫的研究歸為「不道德」的行為，要求他停止手術。維什涅夫斯曾提供莫斯科外科研究所的職位給德米科夫，也把他當朋友，想辦法使這項命令暫緩執行，然而這只能讓他苟延殘喘一陣子。[30]一九五四年，德米科夫在莫斯科外科學會會議上介紹自己的成果，宣稱他的小型器官移植實驗室正在進行動物實驗，希望未來能延長人類壽命，但沒人把他當一回事，那些外科醫生說他是個冒牌醫生。[31]德米科夫需要證明自己對政府很有用，而且動作要快。

賽伯洛斯的影片第一次亮相以來，流傳於外科醫生間最急迫的問題不是**怎麼做**，而是**為什麼**要這麼做？為什麼要創造出雙頭狗，這種程序絕對不會有臨床上的應用嗎？而答案比任何人想得到的更簡單，也更邪惡。為了對蘇聯利益有用處，德米科夫認為，他需要靠聳動的事情來獲得國際目光，這件事會被認為有助於政府對抗西方的宣傳。德米科夫合理地臆測，雙頭狗手術之謎將會和布留霍年科的「有機體復活實驗」一樣令人震驚且興奮。

當德米科夫向《生活》雜誌吹噓，自己的祖國蘇聯有一個運作完善的器官銀行，以及一套包括肢體移植的成功移植程序，他是在為自己的性命說謊，如同在軍中的情形。他擁有一間小實驗室，他正在裡頭嘗試證明，抑制免疫系統對於移植並非必需，但是沒有什麼成效，雖然這可能變成一篇對西方世界的宣傳。他真正的研究與心、肺及腎臟有關，這些是他從小就著迷的體內機械零件。他不停想著嫁接，這是一種園藝技術，把兩棵植物接在一起，讓它們癒合長成一棵新植物。德米科夫以為，透過適當的技術，可以強行讓人類的肢體長在另一個人的身上，就像一棵樹的枝條長在當作砧木的另一棵樹上。嫁接在植物上的主要作用原理，是把接條插入植物莖部內輸送養分的部位；而德米科夫相信，在人類和動物身上，血管重建（兩個個體共用動脈和靜脈）會達成同樣效果。[32]然而，如果沒有免疫抑制劑，腿部移植不會成功，更談不上拯救肢體的神奇能力。*蘇聯可能對組織銀行有興趣，但是沒有一個真正在全面運作的機構。德米科夫進行雙頭狗實驗，部分是為了發展他對移植的想法，但也有一大部分是

* 作者注：當時蘇聯人的大部分試驗是把手和腳從人體切下來後，重新移植回同一具身體上。一九七二年，V．V．庫臣諾夫（V. V. Kuzenov）的實驗室發現缺血性毒素（在缺氧組織累積的一種物質，可導致致命的毒性休克），庫臣諾夫本人以最高機密為由，嘗試把這項消息壓下來。

為了炒作。相關短片能流出蘇聯傳到國外，可以看出這麼做是成功了。這的確阻擋蘇聯當局一陣子，雖然他會付出其他代價。

賽伯洛斯不只震驚了西方國家，也讓蘇聯民眾震驚。莫斯科醫學研究所維護德米科夫的人嚇壞了，甚至拒絕看到這種生物，接著德米科夫在一年內失去那裡的職位。他設法在謝切諾夫大學找到有給職，一年後，他靠著這所機構的聲望，獲准參加慕尼黑的外科學國際會議。他雖然可以參加，但受到嚴格命令的限制：不許對任何人透露**雙頭狗的事情**。德米科夫不予理會，在會議上宣布自己的發現，結果變成會議論文集在西方發表。這代表德米科夫和他的奇怪手術現在聲名遠播，越過蘇聯邊界，但也表示他違反了保持沉默的禁令。德米科夫立刻給烙上「政治上不正確且危險」的罪名，由於洩漏國家機密，一回國應該會面臨遭到逮捕的下場……但是難得有一次，他的風險評估是正確的。[33]他的研究引起國際騷動，《生活》雜誌和《紐約時報》很快來到他家門口。然而，這場成功顯然好景不長。

警察沒有上門，但是衛生部關閉他的實驗室，他在一九六〇年被迫轉到斯克利福索夫斯基急救醫學研究所（Sklifosovsky Research Institute of Emergency Medicine），境遇不如從前。[34]到了一九六四年，他的開創性血管重建工作由瓦西里・科列索夫（Vasilii

Kolesov）接手，科列索夫後來獲得蘇聯國家獎（USSR state prize）的科學領域獎項，並取代德米科夫以心血管手術而聞名。雪上加霜的是，德米科夫的脫序行徑妨礙到他申請博士學位，原本這個學位能夠保障他獲得更好的薪水以及更穩定的職位。心灰意冷、氣餒沮喪，還遭到威脅要被趕出公寓，德米科夫打算自殺。至於是什麼原因讓他住手，從家人和朋友的勸阻，到出了一本關於移植的書並譯成英文和德文版，以及加入烏普薩拉（Uppsala）的瑞典皇家科學會（Sweden's Royal Society of Sciences），眾說紛紜。但是，遲來的認可很難挽救德米科夫在祖國的聲譽。懷特一九六六年造訪蘇聯時，期待會在一間研究所遇到德米科夫，一位在蘇聯科學界核心的天才研究員。然而，他卻找到一個受盡排擠的人。

哈莫夫尼基區（Khamovniki District）就位在莫斯科中心點以西，是莫斯科河一段河彎圍繞起來的城區。懷特最初在莫斯科度過緊張的幾天之後，可以稍微自由地在街頭漫步（雖然仍有較不顯眼的監管人員跟著），他讚嘆這裡保存了多麼豐富的歷史。到處都是粗獷主義混凝土結構，當中有一些是莫斯科大學的研究單位，這些獨特的建築逃過二次大戰的轟炸、布爾什維克改革者的鏟除，以及拿破崙戰爭時的焚城。附近教堂在機緣巧合下成為拿破崙心愛的阿拉伯馬的馬廄，因而逃過大火。現在它們有新的用途。

就在一家醫院前面，鐵欄杆圍繞之中，聳立著一座灰漿與磚造的奶油色圓頂建築。這是可敬者德米特里・普里盧斯基（the Venerable Dimitri Prilutsky）教堂，由莫斯科大學的建築師康斯坦丁・貝科夫斯基（Konstantin Bykovsky）建於一八九五年，讓窮苦人家能在親人去世的醫院附近舉行喪禮。簡單厚實的牆構成基座，盤踞於此，裡面仍住著動物，但是種類截然不同。衛生部認為這座建築毫無價值，不堪使用，於是撥給遭人遺忘的德米科夫當實驗室。[35]

「我的訪客不多。」德米科夫露出微笑解釋。更明確的意思是，他沒有邀請著名的腦外科醫生從國外過來。這一定讓懷特頓了一下：自己大老遠跑來見這個人，對方卻以為懷特是名人。德米科夫在這裡，以無比興奮的心情接待美國貴客，他陪同懷特參觀自己的實驗模型——體內有移植器官的狗——並述說他持續進行的工作，即使沒有機構補助經費。德米科夫現在用手工製作許多外科器械，把紀錄寫在以厚紙板裝訂、有黑白夾雜封面的舊筆記本上，也就是學童用的那種本子。[36]儘管幾乎完全沒有現代設備，德米科夫仍開發出提供犬隻輔助心臟的二十四種方法，他能把這種心臟放進狗的胸腔裡，其中已經有二十二種方法成功。

懷特簡直無法理解。蘇聯人怎麼讓德米科夫的實驗室缺乏心肺供氧機，或者無法實施任何冷卻技術呢？[37]懷特非常清楚腦對於氧氣的需求；在沒有適當的輔助循環系統的情況下進行心臟移植手術，代表有一段時間血液不會流入頭部。這應該會造成認知功能下降——這也是懷特為了分離手術而設計出極端複雜的機器的重點所在。手術所花的時間愈長，造成損傷的風險愈大。德米科夫對此只是聳聳肩。沒有科技協助，他以速度取勝。於是，他可能練就了全世界最迅速的刀法。

所有能想到的器官，德米科夫幾乎都移植過了，而且是用微薄預算進行的。[38]懷特知道，要是蘇聯沒有成為擁有豐富神祕醫學資源的寶庫，絕不是該國研究人員的錯。德米科夫是非凡的天才，但受限於政治內訌，以及自身對西方醫學在免疫反應的進展有所懷疑。倘若蘇聯科學家無所畏懼，而且擁有充分資源，這個國家的成就會有多大？讓科學家挨餓，使得這個世界損失了多少進展？懷特去到蘇聯，原本預期會遇到對手；不過，他卻遇到一位幾乎可以稱為朋友的怪才。好幾年後，他把德米科夫形容成迷人、高尚且樂於交流的人物。懷特抱怨：「整個領域都應該認得他，但是美國科學家連他的名字都不知道。」[39]德米科夫只是被遺忘了，賽伯洛斯只被當成一則沒有實際應用的奇談。

德米科夫告訴懷特，儘管蘇聯的醫學進展緩慢，他仍然對組織銀行抱持希望。事實上，他在莫斯科醫學研究所時就開始建立腎臟等活器官的銀行。或許他誇大了它的幫助和重要性，但至少他正在努力實現。[40]如同懷特，他有一項高於一切的目標：維護人類的生命。

懷特並未對德米科夫提及進行人類頭部移植的事情，但希爾曼日後挖出懷特的印象：德米科夫也有這種夢想。[41]在莫斯科、基輔以及擁有大醫院的主要城市，躺著蘇聯醫療無法挽救的腦死病人，他們只能接上呼吸機器，維持身體存活。[42]這些才是真正的人類組織「銀行」。但是對懷特來說，和德米科夫一起站在遭人淡忘的實驗室裡，還有更令人關切的問題。都怪布爾什維克，都是封閉邊界和保守祕密的錯，然而結果依然是：蘇聯沒有合適的工具，甚至沒有合適的教科書，來醫治病人。

懷特回到美國後，告訴願意傾聽的人說：「我敬佩蘇聯人民。」他說到一般民眾是多麼願意協助陌生人，他們隨時準備好這麼做，而且不嫌麻煩。[43]他在換算幣值遇到問題時，陌生人很樂意從他的零錢中幫忙找出合適的硬幣，好支付電車車資。從德米科夫的溫情款待，到與接待員日益融洽的關係，最後對方似乎樂於讓他自己體驗這座城市，這些讓懷特不禁覺得，國與國之間的種族劃分並非明智的想法。[44]他最想見到的景象是，醫學和科學資訊可以自由交流。他想要分享研究成果，而不是把它藏起來，他希望這場與蘇聯較量的內太空競賽，可以變成與他們一起跑的接力賽。然而，懷特登上返國班機時，知道軍方和聯邦調查局（FBI）正在等著他，他們唯一想知道的是：我們會贏嗎？

懷特前往蘇聯想為自己的研究找到前進的方向，但是這趟旅程帶來的改變超過預期。首先，與蘇聯的內太空競賽實質上結束了。懷特已經超越蘇聯同行，站在更宏偉發現（經費也更充足）的邊緣。這趟旅程並未改變懷特的想望，反而使它們更加凝聚，而且與德米科夫的會面開啟了不同的可能性。他一直反覆問自己：「我如何證明移植後的腦是活著且會思考的，亦即有意識的？我該如何做到？」[45]腦波圖還不夠。顯示聽覺刺激的圖形也不夠。懷特把背靠向頭等艙座椅，飛機下方的引擎轟隆作響，他知道西方科技的驚人進展當中，沒有一項足以證明脫離身體的腦正在思考。不。他需要往後看，才能前進。答案一直藏在過去——不在德米科夫的心肺移植，也不在他的腦室手術和血管重建，而是在最初讓懷特暈頭轉向的宣傳表演中。

德米科夫展示了狗兒的第二顆頭會喝牛奶，證明它是活著的。你需要一張臉，才能達到效果。解答不是完全分離的腦，而是要移植整顆頭，附帶完整的神經。懷特回國後會從頭來過，設計一場手術——不，是兩場。猴子A和猴子B，並排躺在一起。而且他從德米科夫那裡學到另一個教訓：如果要做開創性的研究，不如公開進行。

CHAPTER

5

法蘭肯斯坦的猴子
Frankenstein's Monkey

秋天的陽光在毛玻璃上暈開，透入腦研究實驗室。夕陽西下，雖然時間還不到下午五點。奧本和懷特原本應該準備回家，但是他們正在等一位客人：奧里亞娜．法拉奇（Oriana Fallaci）。

法拉奇是三十八歲的義大利記者，曾在二次大戰期間成為地下反抗組織分子，而且是少數的英勇戰地女記者之一；她日後的採訪對象包括亨利．季辛吉（Henry Kissinger）、北越將軍武元甲（Võ Nguyên Giáp）、甘地（Gandhi）。即使經歷豐富，這位有著金色直髮、貌似女星洛琳．白考兒（Lauren Bacall）的迷人女子，看上去比四十一歲的懷特年輕了十多歲。而且據說，儘管她稱讚懷特的體格很「結實」，她還是說他很「歡樂」。[1]的確，懷特僅存的少量頭髮已經提早變得灰白，但是他的體重又掉了一些，

CHAPTER 5 ——法蘭肯斯坦的猴子
Frankenstein's Monkey

所以這裡不是指他像歡樂的耶誕老人，而是驚訝於懷特的即興幽默感。不過，法拉奇不是來做一篇吹捧式報導，她來記錄懷特的一回猴腦分離，自他一年前從莫斯科回來後持續到現在，沒有間斷。

「你殺了這麼多猴子，會難過嗎？」法拉奇問他。

「當然會，」懷特回答，「死亡總是讓我不安。我的工作不是為了帶來死亡，而是為了維持生命。」[2]

這些話與懷特最喜愛的悲劇英雄吐露的言語，有出奇的相似之處。法蘭肯斯坦開始述說時，吶喊「為了探查生命的起源，我們必須訴諸死亡」，為了讓紅潤臉頰延遲腐敗，代表要在停屍間待上幾個小時，在解剖檯上翻遍骨頭。對懷特來說，這代表了存放在實驗室中冷凍或浸泡在酒精裡的三百顆猴頭，加上一樣多的小鼠腦袋，也少不了狗腦。是的，這麼多顆腦似乎數量驚人。是的，他認為這些都是必要的。

自從第一次進行腦分離以來，他已經走了好長一段路；手術排在隔天上午八點，這次是「熱」刀，也就是不需要冷卻腦部，雖然這項程序在過去似乎是必需的。懷特一直在精進自己的血管重建技術，像德米科夫那樣動作迅速，以速度和精確來分離腦部，並且使它在最適溫度下維持運作。法拉奇會了解這些嗎？或許會，或許不會。他帶她到小「病患」住的地方，這裡是一個單獨的房間，獸醫技師會讓牠們維持在適當的清潔狀態，並提供良好飲食。

第二天要接受手術的猴子吃了柳橙、香蕉，以及含有適當維生素的粒狀飼料。奧本和編制內的獸醫將為牠做全身檢查，確保牠的狀態很健康。法拉奇問到這隻猴子叫什麼名字，但是牠沒有名字。她說，她能幫牠取名字嗎？奧本不覺得有理由拒絕，所以讓這位記者叫牠莉比（Libby）。（她把這隻獼猴誤認為女生，因為牠的體型很小。）介紹完畢，小組關上實驗室，留下一位住院醫生看守。手術將在隔天一大清早開始。

懷特向法拉奇道晚安，回家去吃一頓很晚的晚餐。讓記者出現在實驗室這種事，並非每個人都喜歡，但這一次，甚至不是懷特的主意。法拉奇透過校方的管道與他聯繫，他原先以為是學生的研究報告。然而，懷特不得不承認，這次的洽詢讓他受寵若驚。德米科夫曾經登上《生活》雜誌，現在懷特的研究將在《展望》亮相，這份雜誌是《生活》週刊的主要競爭對手。做點宣傳不會有什麼壞處，對吧？

第二天早上懷特刷手的時候，奧本已經把猴子麻醉好，也為牠剃毛了。一位加入團隊的神經生理學家利奧．馬索普斯特（Leo Massopust）將會在手術期間全程監控病患的腦波，這個角色比以往更重要，因為未經冷卻的腦處於更纖細敏感的狀態。懷特牙齒緊咬他的手術專用菸斗，走進異常擁擠的實驗室。最近成員有一些異動。奧本與維杜拉還在，後來加入的有實驗心理學家沃林、已經是脊椎外科先驅的角家曉（Satoru Kadoya），還有懷特的新助理大衛．亞順（David Yashon），以及那位熱切的義大利記者。

「咖啡和甜甜圈快來了。」懷特說。他的祕書名字也叫佩蒂，過一會兒把東西拿來時，奧本正在把一根管子插入猴子的股動脈。懷特的視線穿過馬克杯上方，盯著法拉奇，主動說：「猴腦和人腦差異不大。」她把這句話寫下來。「分離人類腦部的程序應該也大致一樣，除了規模不同。」她也把這句話寫下來。[3]然後奧本表示他們準備好了，於是懷特就定位，全神貫注。當他工作時，法拉奇變成背景的一部分，可說是幾乎給遺忘了，就在懷特進行自己拿手的事情——抽菸、開玩笑、討論新聞，同時間手指翻飛，下手準確。法拉奇後來說那是鋼琴家的手指以及神父的手，並形容這些動作如同一場完美的舞蹈，與懷特的閒談聊天完全脫離。她不像奧本那麼了解他。懷特的團隊知道，懷特身上的每條肌肉都在燃燒；這是一項很累人的工作——也是很熱的工作，由於他們用灼熱的刀片切斷血管同時止血，透過燒灼使組織癒合。懷特的眼鏡起霧，但是他沒有停手，直到這顆頭顱最後變成光禿禿的一團肉。這時法拉奇似乎才又出現在他身邊。

「你會說這隻動物還活著嗎？」她指著那隻骨肉模糊、明顯怪異的獼猴問道。懷特仔細判讀監視器。血壓、體溫、腦波，一切都檢查過了。「為什麼不行？」他回擊道。現在不是對話的時候。他還沒進行到最困難的部分。腦部的血液來自四條主要血管：左右總頸動脈，以及左右椎動脈。沒有超低溫冷卻的輔助下，懷特必須將動脈結紮（也就是綁起來）、剪斷、插入T形套管，接著把大隻猴子的同一條動脈結紮、剪斷、插入套管，然後讓血液恢復流動——**全部要在三分鐘內完成**。這裡才是重頭戲，他希望記者關注。他示意法拉奇跟進，這時奧本又加了一劑麻醉藥，讓猴子保持無意識狀態。「你必須先了解。」他一邊擦眼鏡一邊說。有意思的部分不是視覺上看得出來的，而是在於他和團隊成員即將進行令人幾乎難以察覺的轉換。這些無關身體，一切都與腦有關。[4]**活生生的**腦。懷特表示他們準備好處理供血的猴子，是時候做真正的工作了。

這隻提供血液的猴子嚇壞了法拉奇，起碼她說牠很「嚇人」。她有理由這麼說：牠身上傷痕累累且具有攻擊性，對其他猴子又咬又抓，無法跟牠們好好玩耍。牠也不太理會自己的管理者。一旦他們把牠麻醉之後，就把受血者莉比翻過來趴著。懷特彎腰盤踞在小獼猴的動脈上方，準備開始。馬索普斯特確認所有訊號良好，奧本也點了頭。他們曾經做過同樣的事。手術失敗超過一百起，但是成功的次數是兩倍。然而，如果今天失敗了，會是公開的失敗。

氣氛如嘶嘶作響的高壓電線般緊張，懷特把菸斗放在一旁，每個人都安靜下來。法拉奇即將目睹懷特手術的另一面，一個高度專注的人深知分秒意謂生命。懷特利用一根彎針把四條靜脈紮起，然後解除這顆頭的束縛。結紮受血者的血管，接上T形套管，再結紮供血者的血管。然後他說：「打開管線。」[5]血液自大猴子流出，懷特切斷小猴子的腦與自己身體的最後連結。所有人盯著監視器。開始出現嗶嗶聲。腦波回來了，甚至比以前更強烈。懷特鬆了一口氣。在正常溫度下，血流重新恢復，沒有損失功能。他輕鬆順利完成剩下的工作，移除骨頭外殼，讓鮮橙色的腦獨立出來。他展現給記者看。這就是提供照片給各報章雜誌的那一顆腦。

懷特讓這顆腦持續運作到晚上九點，進行一連串測試，測量代謝率、血壓，以及對刺激的反應。小組成員靠在桌子上，依賴咖啡和走味的點心支撐。他們全都受夠了。他們需要睡眠和像樣的一頓飯，所以懷特切斷管線，看著猴腦的數據緩慢下降，從高峰變成平坦直線。法拉奇要求提出：「你能拿著它拍照嗎？」他照做了，把猴腦捧在雙手之間。法拉奇問到，這顆腦現在是否只算是一團組織，懷特搖頭。「不僅於此。原來是瓶香水，現在是空瓶子，」他說，「但是香氣還在。」[6]恰當的結尾，他認為。

但是，他還有其他工作要做，反正快到星期六了，這是他與一幫小孩共度的日子，他們要去攻占雜貨店，到肉鋪取牛腦。

法拉奇習慣有人提醒她採訪結束，但她就是習慣忽略提醒。「懷特醫生，」她問道，語氣似乎比過去尖銳。「你會擔心自己的研究帶來極端後果嗎？」懷特竊笑，她是指阿道斯・赫胥黎（Aldous Huxley）的《美麗新世界》嗎？這個問題似乎很天真，完全不符合懷特向她展示的一切，包括他的謹慎準備、他的方法步驟。他當然想過自己研究的各種可能性，但整個重點在於拯救生命，除此以外，別無他想。他不是這樣說的嗎？

科學總是意識到危險，懷特告訴她：「但是能夠完成某些事情，不代表我們會去完成。」[7]他向她保證，這就是科學倫理的全部重點。而且無論如何，她今天目睹到的主要是如何維持一顆腦存活、如何研究它獨立於身體之外時的功能，而非在人類身上實行這類手術是否正確。法拉奇提醒：「啊，但是你說可以在人類身上進行。」或許那是他脫口而出的話。懷特同意：「是的，我們今天可以讓愛因斯坦的腦活下來。」卻這不代表應該這麼做，或他推薦這麼做。[8]然而，她繼續追問，這樣的腦是否仍是愛因斯坦。沒有身體的腦，究竟是什麼？

法拉奇設法加緊力道，把懷特導向他最喜歡主題之一，也是他最常思考的主題：

沒有身體的心靈是否可能存在。懷特向她保證：「當我把腦從身體分離之後，智力和人格依然完整。」他竟然暗示，人格是天生的，在胚胎時期就出現，這明顯透露出他的天主教傾向，但他忽略了當代的先天後天之爭，以及隨著我們年齡增長，腦中連結仍然持續發展的事實。他沒有就此打住。他告訴她，沒有身體的腦不會有什麼困擾，還可能像超級電腦那樣運作。對於缺乏外來刺激的腦來說，數學問題啦、倫理問題啦，可能更容易解決。[9]我們能夠藉由移植腦部，把人救回來嗎？呃，不行，因為把神經重新接起來極度困難。我們能夠藉由移植頭部，把他們救回來嗎？理論上可以，儘管懷特承認，想到有人帶著並非相配的頭和身體走來走去，就連他也覺得有點恐怖。不，我們還沒準備好，我們眼前堅持只做猴子和狗的實驗。人類實驗必須晚點進行，在我們有機會從倫理和宗教方面來考量問題之後。法拉奇露出端莊的微笑，說：「所以，我們必須面對的是道德問題。」[10]

道德問題。懷特離開實驗室，趕上一輛公車，找個最近的座位坐了下來。或許他回想起來會覺得，自己有一點做過頭了。連他也承認，神學建立在過時已久的科學理論之上。好幾個世紀以來，醫生說當心臟停止，病人停止呼吸，是死亡降臨的時候。但是，他們錯了。當腦放棄靈魂，過了三至五分鐘之後，才是死亡降臨之時。有時候，腦死比身體死亡更早來臨，比如腦已經死了，但身體依賴機器繼續呼吸。懷特望著單調的街景從結霜的玻璃窗前掠過。就在這一刻，一位美麗聰慧的年輕女子躺在他任職的醫院裡，她是鋼琴家，年僅十八歲，正急切等待一顆腎臟。不過，懷特無法給她。他也不能從同血型的癱瘓或昏迷捐贈者身上摘取腎臟，即使他手邊有適合捐贈的人。[11]他也和法拉奇說過。不論是法律或宗教的原則，都落後科學一大截。此時，她提出最令他困擾的問題：「你的意思是，生命的整個概念需要重新定義嗎？」[12]

是的，他這麼回答她。他堅定地認為「是」，且毫不後悔。死亡，是指腦部死亡；腦若活著，那人就是活著。他還能說得多清楚呢？「如果我切斷你的手腳，如果我切下你的舌頭，」所有這些，顯然是他剛才對莉比做的事情，那麼即使她眼睛失明了，換上新的肺臟、新的心臟，她還是同樣的個體。「但是，」他繼續說道，「如果我拿走你的腦，你就什麼都不剩了。」[13]他以前對奧本、維杜拉、妻子派翠莎說過這些話，甚至對神學家、對聖母堂的神父說過。「靈魂是什麼？」每當懷特把一團含有神經的果凍狀物質捧在手裡時，他就會問自己這個問題，如此平凡的問題，與蘇聯人研究天才與傻瓜的腦所希望知道的事情不同。在顯微鏡底下，這些組織看起來都一樣，然而有某種特殊的東西在裡頭，獨一無二又不可思議，不受拘束且專屬個人。「靈魂，」

他告訴法拉奇，「就在腦裡。」[14]

然後，法拉奇拋出最後一個殺手級問題：難道這不代表猴子也有靈魂，就和你一樣？

「不。」他告訴她。不是這樣的。這項討論到此為止。

公車到了懷特的下車站，他沿著走道慢慢向前走。「晚安，醫生！」司機高興地喊道。

「晚安。」懷特報以微笑。畢竟，這有什麼好煩的？一位有魅力的年輕女士與他鬥智，兩人旗鼓相當，他甚至樂在其中。他第一次真正嘗到宣傳的滋味，就是這樣吧，會有什麼害處呢？懷特回家吃晚餐，和昨晚一樣。那位有魅力的年輕女士回到飯店寫稿，一如既往。

尋找靈魂

「莉比吃下最後一餐。」法拉奇的報導開頭是這麼寫的。這隻猴子的眼睛「如此悲傷，如此無助，」牠的手如同「新生兒的手。」[15]法拉奇一有機會就提醒讀者這隻猴子是有個性的，她把這隻生物擬人化，並且讓牠站上舞臺中央（透過給牠名字等手法）。她描述，懷特有一項神祕的樂趣，在面對「褻瀆神明的挑戰」時，眼裡閃爍著光芒。她的形容語詞並非都是負面的，她把懷特比做發射火箭的NASA工程師（完全貼切，超越她自己所知），並且稱讚他很敏銳。但是，她同時寫到莉比被丟棄的身體毫無生氣地躺在地板上。她也提及動物的腦：「莉比曾經擁有的一切，牠的快樂與恐懼、牠的反應和記憶、牠出生的叢林、捕捉牠的網、曾經囚禁牠的籠子……每一件事物依然活在那顆失去肉體的腦子裡。」[16]當這顆腦醒過來時，會是怎樣的情景？她問道。它會意識到自身已經變成了虛無的存在嗎？

懷特努力研究，確保這顆腦能持續思考，但在法拉奇的描述當中，他的成功卻引出虛無恐懼的回應，讓懷特本人化身為法蘭肯斯坦般的形象，只狹隘地聚焦於**能夠**做的事，因而不在意**應該**做的事。法拉奇對懷特的側寫，某方面成為關於懷特研究的文字紀錄中，威力最強大的一次曝光，並非因為這是最佳科學報導，甚至也不是因為觸及廣大的讀者群，而是堅持抓住那些「極端的**後果**」不放，那是隨著可能性起舞的駭人陰影……加上法拉奇沒有興趣接受懷特認為那些事情是恰當或必需的說法。

〈死去的身體，活著的腦〉這篇文章在一九六七年十一月二十八日刊出，引爆的方式不像原子彈，而是如同引發連環爆炸的定時引信。科學與動物權利之爭日益激烈地在公共領域中上演，而這只是同類文章中最新的一篇。《生活》雜誌曾經登出德米科夫的雙頭狗，但在一九六六年刊載了一篇截然不同的敘事：〈狗集中營〉。文章報導，美國出現了一種令人心痛的生意，就是從別人家後院偷走他們的寵物，然後賣給大型研究機構。這篇特寫有一張藍瑟（Lancer）的照片，牠是一隻混種狗，從實驗室逃走後跋涉長途回到家，身上還佩帶標有H.M.S.的狗牌，那個縮寫代表「哈佛醫學院」（Harvard Medical School）。[17]這個國家的最高學府顯然派出沒有標誌的小貨車載著研究生去「清除」路上閒蕩的動物。另一篇文章刊登在《運動畫刊》（*Sports Illustrated*）上，介紹一樁賣家與實驗室交易的齷齪故事，包含狗兒被層層堆疊起來後由陸路運送的可怕情節。[18]前一篇文章把從事研究的實驗室比做二次大戰的集中營，這是許多人腦海裡記憶猶新的恐怖事件；第二篇文章則把實驗室和奴隸船連在一起。*

這些行動促使林登・詹森（Lyndon B. Johnson）總統在一九六六年簽署美國的動物福利法（Animal Welfare Act）。這部法律至少規定了動物在實驗室裡可以受到怎樣的對待，不過這是開始，並非結束。有一個新戰場開啟了，不是針對狗，而是針對人類以外的靈長類動物，這要歸功於珍古德（Jane Goodall）廣受支持的黑猩猩研究。一九六〇年代早期，她首先報告了黑猩猩會使用工具，這原先被認為是人類特有的能力。如果「感知性」（sentience）是指某種生物的認知能力，「接近性」（proximity）是指某種生物與我們的相似程度，綜合起來，黑猩猩或獼猴正因為具備這兩種特性，在實驗科學上很有用，也使得牠們最接近人類，擁有最接近人性的本質。[19]珍古德的發現令人不禁想問：「如果我們不願意在狗身上進行實驗，又怎能在我們的『近親』身上做實驗呢？」無論如何，把猴子的腦分離出來，有什麼意義？或者，分離任何動物的腦，有意義嗎？這是必須的嗎？

對於這個問題，懷特的答案直截了當：是。如果你不了解腦的基本化學，就不能解決像是阿茲海默症這類的疾病。[20]但是，這當然不是法拉奇真正針鋒相對的問題。她把懷特逼到角落，這可不容易。懷特後來抱怨法拉奇曲解他的話，說她提出猴子靈魂的問題，然後「自問自答」。[21]（季辛吉日後也說過類似的事情，更確切來說，他抱怨法拉奇的採訪是「他和新聞從業人員交手中最慘的一次」，雖然他承認她的文章內

＊作者注：人類學家萊斯莉．夏普（Lesley Sharp），也是《動物倫理說》（*Animal Ethos*）的作者，把這個時代具有說服力的各類型攝影報導做有趣的比較，她注意到每一種設定方式，都是無辜群眾對抗邪惡的研究機構，運用狗——人類最好的朋友——做為情緒象徵圖像。

容大體是正確的。）[22]

法拉奇並非激進的動物權利倡議人士。她和動物之友（Friends of Animals）的小組沒有往來，動物之友後來與善待動物組織（PETA）聯手。她的目的幾乎總是在「讓別人覺得不安」。「對我來說，身為記者代表不服從，」她曾經如此寫道。「不服從，代表站在反對的立場。為了反對，你必須說真話。而真相總是跟人們所說的相反。」[23]她在懷特執行手術期間提出的問題，以及第二天（不請自來）到實驗室糾纏，都沒有讓懷特覺得不安；他喜歡被挑戰。但是，當採訪內容變成印刷品，脈絡遭到去除，如同猴子的肉從發亮頭骨被剔除，讓結果看來似乎自相矛盾，還有盲點和道德裂口。懷特對這篇文章皺眉頭，但仍然留存下來。事實上，他留了好幾份。

懷特覺得最煩惱的，不是法拉奇扭曲了猴子的處境，也不是她蓄意寫得很聳動。令懷特困擾的是，法拉奇指控他沒有透徹思考自己研究工作的哲學蘊涵；她抓到他的漏洞，試圖顯示他的神學觀有問題。法拉奇的文章似乎認為猴子具有靈魂。

希臘哲學家柏拉圖稱「靈魂」是身體以外的「我」。天主教也有類似的教義。有生命的存在，端坐於肉體和靈魂結合為一之處。把靈與肉分開，靈魂就可以釋放出來，但這要透過肉體死亡才做得到。身為外科醫生，懷特每天都在這關鍵的交會處工作。有一次，懷特為一位熟人動腦部手術。結果這個人死了，他的生命曾經存在於腦裡，而這顆腦在懷特手中變成一球膠狀物質。「他所有的善與惡，所有的人格特質，原本都在這一團組織裡。」然而，此刻這些已不復存在。[24]他的生命火花來自何處？往何處去？無論答案是什麼，懷特很確定，腦是本質，是自我，是靈魂。

這聽起來不是什麼革命性的想法，西方有許多宗教信徒和懷特一樣相信不朽的靈魂。但是，懷特也在玩火。他說人腦是「自我」，主張人腦是生命的寶座，生命的來源。獨立出來、具有生命的腦或靈魂，如果做為一般的哲學觀點，似乎是全然良善無害的。但是，若把腦視為可以用解剖刀切割的實質物體，那麼將腦從身體分開，代表決定了生命從何處開始，到哪裡結束。「這聽起來像科學怪人，聽起來太激進了。」懷特後來承認。[25]不過，他從來不曾把《科學怪人》完全當成警世故事。「我們正處於邊緣，」懷特幾年後告訴《時人》（*People*）雜誌，「就像我們處於愛因斯坦出現之前，牛頓物理學也還沒跳躍到量子力學的階段。」[26]而這一次，他就是愛因斯坦。

前方的路在於頭部移植：真正把一顆頭移植到另一具身體上，完全靠縫合術連接，完全靠另一個生命來維持，成為一種複合的存在。只有到那時，他才能證明，腦波紀錄紙上的尖峰，不僅僅是一團不明確組織的電波活動，而是代表某個活體的生動思緒。那個活體就是腦，是身體中「人類靈性和靈魂所在」的唯一部位，如同懷特一再說過的。[27]

這裡是指人類具有的靈性。懷特對法拉奇的主要抱怨是，這位記者把他說的關於猴子和靈魂的話扭曲了。但是，猴子沒有靈魂；天主教的教義相當確定這一點。猴子具有的是什麼，很難定義。動物不是重要的存在，牠們不具理性，沒有對錯觀念。牠們的「靈魂」只是生命的本源，也是形體的本源。單細胞細菌是活物，腫瘤是活物，樹木是活物；它們其實都沒有腦，也都沒有靈性的靈魂（spiritual soul）。[28]「禽獸的靈魂，」教義接著說，「只能存在於物質之中。」當物質死亡，靈魂隨之死亡。[29]這種靈魂並非不朽的，然而，當莉比和牠幸運（或說不幸）的同伴手術成功之後，就能比自己的身體活得更久。這些掛在其他身體上的腦裡，閃爍發送訊號的事物若非靈魂，會是什麼？

結果證明法拉奇是戰力強大的對手，懷特耿耿於懷，有時還忽略時間表，暗示法拉奇的文章促使各方人馬集結成ＰＥＴＡ。[30]他怪罪她，讓他開始有不一樣的名聲，而且很快在批評者之間得到一個綽號：屠夫醫生。但是，他也沒有屈服。他沒有停止努力，繼續朝自己的夢想前進。

兩年過去了。懷特擔任外科醫生、教授、腦研究實驗室主持人，沒有怠惰。他讓醫院的神經外科部門日益茁壯，他任教的大學現在更名為凱斯西儲大學，指導的學生通常跟隨他到都會醫院當住院醫生。其中一位是諾曼・塔斯利茨（Norman Taslitz），這位醫學博士暨哲學博士加入時，懷特正在謹慎確立一種新型移植手術的最終方法。時間滴答滴答走著，一九六〇年代快過完了，但是沒關係。法拉奇在文章裡宣稱，人類曾進行過的手術當中，莉比的腦分離是最非比尋常的一次。但是，真正的法蘭肯斯坦時刻才剛到來。

A頭，B身體

「我們可以跟猴子玩嗎？」

又是星期六，時值一九七〇年二月底。理查・尼克森（Richard Nixon）在總統第一任期執政超過一年，賽門與葛芬柯（Simon & Garfunkel）二重唱的〈惡水上的大橋〉（Bridge Over Troubled Water）這首歌蟬聯當年最初六週排行榜冠軍。那天早上非常冷，雖然溫度計的水銀白天來到接近攝氏十度。懷特把年紀較大的小孩塞進家庭旅行車，老四麥克搶著坐前座。[31]他們出發去參觀爸爸的辦公室。

對十歲大的孩子來說，都會醫院的實驗室是神奇之旅，那裡是科幻太空站和神祕劇院的結合體。有一次，麥克得到允許可以帶一顆猴腦到學校去展示並說明，老師不太能接受這個噱頭，但毫無疑問地，這讓他在三年級同學間出了一陣子的鋒頭。一到實驗室的停車場，孩子就跳下鑲木家庭車，進到熟悉的走廊。沿著牆壁的籠子裡，可以看到各種動物，有幾隻頭上有金屬線伸出來，看起來像天線。大人說是研究，可是對於懷特家族來說，這些是玩伴。他們最近養了一隻行動不平衡的貓咪當寵物，懷特切除牠一側的腦半球，測試貓的反應。牠走路歪歪斜斜，像響尾蛇一樣側行，因此綽號叫做響尾蛇。[32]一切當然都很好，最吸引麥克和其他孩子的，就是猴子。

這些可不是普通的靈長類，懷特叫牠們博士猴。神經生理學家馬索普斯特與心理學家沃林開始訓練一群成年的恆河猴，讓牠們進行一系列的六項測驗，為了測量認知功能：知覺、思考、推理、記憶。[33]利用食物做為獎賞，訓練牠們做一連串動作：拉起拉桿、按下按鈕、選擇圖片或顏色……任務很複雜，需要和每一隻猴子奮鬥六個月的時間。

孩子對著籠子做鬼臉，或者餵猴子點心時，懷特會警告說：「牠們會咬人，當心。」就連訓練得最好的獼猴脾氣都很壞；牠們以具有地域性、暴力、卑鄙出名。科學作家黛博拉．布魯姆（Deborah Blum）的《猴子戰爭》（*The Monkey Wars*）提到，恆河猴擁有最適合拿來做研究的完美猴子名聲，但其中有明顯的矛盾，一方面牠們很強壯且適應力很好，是「猴子世界的街頭流氓」，這代表牠們在實驗室環境下，可以存活下來，而且混得不錯。[34]然而，另一方面來說，牠們很獨立，意思是牠們從未真正馴化，即使是在籠子裡出生和長大的猴子也不行。懷特的獼猴會咬飼養人員，會彼此互咬*，而且牠們會記恨專橫的外科醫生，然後去咬那些醫生的小孩，根本沒在怕。獼猴有社會行為、情緒激動、會覺得無聊沮喪、體格強壯、無法馴養，種種「缺點」反而成為牠們最大的利器：人類往往不喜歡牠們。但是，牠們的智力相當於人類的四歲兒童，這個年齡大約是小理查（Richard）的年紀，他是懷特的第八個孩子，而且這些猴子的智力發展程度還**超越**瑪格麗特（Marguerite）和露絲（Ruth），她們是懷特最小的兩個孩子，分別是三歲和一歲大。聰明的猴子能夠執行任務、讓腦部接受實驗的改變，然後

* 作者注：牠們有一項惱人的習性，就是會咬斷同類的陰莖。

再次執行任務。懷特和他的小組利用獼猴，證明灌流研究的最後一部分是可行的：讓腦冷卻（至攝氏十五度以下）而不會損害認知功能。這些猴子回溫之後，執行測驗的成效和之前一樣好，提供了從非人類靈長類動物的測試跨越到人類的橋梁。[35]懷特當時不知道這項技術將在未來幾十年用於拯救心跳停止的病人。心臟病發作有時會導致腦傷，由於虛弱的心臟無法打出足夠的血液到腦部；腦部冷卻後，就不需要那麼多氧氣，這樣可為外科醫生爭取寶貴的時間疏通病人的動脈。懷特在實驗室所做的一切，每一次手術和每一項實驗，終極的目標就是延續人腦的生命。甚至下一件事也是。

懷特在實驗室地板用粉筆畫上線條，看起來像是舞步指引。他和維杜拉、馬索普斯特、沃林、塔斯利茨，真的是一步一步規畫出來的。他煞費苦心，畫出每一位參與者的步法，並附上箭頭，指示移動方向。從未經訓練的人眼中看來，就是一堆混亂交錯的打勾記號；對於懷特來說，這是由三十多位技術高超的專業人士組成的編舞，包含外科醫生、麻醉醫生、護理師、動物技師，以及負責監控的科學家。經過幾個月的時間，以及八隻小恆河猴身上進行一系列的預演，整套順序已經完善；雖然在這些試驗當中，懷特不會把腦分離出來，他已經不需要這麼做。取而代之的是，他的小組細心練習把猴子的頭從肩膀移走，但是保持血管系統連通。

猴子頸動脈和頸靜脈循環系統從頭的基部給切斷，動脈和靜脈接到一組四條線圈形的管子，讓血管延長。接著割斷氣管和食道，再進行頸椎椎板切除術，從第四節與第六節頸椎之間切開。[36]有一張展示結果的圖解是這樣的：猴子的頭架在宛如輪狀皺領的管子線圈上，頭就像浮在身體之上。懷特把這些工夫稱為「準備工作」，但是這些試驗並未創造出沒有頭的猴子，而是製造頭和身體有距離的猴子。[37]這樣的手術模擬車禍會出現的某些創傷，也就是頭骨和脊柱分開及神經斷掉的狀況，但另外附加了不尋常的條件：管子的線圈可以拉長，讓頭移到離身體更遠的地方。

「我值班的時候，有一顆頭醒了過來。」有一天早上，塔斯利茨在輪夜班後告訴懷特。[38]塔斯利茨承認自己嚇壞了，就像恐怖電影，獨自在黑暗中，有一顆猴頭瞪著他。**「噢，關於腦，還有很多我們不知道的。」**懷特說，似乎完全不驚訝。儘管進行了廣泛研究，這仍是最大的謎團，最大的挑戰。「自從人類出現之初，人類成就的一切，」他後來寫道，「是這個世界最複雜、獨特的物體作用之後所產生的成果」：這個物體就是人類的腦。[39]猴子的腦也是。

懷特看著自己的孩子和這些靈長類動物玩，意識到在兩個週六之後，實驗室將有一大批人按照粉筆線行動。工作空間會嚴重不足。到時候有兩隻猴子，不是一隻。兩隻都需要把身體分開，但動脈和靜脈仍要連著，牠們的呼吸靠機器協助，血壓、腦波、腦脊髓液、代謝率、體溫會受到監測。這將是熱血、費力、手肘撞來撞去的活動。如果他們先前的研究有什麼可以參照的話，就是這將要投入許多小時才能夠完成，步驟和步驟之間不能中斷，沒有時間休息。橫切面及圖解、筆記與塗鴉、方法和計畫，都攤在懷特的書桌上；這些上面寫著：A頭，B身體。懷特不說這是頭部移植，而是叫做身體移植。他們即將把一隻靈長類動物的許多器官，移植給另一隻的腦，全部一次完成。雖然法拉奇會質問這樣的行動是否必需，懷特相信他所有的工作將在未來提供拯救生命的機會。

懷特看過很多神智不清、心智受損、心靈禁錮於終身昏迷的例子，像是再也不能說話的孩子，再也無法擁抱你的愛人。一年前，當地一名十七歲體操運動員在利用彈跳床進行訓練時，一個不留神撞到了頭部。他叫彼得，他立刻知道自己摔斷了脖子。他異常鎮定，告訴到場的醫務人員不要過度移動他的頭部。[40]懷特見到彼得驚慌的父母，請他們允許冷卻彼得的脊椎。他們想知道這項處置以前是否曾經施行過（這樣問很合理）。是曾經在猴子身上實施過，就是關在腦研究實驗室靈長類動物籠子裡的「莉比們」。家長同意了，彼得在懷特的手術檯上接受鎮靜麻醉，然後進行灌流，希望能避免神經進一步損傷。幾個小時後，他醒了。幾週內，他的手臂，甚至手掌恢復部分功能。彼得・西科拉（Peter M. Sikora）後來成為俄亥俄州卡雅荷加郡（Cuyahoga County）的法官，這要歸功於一隻猴子、一位外科醫生，以及衡量過的冒險。

如果與法拉奇的爭論讓懷特停下來思考，那麼他的懷疑在活生生的強烈經驗中消散了。對懷特來說，目的是方法的正當理由。「比方說，有一個人出現在你面前，」懷特在好幾年後告訴倫敦的《星期日電訊報》（*Sunday Telegraph*），「他頸部以下完全癱瘓，」而且面臨器官衰竭。[41]你會坐在那裡對他說，他不能進行移植嗎？與移植全部系統都在運作的整具身體相比，移植一顆腎臟或一顆心臟算什麼呢？到目前為止，這都是假設。「我真的對移植人類頭部沒興趣。」他在採訪中，這麼告訴法拉奇。但這不是事實。

・・・

一九七〇年三月十四日。沙克高地又變冷了，氣溫降到攝氏零度以下，偶爾有短暫降雪打在玻璃窗上。懷特起得特別早，比家人早很多，穿過孩子們為聖派翠克節做的一大片綠油油勞作，走下樓梯。派翠莎畢竟是波士頓的愛爾蘭後裔，祖先是托蘭姊妹（Toland sisters），她們是送到澳洲當契約工的四千名愛爾蘭大饑荒孤兒的其中兩人。[42]聖派翠克節的爐架上一整天都會有鹽醃牛肉和蘇打麵包，而且懷特會帶著穿上綠色服飾的孩子們參加遊行，他還曾在克里夫蘭市中心的慶祝活動中當選「年度愛爾蘭人」。然而那天，他根本沒有想到這些。他把手術用的菸斗塞進冬天大衣的口袋裡，走出門，進入黑暗的冰天雪地之中。

實驗室裡，咖啡壺盛滿熱騰騰的咖啡。懷特把毛巾掛在脖子上，他需要用來擦拭手術時流下的汗，並調整了黑色方框眼鏡。他一如往常提醒這些人，至少前面的步驟和繞頸線圈的準備工作相同。除了這次更重要以外，這是無庸置疑的。團隊成員各就各位：兩組外科醫生，兩組其他必要人員，分別在兩間手術室。猴子已經剃毛、做好記號；一隻猴子用記號筆在頭部標出字母A，第二隻在身體標上B。小組成員在壓力下拋開不安情緒，連呼吸的聲音都聽得到。懷特把菸斗擱在一旁，看著他們上方的大型IBM時鐘，確定時間。他開口說：「準備就緒。」允許奧本施打一劑麻醉藥，每隔一段時間為每公斤體重注射二十毫克麻醉藥。兩間手術房的時鐘對過時間，小組分別把管子插入猴子的氣管，管子再接到馬克八號（Mark 8）呼吸器，這臺有綠紅相間透

請注意：有些照片包含寫實的醫學實驗影像

1

2

1 ——羅伯·懷特於一九五四年獲得獎學金轉學到哈佛醫學院，就在布萊根醫院的莫瑞醫生成功進行世界首例腎臟移植的幾個月前。手術的勝利點燃了這位年輕外科科學家對於器官移植的興趣。

2 ——懷特是多才多藝的天才，但也很好玩又有魅力，他喜歡和醫學院同學一起到紐約遊玩，搭訕無線電城音樂廳的火箭女郎。不過，外科學才是他的初戀。他甚至是在執行闌尾切除術的過程中遇到未來的妻子派翠莎，她是手術的護理師，他日後宣稱：「我在手術檯上墜入愛河。」

3

4

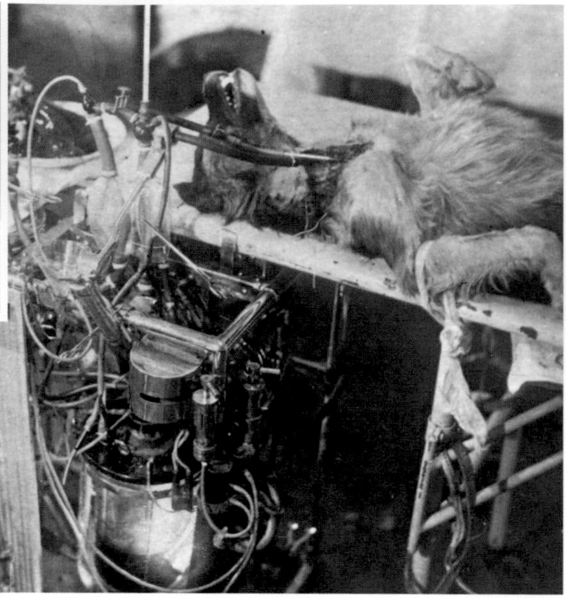

3 ——一九五八年，蘇聯釋出一段影片，顯現驚人的手術畫面。莫斯科外科研究所一位名為弗拉基米爾‧德米科夫的研究人員創造出駭人的嵌合體：雙頭狗。

4 ——德米科夫把一隻幼犬的頭與前腳接到一隻成犬的背上，讓兩隻狗的血管系統相連。一旦麻醉劑的藥效退去，兩隻狗醒來後都可以呼吸、進食和飲水。實驗顯示，把一顆活生生的頭接到一具全新的身體上，這種做法是可行的。

5 ——德米科夫利用自己的器械以及改造過的維生系統來動手術，他從二十一歲起就在流浪動物身上進行攸關生死的實驗。他能夠把血管系統迅速重新接起來，讓兩隻狗的腦不會發生重大傷害。

5

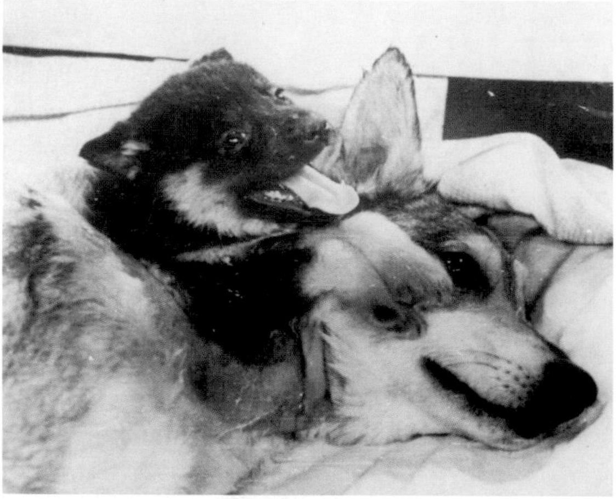

6——受到蘇聯對手的刺激，懷特在克里夫蘭市中心新設的腦研究實驗室開始自己的實驗。他的目標是，讓腦脫離身體後能夠保持存活，依然展現出「思考」的能力。

7——懷特利用灌流（一種能夠降低腦部氧氣需求的冷卻程序），成功分離出猴子的腦，並記錄腦電波活動，證明這顆腦的確還活著。懷特發展出冷卻腦部的嶄新技術，讓腦進入一種有防護效果的冬眠狀態，這種技術沒多久就出現在全美的手術室裡，可以避免腦部發生災難性損傷，而且能挽救生命。

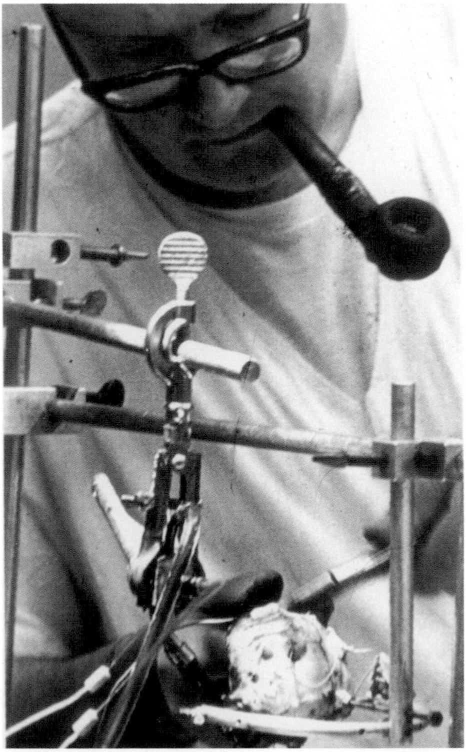

6

7

8

9

8、9——鄰居都知道懷特是全心投入克里夫蘭都會綜合醫院神經外科部門主任、虔誠的天主教徒，以及深愛家庭的男人。他和派翠莎在位於沙克高地的家養育了十個孩子：鮑比（Bobby）、克里斯（Chris）、佩蒂（Patty）、麥克（Michael）、丹尼（Danny）、潘（Pam）、吉姆（Jim）、理查（Richard）、瑪格麗特（Marguerite）和露絲（Ruth）。

10

10——懷特在都會醫院的職責之一，是接待來自蘇聯與拉脫維亞的參訪團——這在冷戰時期是難得的榮幸。懷特希望這些蘇聯人的回報方式，是邀請他到莫斯科並得以向德米科夫請益，但結果這趟旅程沒有如他所想的那麼有益。懷特其實已經超越對手了。

11 ——到了一九七〇年三月，懷特準備好進行第一次腦部移植。他打算移走一隻猴子的頭，然後換上另一隻猴子的頭，他利用的是分離手術的技術——除了這次的頭會接到一具新身體上。由於頭部完好無缺，等猴子清醒之後，懷特可以監測牠的反應。

11

12

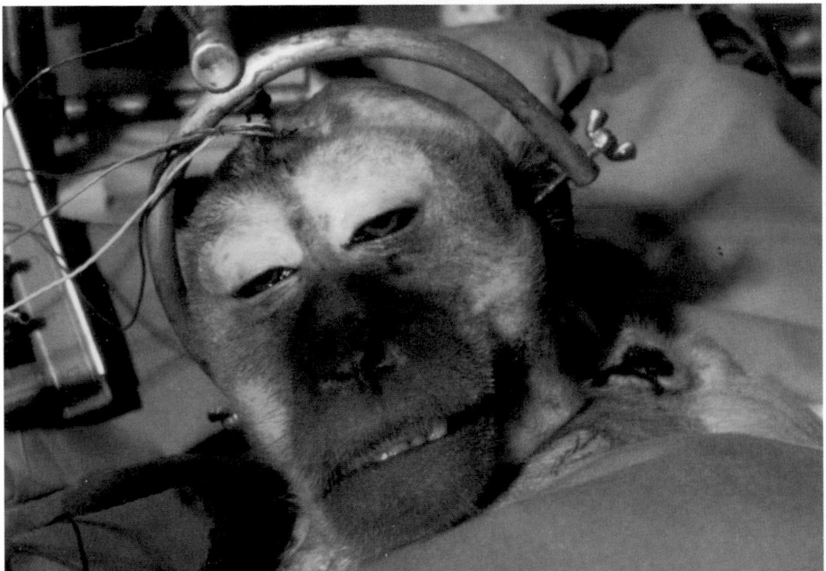

12 ——猴子一醒過來，就能用眼睛追著懷特看，也會皺鼻子，甚至嘗試咬東西。懷特證實，雖然猴腦已經不在原來的身體上，這顆腦仍然還活著，並且能覺察周遭的動靜。因為猴子的脊椎被切斷，身體不能移動，牠自脖子以下的部分是癱瘓的。報紙從此開始稱他為「法蘭肯斯坦醫生」。

13

14

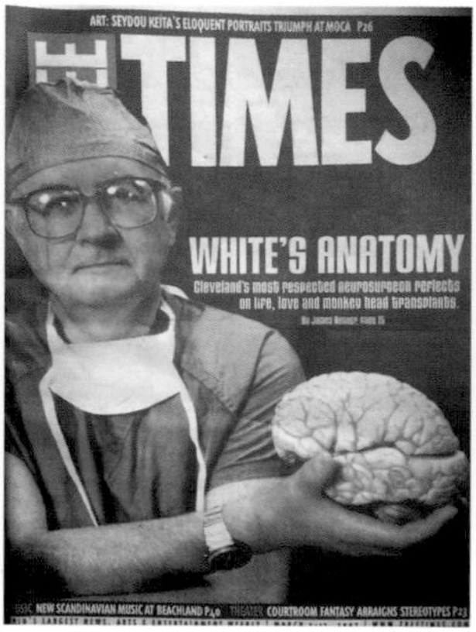

13——頭部移植成功後的那幾年，懷特走遍各地，在研討會上演講關於延長人類生命的可能性（如同義大利的這一場會議）。他主張，如果身體瀕臨死亡，那麼腦和靈魂可以移植到另一具身體上，靠著新的維生系統來延續。

14——懷特並不滿足於只在專業同儕之間發言，他設法引起公眾的注意，出現在全國與地方的報紙、雜誌，甚至現場喜劇廣播。

15

16

15、16——懷特認為教宗保祿六世與若望保祿二世是他的朋友，教宗若望保祿二世任命他為梵蒂岡籌組生命倫理委員會。他的努力有助於天主教會把「死亡」的定義轉變成「腦死」的同義詞，這使得在身體完全失去功能之前摘取器官成為正當的行為，並使得將來有一天在人類身上進行頭部移植的嘗試，擁有合乎倫理（並且合法）的可能性。

17

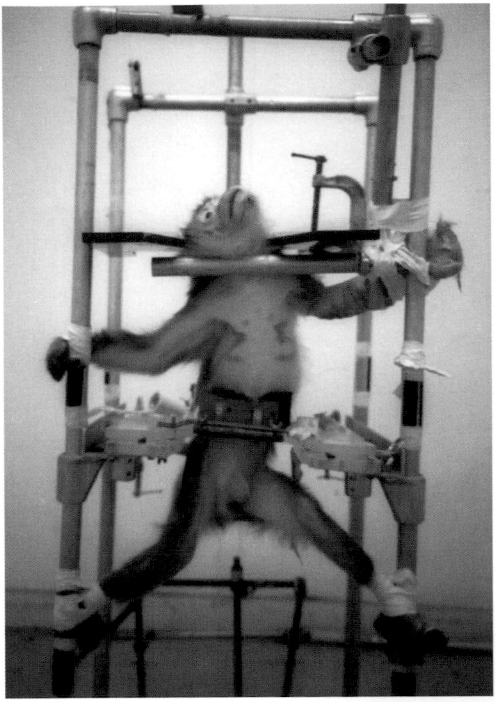

17 ——一九八一年九月，一幅手腳受到束縛的恆河猴影像登上全美國的報紙。照片攝自馬里蘭州銀泉市的一間實驗室，成立一年的動物權利組織PETA以虐待動物為由突襲該實驗室。這起案件後來備受矚目，讓醫學倫理成為全國關注的焦點，並驚動了使用實驗動物的科學研究人員，包括懷特醫生。

18

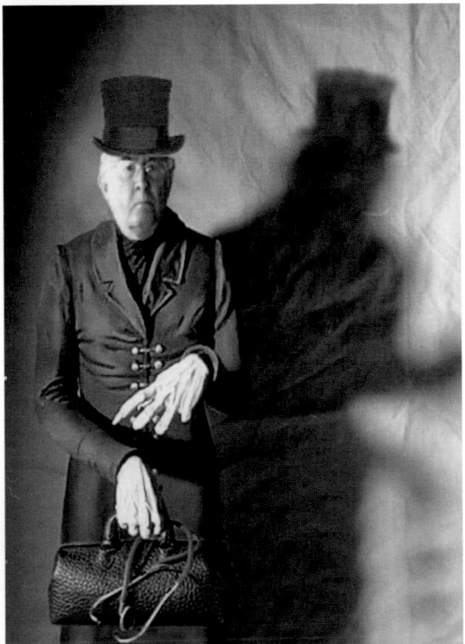

18 ——懷特很快成為PETA的敵手，他寫文章抨擊這個組織，也讓他得到「屠夫醫生」的綽號。他不僅沒有反駁，還沉迷於這類比喻，甚至扮成法蘭肯斯坦醫生拍照。

20

19

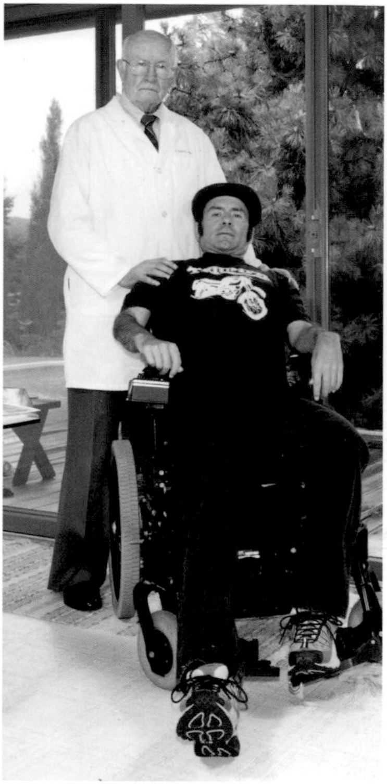

19、20——新的千禧年將近之際，懷特準備進行他當時所說的全身體移植。但首先，他需要找到完美的病人，一個和他一樣勇於冒險的人。命運把懷特引向克雷格．威托維茲，威托維茲是狂熱的賽車愛好者、發明家暨企業家，上圖是他被拍到正在進行越野摩托車之旅，幾個月後，他就發生導致癱瘓的意外。右圖：懷特與威托維茲在全國性電視節目上說明全身體移植的理由，不過懷特手術最終沒有實現。前蘇聯對這種手術很有興趣，但是沒有經費；而美國有資金，卻沒人支持。

21

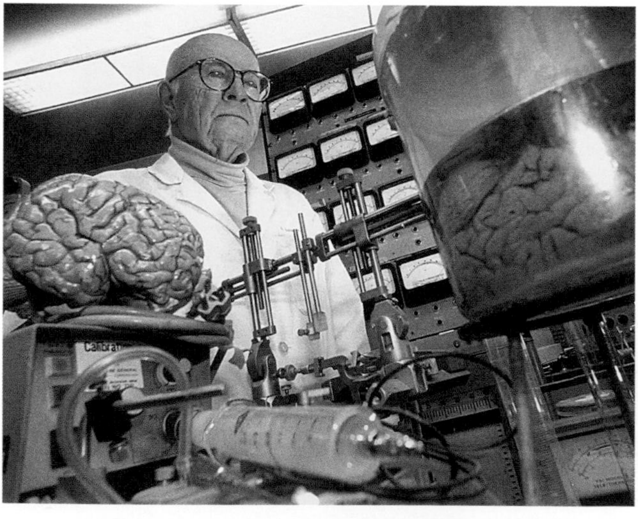

21——懷特醫生在低溫方面的革命性成就很可能讓他獲得諾貝爾獎，他的主張形塑了現代對於腦死的倫理觀點。然而，他最令人難忘的形象並非謙卑的鮑伯，而是屠夫醫生，一個窮畢生之力想要移植人類靈魂的人。

明塑膠外殼的儀器設定好氧氣流量。滴答滴答，劃下第一刀的時間到了。

懷特和他的組員沿著捐出頭的猴子頸部圓周，在軟組織上劃了一圈，隨著他們愈切愈深入，仔細分開動脈和靜脈，切掉頸椎旁的組織。[43]懷特必須信任第二間手術室的所有一切按照計畫進行，另一個小組在維杜拉帶領下，也和懷特一樣看著時鐘，協調彼此的行動。十分鐘、二十分鐘、半個鐘頭、一個鐘頭，頸部裡面的組織一一露出，終於能夠切斷氣管和食道。懷特察看監視器；機器控制呼吸，進氣、吐氣，胸腔充滿氧氣。他切下去了。又過了一陣子，懷特終於來到脊髓。懷特告訴護理師：「準備兒茶酚胺。」這種藥物可以減少脊髓休克（創傷部位以下喪失反射、運動和感覺功能）。[44]他切開脊髓，然後護理師注射藥物，接下來他會燒灼椎竇，也就是貫穿脊椎的靜脈。一旦完成這個步驟，他就能切斷脊柱。他使用燒灼刀劃過幾次，猴子的頭和身體給分開了，除了神經血管束還連著。這些血管都被一根一根結紮綁起來。外科醫生和護理師屏氣凝神，每一根血管必須在剎那間切斷再重新接合。要是一個失誤，會讓猴子失血過多死亡。懷特給出指示，大約幾分鐘後，血管已接上套管，連到線圈管子，再接到另一頭的血管。猴子的頭就靠在身體之上，有如掛在有線電話上的聽筒。懷特和他的組員已經進行到他們曾經做過的極限。這裡是先前的停止點，熟悉的地方，就像是一種舒適圈。他們接下來準備做的事情，是以前未曾做過的。

沿著走廊，光滑磁磚上傳來輪子的聲音，宣告猴子B的到來。第二組成員汗流浹背、氣喘吁吁，把活動手術檯推到地板粉筆線畫出來的位置上。突然多了兩倍的人力和猴子軀體，夾雜一堆亂七八糟的電線、管子、輸液與呼吸管線，讓原本已經夠溫暖的手術室，變得幾乎是熱氣蒸騰。當他們試圖拿取各自想要處理的東西時，自己的手會越過別人的手，身體也要彎成彆扭的角度。來自猴子B身體的血流，現在需要導向猴子A的頭。從許多方面來看，這是早期使用猴子「血袋」的完美展現。以前是一隻完整的猴子支持一顆脫離身體的腦；現在則是頭和身體將結合在一起。懷特手術室常聽到的七嘴八舌，現在降為嗯哼低語。這可不像電影。

布利斯・卡洛夫（Boris Karloff）主演的《科學怪人》經典電影中，一位粗心的助手從實驗室取走一顆沒有身體的腦，這顆腦就像一個不固定的獨立儲存庫，隨時都可以插入任何可用的身體上。懷特說他喜歡的一段情節是，助手弗利茲（後來版本的助手是伊果）把腦掉在地上，因此必須改拿另一顆不正常的腦。現實中，不管哪一顆腦都不堪使用，它們失去生命所需的寶貴血液太久了。懷特和他的小組無法把猴子B的頭拿下來，直接換上猴子A的頭。這辦不到；接下來的幾個小時，要把兩隻動物的血管小心翼翼地編織在一起。他們每截斷一條B身體的重要血管，就得重新接到A頭的同一條連接管上。隨著自B連出來的塑膠管一條一條通入A，B的腦也一點一點死去。隨著A頭的血管一條一條改接到B身體的血管，A的身體也一點一點死去。它們正逐漸變成一個合成體，一個人造的連體嬰，與德米科夫的狗沒有太大不同，雖然更加先進。手術過程中，隨著B腦失去血液供應，它的腦波圖訊號變弱到停止，波形漸趨平緩。而仍在深度麻醉狀態的A頭，則繼續產生腦波。

「我們好了，」懷特說道。他盯著後方有各種刻度的整面牆，又說：「我們很好。」[45]他脖子上的毛巾濕透了，等待血流穩定時，伸手去拿咖啡喝了一小口。牆上時鐘的指針過了中午，不過沒人還在算時間。技術人員發出警報解除訊號，A頭現在完全由B身體供應血液。時候到了，該斬斷A身體最後的絲毫連結，好讓頭和脊柱分開。剪個幾下，完全脫離，懷特的護理師把A身體和B頭丟棄。B身體和A頭還要通過最後階段，才能變成一隻新的生物，現在還沒全部完成。

懷特吩咐護理師使用抗凝血劑，在他們把血管接到血管並移除管子以前，這是必須的措施。為了保險起見，他也請他們使用抗生素，避免發生感染。[46]最後，是讓頭和身體完全結合在一起的時刻，也就是移除管子、縫合血管、把金屬板鎖到脊椎骨的小突起上，將傷口周遭的肌肉組織和皮膚覆蓋回去。焦慮的眼睛盯著監測設備的儀表板，這是幾個鐘頭內，他們必須第三度切開再結合動脈與靜脈，必須第三度等著看循環是否會恢復。他們完成後，猴子嘴巴是開著的，眼睛無神地望著天花板；這時現場終於不像某些屠宰場的一景，只剩下脖子上有一圈縫線的單一隻猴子。腦波繼續。循環恢復。但是，猴子仍然是個空瓶子，沒有用的空包彈。懷特從手術檯走開，拿起擱置的菸斗。現在，他們必須等待猴子醒來，如果牠會醒來的話。

手術總共花了八小時。[47]外科醫生由於彎腰站在手術檯旁，已經疲累不堪，還會抽筋；護理師、技師和其他監測生命徵象的人視線模糊，正用力眨眼睛。懷特坐在旁邊的椅子上，霧茫茫的鏡片後泛著淚水，一隻手放在菸斗的斗缽上。「再過十五或十六分鐘後，」麻醉劑的藥效應該退了，他認為。[48]猴子應該會醒過來。起碼他希望如此。如果沒有比陷入昏迷的猴子更好的結果，根本不可能把他們全趕回家。然後，第一個徵兆出現了：「醫生，看這裡！」角家曉一直在監測猴子的生命徵象，察覺到一側眼瞼有動靜。懷特忘卻肌肉痠痛，跳了起來，朝手術檯望去。先是一隻眼睛，然後是另一眼。接著嘴脣輕微抽動、咂嘴、動舌頭。[49]這隻動物一點一滴邁向有意識狀態，突然間，牠的雙眼張開，眼神環視周遭。懷特用鑷子輕輕敲猴子的鼻子，牠想咬他。有一瞬間，大家都震驚得鴉雀無聲。然後，手術室爆出歡呼。好幾位小組成員手舞足蹈，還有一人大叫。他們拿來一枝鉛筆讓猴子咬，然後輕拍牠的臉頰、看牠眨眼、餵牠吃冰塊，尋找各種有用的刺激……牠的喉部神經，連同通往下半身的神經，跟著脊柱一起給切斷了。這隻獼猴從脖子以下是癱瘓的，在一具陌生的身體之上醒來並活著，以懷特的話來說，牠「危險、好鬥，而且非常不快樂。」[50]但是，牠**活下來了**。

這件事激勵了懷特，並支持他度過當天剩下的時間；他如此努力想證明的一切，已經開花結果。他實驗室的那一隻生物，從各方面看來都是一隻猴子——而且是**同一隻**猴子。牠似乎確實記得懷特，即使是怨恨懷特。「我做了什麼？」他想知道，「我已經走到可以移植人類靈魂的地步了嗎？如果是的話，這又代表什麼？」[51]

懷特在回到沙克高地溫暖書房的路上決定了能在猴子身上做的事，就能在人類身上進行。[52]但是要這麼做，大抵得讓所有學門以及所有人類相信，生命需要重新定義。就他所說生命存在於腦中的看法而言，醫學界或宗教界尚未對**生命何時終結**發表正式聲明。如果這裡沒有決議，沒有人會讓他往前繼續，一步都不行。猴子A繼續活著，他讓牠撐過將近九天，直到身體排斥頭部。但是，猴子B呢？牠消失於這個世界上了。

你能夠把一個人的頭移植到一具腦死的身體上嗎？當然可以。然而，腦死的身體仍是活組織，倘若你認為活著的組織是活生生的生命——嗯。法蘭肯斯坦或許可以從屍體製造出怪物，但是懷特需要活組織。除非發生重大改變，困擾他下一項嘗試的問題不會是動物實驗，而很可能與犯下殺人罪有關。

懷特保留了一件人腦的塑膠複製品在書桌上。後來有人問（有一些人已經問過了）：「你做的這一切是為了什麼？」為何要這麼做？為何要這麼麻煩？取來一具身體，再給它一顆腦，這難道不自私嗎？所有的器官只給一位受贈者？可是話說回來，他們從來沒有和孩子瀕臨死亡的父母坐在一起過，他們有嗎？他們從來沒有參與委員會，承擔核准器官移植的責任。[53]總有地方會有人體。他知道蘇聯有，就是德米科夫提及的那些，停放在莫斯科和基輔的醫院裡；他已經獲邀再次造訪該國，他正在計畫當中。但是，到處都會發生腦死，每個國家都有心臟仍在跳動但腦已空虛的人體。如果法蘭肯斯坦是對的，而且「文學已走在我們的前面」呢？[54]急起直追的時候到了，不只是科學，天主教的教義也要趕上。總會有方法推動改變的，肯定有的。

CHAPTER

6

現代的普羅米修斯

The Modern Prometheus

你是誰?你是什麼?你不在那具死掉的身體裡。讓我們實際一點。你在你的腦組織裡,你位於人類靈性所在之處。

——羅伯·懷特

你的腦就是你,只要這顆腦還活著。一顆漂浮在液體中、死掉的腦,是毫無生氣的東西,沒有血色,不會比把它切成塊的解剖刀更鮮活。充滿血液和氧氣的腦,並且會傳送訊號給腦波儀——這是一顆活生生且會思考的腦。我們能分辨出生與死。但是,從一個狀態到另一個狀態之間,那條細緻微妙的線在哪裡?生命的本源何時會……停止呢?「劃分生與死的界線,充其量是幽暗且朦朧的。」愛倫·坡在一八四四年寫道。[1]接下來的一百五十年間，這些界線依然曖昧不明。

懷特拼湊出來的猴子——進食、眨眼、咬東西，在借來的身體上活了幾天——首度提供具體的證據，證實心靈可以活得比身體長久。懷特實驗室裡腦波圖上的波峰和波谷並非差錯，這些活躍的腦波是生命的要素。「我認為這個議題已經塵埃落定。」懷特日後在英國廣播公司（BBC）的訪談中承認。[2]然而，儘管猴子手術可能暗示，生命的開始和結束都在腦中，但也開啟一系列新的倫理考量。器官移植的科學仍在初期階段，不僅與器官**受贈者**有關。這也和**捐贈者**有關，不論是活著或死去的捐贈者。

懷特的小組執行移植手術之際，他的捐贈者（也就是猴子B）必須維持存活，直到外科醫生切斷牠頭部的最後重要連結。切斷血流，捐贈者猴子的腦就死了，但是身體繼續活下去，用來支持受贈者（猴子A）的腦部。猴子B成為**心跳仍未停止的捐贈者**，而非一具屍體，而這對任何臨床應用都會造成影響。

到了一九六〇年代末，包含布萊根醫院的莫瑞在內，移植外科醫生開始有系統地使用他們認為不會甦醒的病人的器官。[3]實際上，莫瑞在一九六二年成功完成第一例**屍體**器官移植，使用一具遺體的腎臟拯救一位活著的人。然而，有心跳捐贈者身上的器官更新鮮，功能更完全。捐贈者的身體仍會排尿，血液仍在循環，仍在代謝營養物質。這些捐贈者在生物學上還是活著的，但卻是「植物人」，他們引發兩種令人害怕的可能情形：沒有人想要以一堆骨和肉的無意識形式，一直苟延殘喘活下去；不過，也沒有人想要他們的器官被移植醫生過早「摘取」，或者在他們的時間還未到之前就被宣告身體死亡。[4]至於對腦死病人可以採取何種行動，這個問題超出單純的科學；這類決定必須合乎道德。醫生是否知道病人何時真正腦死，我們能信任他們嗎？在許多早期的移植案例中，外科醫生對於潛在器官捐贈者是否可能還活著，只有靠自己的直覺指引，儘管各界正激烈討論倫理規範和準則。

「跳動的心，或者思考的腦，哪一個才是生命？」懷特在一九六七年接受《展望》雜誌採訪時，曾經這麼問法拉奇。[5]對懷特來說，答案似乎很明顯。但是，接受「你」是你的腦，等於讓腦的生命享有特權，超越身體的生命。若要讓這種想法被認為符合倫理，你必須接受腦波圖上的電訊號是生命唯一的指標。但是這代表你也必須接受，醫生從一開始就會正確判讀腦波圖，而且他們也不會偏向於勾選那些允許摘取器官的選項。一般民眾不願意信任可以牟取利益的人，這不足為奇。

懷特首例成功的頭部移植，不是畢生工作圓滿的紀念碑，而只是中點。他的問題並非總是「我們能夠讓猴子的頭活得比身體長久嗎？」，而是還有「我們能移植人類靈魂嗎？」」。現在，他不得不為自己的使命劃下令人沮喪的休止符，直到醫學界和倫理界形成下列關鍵問題的答案：如何決定出某個時間點，認為一個人死得夠徹底，能夠把身體捐贈給別人的腦。懷特還不能著手把猴子的手術流程應用在人類，於是他忙於讓信仰以及民意站到自己這一邊……

腦死爭論已經開始，一九六八年，也就是懷特進行開創性手術的三年前，哈佛醫學院成立了一個正式的特設委員會，想要理解死亡的真正意義。這個定義引發的軒然大波延燒了四年，動物和公民權利行動人士積極投入，最終形成一個有爭議的法律決議。而像往常一樣，懷特很快就發現自己身陷其中。

普羅米修斯獲釋

法蘭肯斯坦說道：「生與死是理想的界線，我應先衝破它，然後為我們的黑暗世界注入一道光明。」這是在向普羅米修斯致意，他是從天上偷取火種給人類的天神。瑪麗．雪萊這部小說原來的書名副標是「現代的普羅米修斯」，雖然經常遭人遺忘，但給予這位叛逆天神重要的地位。儘管從我們初知世事以來，神祕的死亡可能就一直折磨著人類，但腦死的概念並沒有得到太多關注。直到一九五四年，麻省總醫院（Massachusetts General Hospital）的神經科醫生羅伯・施瓦布（Robert S. Schwab）在照護一名因嚴重腦出血而昏迷的病人時，他問自己一個簡單的問題：這位病人「是死是活？」[6]幾年前，這個人會被認定已死亡，由於他無法自主呼吸。然而，在一九五〇年代，即使病人失去意識，新型的人工呼吸器能夠替病人呼吸，以類似風箱的裝置強制空氣進出肺臟。這些維生系統經過大量製造後在醫院使用（而且在新冠肺炎全球大流行時期，比以往更加重要），於是死亡不一定會如慣常方式順其自然地發生。呼吸的終止，不再代表生命的終止，隨著科技進展，甚至昏迷病人似乎也能無限期維持生物學上的存活。但是，失去反射，沒有腦波儀偵測得到的腦波，這個人只能停留在昏迷狀態，毫無反應，對周遭世界來說，無異於「死亡」。

死亡並非發生於某一時刻的事情，而是一種過程，這過程中決定何時停止治療，變成一種出於良心的決定，使得醫學社群以外的許多人覺得有必要表態。[7]一九五七年的一場國際麻醉醫學大會，教宗庇護十二世（Pope Pius XII）在演講中提到，為病人拔除呼吸器的醫生得以免除謀殺罪，他說明當只有尋常方法是必要的情形之下，維生系統變成維持生命的不尋常方法。[8]關掉機器會導致病人死亡，但醫生是被動執行，而非積極參與。然而，教宗不容許從活人體摘取器官，也拒絕區分腦死和身體死亡。遺憾的是，神經科醫生對這種差異也沒有一致看法。使用來自仍有心跳的捐贈者的器官，絕不是必然的局面。

「腦死」始於不可逆的昏迷，這是非常確定的。當病人的腦部遭遇嚴重損傷，例如外傷造成必要組織的毀損，他們會陷入永久性的昏迷。這種情況下的病人通常已經喪失控制肺臟的能力，因此身體其他系統的預後並不好。法國神經學家皮耶・威特海莫（Pierre Wertheimer）和米歇爾・朱維特（Michel Jouvet）把這種狀態描述為「神經系統的死亡」，腦死後大多數病人在五天內死亡，通常是由於心跳停止，因為腦部無法充分傳送訊號給身體。[9]但是，另外兩位法國神經學家皮耶・莫拉雷（Pierre Mollaret）與莫里斯・古隆（Maurice Goulon）不願意使用「神經系統的死亡」來描述邁向死亡過程中的病人，特別是如果這代表可以對待病人如同他們已經過世的話。「我們是否有權利，」他們問道，「假裝自己知道生與死的界線？」[10]一九六七年，南非的外科醫生巴納德認為他有。他大膽且冒險的言行，促使哈佛特設委員會採取行動。

巴納德肆無忌憚、自信滿滿的作風，是國際媒體的寵兒，他準備好面對自己行為的後果。[11]幾年前，巴納德受到德米科夫雙頭狗實驗的刺激，曾抱怨說蘇聯能做得到的事情，他能做得更好。現在，他有機會證明。南非一位名叫丹妮絲・達沃爾（Denise Darvall）的年輕女子出了車禍，被送到開普敦的格羅特舒爾醫院（Groote Schuur Hospital）。她在事故中頭骨發生嚴重骨折，腦部似乎失去電活動，巴納德將冰水灌入她的耳朵測試反射。巴納德確定丹妮絲已經腦死，於是把她的心臟移植到一位四十四歲男子的身上，這是摘取還在跳動的心臟、移轉到另一人身上的第一例。和許多首例一樣，這起手術的成功並非全面的。男子從手術挺過來，但病情依然不樂觀，移植後只活了十八天。儘管如此，報紙仍宣稱這是一場勝利。

回到美國，莫瑞看到新聞，帶著關切以及日益增長的擔憂。莫瑞不知道巴納德決定達沃爾死亡的標準是什麼，如果他錯了怎麼辦？若遭指控為不當致死，將會嚴重危及全世界移植科學的前景。懷特在寫給同事亨利・比徹（Henry Beecher）的信中提到：「我們需要重新定義死亡。」比徹是麻省總醫院當時的麻醉科主任，他完全同意。比徹已經寄出召開會議的信件，想在哈佛醫學院成立特設委員會，討論這項議題。他當時還沒意識到急迫性，然而會議愈快舉行愈好。科技能力剛剛超越區分生死的道德和法律架構。

比徹的委員會最終包括一位律師、一位神經科學家、一位生理學家、一位公共衛生教授、一位歷史學家、一位倫理學家，以及一群像莫瑞這樣的外科醫生。比徹解釋，他們主要關切的當然是「垂死病人」，以及植物人長期昏迷狀態加諸於家庭與超載醫院的負荷。比徹提醒委員會，建立腦死的概念不是為了解決移植科學的問題，而且特設委員會不一定需要支持政策內涵。他們的責任是定義專門用語，僅止於此。莫瑞原則上同意，但也提醒同僚，病人「擠滿波士頓的每一家醫院」殷切等待合適的腎。[12]社會真的承擔得起損失這些可用的器官嗎？巴納德本人或許說得最貼切：「移植一顆心臟，比起把它埋起來讓蟲子吃掉好太多了。」[13]

到了一九六八年八月，經過幾場面對面會議以及多通長途電話討論，委員會仍然對於構成腦死，或者更進一步構成死亡本身的要件，沒有達成共識。他們只同意稍微擴大施瓦布十年前提出的腦死標準——沒有反射、沒有呼吸、等電位腦波圖（一直線），加上「不再有功能也沒有機會恢復功能的任何器官、腦或其他構造，就所有實際目的而言，等同死亡。」[14]腦死病人實質上是死亡了。也就是說，他將會死亡，無法改善，對於任何治療都不會有反應。但是，死亡預測不等於死亡，而且委員會甚至沒有信心使用「死亡」這個字眼來描述剛才定義的事情。他們發表的報告標題把範圍縮小成：〈不可逆昏迷的定義〉。論文將刊登在《美國醫學會期刊》（*Journal of the*

American Medical Association），這是全世界最有影響力的醫學期刊之一。意即這份報告將廣為流傳，然而內容其實沒有什麼新意。莫瑞給惹惱了，把他那份論文的「昏迷」劃掉，寫上「死亡」。毫無疑問，他們在黑暗中徘徊，可是他們的努力沒有帶來多少光明。

施瓦布自己積極爭取一些更實質的結果。「我們必須把死亡定義為心跳停止。」他告訴委員會上的同僚，因為不管他們選擇提出何種定義，除非能被律師、法醫和大眾接受，否則就沒有意義。[15]而對民眾來說，一顆跳動的心臟就代表是活的，無論一百臺記錄個不停的腦波儀顯示出什麼。

另一方面，懷特相信，只要民眾知道正確的資訊，就可以說服他們接受生命在腦中開始和結束。他不在哈佛委員會之列，但是和比徹及莫瑞一樣，認為腦死等同於死亡，因此腦波儀能夠客觀測量出生與死。然而，道德問題還是很重要。對他來說，施瓦布列出一串單位，卻遺漏一個需要說服的重要機構：施瓦布沒有提到教會。宣布一個人死亡，就是宣布他的靈魂飛離了；宣布一個人腦死，但缺乏新定義，就是把他的靈魂牢牢地封在腦的灰質中。為了推動人類頭部移植，懷特需要讓自身天主教信仰的成員相信，不是心跳和呼吸，而是腦，決定了生與死。做為天主教徒，他需要也想要得到天主教會的認可，然而更重要的是，他想要教會向教徒、向全世界說明關於人體及發生於其中的過程的真相。

一九六八年三月初，正當莫瑞和比徹在哈佛聚會，懷特動身到位於華盛頓特區的美國天主教大學（Catholic University of America）。他來接受全國性天主教雜誌《徵兆》（*Sign*）的深度訪談。這次會面的時間發生在法拉奇《展望》文章曝光與懷特首度完成頭部移植之間，也就是在他公開透露移植人類腦部計畫之前。訪談主題依然十分強烈：移植科學合乎倫理道德嗎？在大學的會議室裡，懷特坐在現代主義繪畫之下一張舒適的俱樂部沙發上，面對著名的道德神學家查爾斯．庫蘭（Charles E. Curran）。「神父，」懷特開始虔誠說道，「我發現自己被醫學新進展造成的許多問題困擾，期盼您能給我一些答案。」[16]庫蘭對於懷特表現出來的謙遜態度並不認同。他自己不是醫學倫理專家，反而是懷特肯定對這項議題的了解比他多。庫蘭也不是《徵兆》的成員，雖然這份雜誌特別報導了他們之間的討論。庫蘭是個有點爭議的人物。庫蘭年輕有活力，擁有神采奕奕的迷人臉蛋，帶著頭髮往後梳的造型，他公開反對天主教的節育觀點（他支持節育，但教會不贊成）。結果，他在一年前遭到暫時停職，直到學生和教職員抗議才復職。他日後支持同性結合，導致梵蒂岡宣布他不適宜教導天主教神學；

他被迫離開天主教大學的教職後，最終在德州的南衛理公會大學（Southern Methodist University）找到工作。[17]庫蘭對著懷特微笑並保證說，關於器官移植的迫切問題，自己不太可能有答案。

「那麼，」懷特回以笑容，「不管怎樣，讓我試試。」[18]他從最成功的移植手術開始，也就是在布萊根醫院親眼見到的那一次。在教會眼中，移植腎臟是允許的嗎？庫蘭同意，捐贈腎臟符合天主教的博愛慈善精神。但是，懷特繼續問，假設捐贈者因為摘除腎臟而死亡，這要怎麼看呢？舉例來說，或許因為捐贈者的另一顆腎臟衰竭。這樣的話，有人會因此犯下罪過嗎？沒有，庫蘭保證，沒有人因此有罪。懷特往後靠在椅背上，抽起菸斗。「讓我更進一步，」懷特說，「討論巴納德醫生的手術。」[19]

就在不久前的一月，巴納德醫生執行另一起更具爭議的心臟移植手術，再度登上新聞。這一次，他從名叫克萊夫．哈普特（Clive Haupt）的黑人體內取出心臟，移植到白人病患，也就是牙醫菲利普．布萊柏格（Philip Blaiberg）身上。在實施種族隔離制度的南非，仍然設有隔離設施，種族不平等風氣盛行，這吸引了媒體的關注；媒體想知道，布萊柏格是否介意擁有一顆「有色的心臟」。海外的《烏木》（*Ebony*）雜誌提出更大膽的觀點：哈普特的心臟現在允許進入隔離區，那是他的身體絕對不允許去到的地方。[20]但是，國際上各醫學機構注意到的爭議點，不在於捐贈者的膚色，而是他還在跳動的心臟。

一九六八年，新年的第一天，二十四歲的哈普特在游泳時，腦部發生蜘蛛膜下腔出血。同一天，巴納德的器官移植團隊要求他的醫生雷蒙（比爾）．霍芬伯格（Raymond "Bill" Hoffenberg）宣告這人「死亡」，並確認他的心臟可以使用。但是，如同醫學社群的許多人一樣，霍芬伯格不敢在病人仍有心跳時宣告死亡。他拒絕授權「從依然展現生命徵象的人」身上摘除心臟。[21]然而，巴納德擔心，如果等到哈普特情況惡化到能夠宣告完全死亡後才執行移植，這顆心應該已經失去活力。

多數昏迷病人會在幾天內心臟病發作，哈普特的身體好比一枚定時炸彈。當霍芬伯格在不到二十四小時內，第二度拒絕宣告病人死亡，其中一位外科醫生問道：「天哪，比爾，你要給我們什麼樣的心臟？」（這位外科醫生不是巴納德，但是巴納德也在場。）所有人回家後度過一個難以入眠的夜晚，霍芬伯格或許是最睡不著的那個人。黎明來臨，他一早就到醫院，最後一次檢查病人。[22]他說服自己，給予刺激再也不能使病人產生他前一天看到的反射，因此終於同意讓手術進行。

懷特向庫蘭解釋，哈普特死了，因為他的腦已經死了；心臟本身就只是一塊肌肉。毫無疑問，教會不認為接受心臟移植的人有兩個靈魂，只因為當外科醫生把捐贈者的心臟放入他身體時，那顆心還在跳動。庫蘭苦笑了一下。他不會就這樣被難倒。他說：「我不認為一個人的個體性存在於心臟或腎臟。」但是，在回答巴納德的決定是否正確時，庫蘭遲疑了。他引用教宗庇護十二世在一九五七年的聲明來代替。[23]雖然人類應該總是努力維持生命，但他們只需要使用「尋常方法」，教宗說明，這些方法會「隨著人、地點、時間和文化的情形」而有所不同，但是「不會給自己或他人造成沉重負擔。」[24]換句話說，沒有必要讓如同哈普特狀態的人永無止盡地依賴維生系統。當然，根據相同的廣泛定義，或許器官移植也不是「尋常」或必需的方法。

懷特不得不同意，外科醫生不可以為了維持腦死病人的生命，而做得「太過頭」；隨著維生系統的出現，也冒出死亡權利的問題，而懷特知道自己在這件事情上的立場。[25]但是，只要腦的生命還有一絲火花，他將會且必定用盡任何必要方法去維護。懷特不會向死亡投降，即使那是病人本身乞求的目標。這可不是假設的情境。一名羅馬尼亞的年輕足球員趁春假期間到克里夫蘭探親時，親戚提議來場週日足球賽。這名年輕人讓他們那一隊獲勝之後，爬上慶功的人肉金字塔。豈料晃了一下，他踩錯一步，金字塔倒了。他往前跌下來，頸椎骨折。這名足球明星年輕、帥氣、有著深色眼睛，還有整個人生等著他，但他再也不能移動手或腳，甚至無法自主呼吸。懷特的一位住院醫生在加護病房照顧他，聽到他反覆低吟：「讓我死……」住院醫生問道：「讓他走，不是比較好嗎？」然而懷特不同意。「你不能讓人去死，」他說，「你不能停止醫治，你不能放棄。」[26]

坐在庫蘭對面，懷特揮手驅散繚繞在自己臉旁的煙霧。他說：「醫生想要延續生命，想拯救生命，幫助它成長。」[27]生命是最重要的，但他最關切的問題不是生命何時結束，而是**生命存在何處**？這是他希望天主教會解答的問題。懷特問神父：「假設我們所說的靈魂本質存在於……腦，這樣不合理嗎？」[28]庫蘭無法回答，這個問題有待更高層的人來解決。懷特當然也知道。「神學家還要多久才能趕上我們的腳步？」他問道。[29]這項警告後來成為先見之明。

阻礙外科醫生執行活體移植的原因，並非落後的科技，而是害怕成為第一個。一旦巴納德首開先例，光是一九六八年就有另外一百一十七例心臟移植手術，由分布在十八個國家的團隊執行。[30]其中一例發生於維吉尼亞州，那裡的四位醫生將遭到指控，理由是為取走心臟而殺人。像莫瑞這些移植外科醫生最擔憂的情景，突然間變成國際新聞，報刊構思出掠奪成性的醫生以及「協助自殺小隊」的畫面[31]，殘酷地揭露出，事關生死的問題再也不能只是維持現狀就好。

非法摘取心臟

一九六八年五月二十五日，五十四歲的黑人布魯斯．塔克（Bruce Tucker）在雞蛋包裝廠工作時，從混凝土牆上跌落。[32]他的腦受到嚴重損傷，出現硬腦膜下血腫和腦幹挫傷等狀況，並陷入昏迷。維吉尼亞醫學院的兩位主任醫生，理查．洛爾（Richard Lower）與大衛．休姆（David Hume）判斷：「復原無望，死亡在即。」[33]休姆和洛爾都是器官移植外科醫生。

塔克送達醫院後，腦波圖很快就變成一條平直線；當天下午三點半，洛爾醫生建議關掉呼吸器；三點三十五分，他宣告塔克死亡。不到一個小時後，外科醫生已經割下塔克的兩枚腎臟，並且剖開胸膛；到了那天結束時，塔克的心臟在白人退休主管約瑟夫．克萊特（Joseph Klett）的身體裡跳動著。

休姆與洛爾做了過於倉促的決定，成為問題人物。休姆自己才剛從不當致死案件脫身，由於他取走一位仍有心跳捐贈者的器官；現在，他違反了維吉尼亞州的法律，因為他在塔克到院沒多久，就宣告這個人是「無人認領的死者」，而沒有採取恰當的做法，等待二十四小時，讓家屬得到通知。[34]畢竟，家屬可能不同意讓醫院使用塔克的器官，但是外科醫生不想等待，尤其在確定塔克是克萊特的合適配對者之後。塔克的兄弟威廉（William）提起不當致死訴訟，控告執行移植手術的外科醫生以及維吉尼亞醫學院和其他人，但理由不是外科醫生忽略必要的等待期間，甚或社會經濟和種族偏見在作祟。[35]威廉主張，當他兄弟的器官被取出時還是活著的，也就是說，移植外科醫生殺了布魯斯。[36]隨著布魯斯．塔克正在跳動的心臟被摘除，腦死問題離開揣測的領域，進入美國法庭。

塔克案的種族意涵，讓這件訴訟案在一九六八年的美國具有特殊意義。小馬丁．路德．金恩（Martin Luther King Jr.）在那年四月遭到暗殺，因而不意外的，威廉．塔克選了一位民權律師道格拉斯．懷爾德（Douglas Wilder，即將在隔年成為維吉尼亞州第一位當選參議員的黑人）上法庭和醫生爭辯。塔克案轟動新聞界，《巴爾的摩非裔美國人報》（*Baltimore Afro-American*）認為「醫學研究人員準備把黑人當成白人的備用品」，還有一篇標題為〈偷走他的心，而不是給他心〉的文章登在各大報上，包括《波士頓環球報》、《洛杉磯時報》、《華盛頓郵報》。[37]這起訴訟重啟上個世紀不公義的記憶，那時的醫生無法合法取得醫學標本，所以偶爾會到剛埋好的墳墓行竊。黑人和窮人的遺體成了主要目標，有一些遺體從醫院還來不及到墓地，就出現在解剖檯上。後來透過遺體捐贈計畫和嚴格法律，才讓這種做法走入盡頭，但現在它的鬼魂又飄出來了。甚至塔克的死亡地點，正好是維吉尼亞一間與當地黑人社群關係已經很緊張的醫院，更加令人懷疑種族是決定移除塔克維生系統的考量因素之一。而這個州禁止異族通婚的法律才剛遭到廢除。[38]

大多數人無法接受腦死的概念，奴隸制度和正在進行的民權運動抗爭的陰影籠罩下，這種行為暗示了新型的人體交易，如同螯針引發刺痛。《費城論壇報》（*Philadelphia Tribune*）甚至揣測，雖然「黑人醫療專家迴避使用『種族滅絕』這個字眼，不久前納粹德國的猶太人被用於『醫學實驗』的例子……顯然還存在他們心中。」[39]其他人或許想到蘇聯的古拉格，記錄於粗糙黑白影片的實驗顯示，有一些活人被綁起來，讓實驗人員可以透過頭骨上鑽出的洞戳探他們的腦。

民眾的恐懼不僅僅是新科技會隨時遭到濫用。在克里夫蘭，歷史悠久的黑人報紙《呼聲郵報》（*Call & Post*）對整個移植事業提出質疑。畢竟，接受布魯斯・塔克心臟的克萊特先生在這場「拯救生命」的手術之後不久就去世。第一例腎臟移植手術以來將近十五年間，接受移植的人可以再多活超過一年的，不到百分之二十五。[40]儘管比例愈來愈高，但是似乎要投入大量資源（更別提倫理困境），才能得到些許成功。《呼聲郵報》的社論宣稱，二十世紀的人「有些不自然」。他每天努力解決科學問題，好像不關心種族歧視或民權運動等社會問題。不，外科醫生冒著風險，變成「沒有情緒、無憐憫之心、嚴厲冷酷的空殼，不具任何神明的形象，而是一種空洞的形象。」[41]金恩在一九六八年四月遇刺之後，種族暴動開始蔓延，到了那年夏季遍及全國，克里夫蘭的讀者一定想知道，編輯委員會的論點是否正確。

克里夫蘭的黑人社群幾乎與這座城市一樣古老，到了一九六八年，人數幾乎達該市人口的百分之四十。[42]隨著富人（白人）和窮人（黑人）的差距加大，許多黑人不得不住到東邊的貧民區。一九六八年七月二十三日，該市的格倫維爾（Glenville）區槍聲響起，引發數天動亂，導致國民兵介入。三名員警在衝突中喪生，克里夫蘭的第一位黑人市長路易斯．斯托克斯（Louis Stokes）將所有白人警官從這一區撤出。[43]雖然黑人民族主義領袖弗瑞德．伊凡斯（Fred Evans）最終遭到逮捕，需要為煽動這些事件負責，然而十分明顯的，格倫維爾暴動的根源在於隔離、貧窮和種族主義。[44]令人難受的是，這些問題在克里夫蘭都會綜合醫院很容易見到，這家醫院是城裡最早廢除種族隔離政策的醫院之一。儘管如此，它依然目睹過該市最大群的都市貧民，也就是窮困弱勢群體當中的很大部分。《呼聲郵報》的社論沒有提到都會醫院任何一位外科醫生的名字，儘管懷特的多元種族組員之中，很可能會有幾個人看到這篇文章。他們是否認為裡面的描述適用於懷特，我們不得而知。

動亂爆發的三個月前，懷特接受庫蘭神父的訪談中，這位外科醫生曾經提過一次家園日益高升的緊張情形。「如果我完全誠實按照自己的心意，」他在訪談接近尾聲時承認，「我會把這些科學研究的空話全忘掉，去克里夫蘭的貧民區」免費治療窮苦病人。[45]但是，懷特沒有離開實驗室，儘管他聘僱的技師和外科醫生是都會醫院各部門中最多元化的團隊之一——他的醫療成員包括白人、黑人、西班牙人和亞洲人，雖然這些人的社經背景相近——然而他從來沒有直接參與種族和移植議題。懷特在一九六〇年代是擁有進步觀念的人，但是如同《呼聲郵報》社論的觀察，他不會認為解決種族不平等是醫學的職責。

《呼聲郵報》並非唯一對醫學機構幻想破滅的報章雜誌。曾經宣稱巴納德的心臟移植是奇蹟的媒體，將在一年內改變論調。《生活》雜誌的作者亞伯特·羅森費爾德（Albert Rosenfeld）要求中止心臟移植，而且至少有一位生物學家呼籲取消巴納德的專業資格。[46]《紐約時報》發表一篇社論，語調類似《巴爾的摩非裔美國人報》，指出移植對所有美國人造成的威脅。報紙問道：「有人會再相信醫生將盡一切努力救他，而不是把他當成潛在的備用品超市，用來支援別人？」[47]巴納德的回應方式是在開普敦召開國際會議，他在會中公開駁斥那些他視為阻礙進步的人。「如果有一位病人在你停止呼吸器後，符合做為潛在捐贈者的標準，而且你也能確定這位病人將會死亡，」他強調，「那為什麼要等到心跳停止？」[48]

原因當然是，對許多人來說，心臟不只是泵浦，而且對它有很強的情緒依戀，遠超過科學的預期。[49]這團具有四個腔室的肌肉在黑暗中收縮，但穩定跳動的節奏總是帶來安心感，因而喚起腎臟移植未曾引發的擔憂。科技接下來會達到什麼地步的恐懼浮現。科技的盡頭在哪裡？誰有權利決定？進入一九六八年的三個月後，懷特警告庫蘭神父，如果科學允許在沒有宗教領袖的道德參與之下往前邁進，那麼神學家將會陷入進退兩難的窘境。兩年後，懷特努力實現這個主張，把腦死的論點一路帶到羅馬。

謙卑先生會見教宗

教宗不到別人家中拜訪。取而代之的通常情形是，訪客在梵蒂岡城內一個通往聖伯多祿廣場的特別入口集合，在那裡會遇到宗座瑞士近衛隊，他們身穿和小丑服裝一樣鮮豔的華麗彩色袍服。然後，民眾被領入一間富麗堂皇的接見廳。[50]一排一排長椅坐滿了人，手肘挨著手肘，教宗進來時，爆出如雷掌聲。美國的天主教徒，甚至是最熱情洋溢的禮儀主持人，幾乎難以想像這種激動澎湃的能量；懷特的朋友（克里夫蘭的某位前市長）形容像是克里夫蘭西側市場週六時人聲鼎沸的情景。[51]做為一般覲見民眾，懷特應該會身處手舞足蹈的朝聖者之中，伴隨著音樂和歌聲，瑞士衛隊的全副盛裝與世界各地遊客的裝扮融為一體。

但是，懷特不在一般民眾之列。

多年來，懷特說自己是「謙卑的鮑伯」。他的同事對這個綽號皺眉頭。基本上，這是個笑話：**羅伯．懷特完全沒有一絲謙卑**。懷特同意，起碼在舞臺燈光下是這樣；他樂於受到注意，並期望（也需要）獲得同行的尊敬。猴子頭部移植之後，他在大眾間的知名度暴漲，他很享受這種感覺。他在克里夫蘭街上已經會因為別人迎面致意而得停下腳步，由於他在當地進行救人手術建立了好名聲，後來名聲傳到世界上更遠的角落；法拉奇的文章已經翻譯成義大利文和西班牙文印行，而德國與蘇聯雜誌針對同一樁外科成就刊出比較友善的報導。各項國際研討會想獲得他的青睞，從東京的國際神經外科學大會（International Congress of Neurological Surgery），到瑞典卡羅林斯卡醫學院（Karolinska Institutet）、倫敦、墨西哥市的會議，還有電臺和新聞節目想要引述他關於腦死與生命終結的意見。懷特家甚至很喜歡說這麼一個笑話：如果懷特見到教宗，大家會問「和鮑伯在一起的那個人是誰？」而此刻，他就站在梵蒂岡，他的世界的宗教中心……而且他不是因為有所祈求而受邀過來的。他是來教學。

梵蒂岡城的天氣出奇地晴朗。懷特漫步在宗座科學院壯麗的大理石庭院，在蔚藍晴空下，這裡變成耀眼奪目的一片白色。至少自一九三六年以來，學院透過跨領域合作來研究科學主題，而且獨立於教廷運作，可以自由選擇研究題目，不需特別帶有宗教色彩。以前的院士都是來自科學界，大部分是世俗人，包括卡雷爾在內的多位諾貝爾獎得主，卡雷爾移植狗腿的繁複研究可說是懷特工作的前身。懷特應耶穌會學者之邀，提供兩天的研討課，並且有機會解釋自己的「腦死等於人死」觀點。[52]他們親自請他前來，他們邀請**懷特醫生**，而非莫瑞、比徹或哈佛特設委員會的其他人。他將告訴他們，腦盛載著靈魂。他將告訴他們移植面臨的問題，是媒體危言聳聽引起的，以及天主教團體三緘其口造成的。然而，即便懷特是外科醫生中的咆哮獅子，他仍只是教會信徒中的另一隻羔羊。他只能極力鼓吹，希望耶穌會士同意他的思考方式。

有一位穿著簡單黑色長袍的神父在等懷特上完最後一節課。他走近懷特，親切微笑，但他不是學者或學生。神父問，懷特是否有空和教宗短暫會晤？教宗無法參加研討課，然而很想徵詢腦死的意見，希望懷特可以當面解說。

一睹教宗的丰采，是一些天主教徒的終生期盼。現在，懷特用沒有知覺的雙腳走去親自面見這個人。懷特在日後的採訪中描述當時的雀躍心情，仍興奮得喘不過氣：「我知道的下一件事，就是我和保祿六世坐在一起！」[53]這任何人來說，都是難得的機會；對懷特來說，被帶去與教宗私下會面，更是千載難逢的際遇。保祿六世對於眼前的問題有驚人的理解，甚至幾年前就向科學院說過腦的靈性意涵。當時他問道：「如同實驗結果所展現的，大腦機制和涉及靈魂靈性活動的更高層次過程有緊密關聯，誰看不出來？」[54]然而，這不等於說，腦和靈魂是同一回事。教宗大多時候說義大利語，懷特透過通譯員，盡力闡述自己從當今器官移植競賽以前就抱持的一貫主張：如果一位病人再也不會醒來，就應該認定他死了，即使他的身體還有心跳。[55]機器透過管子把氣息送入身體，讓肺部擴張，使得人類原有的工程結構繼續抽送和收縮，這些只是在生物物質上採取行動。他不再是一個人，而是一件物品。

保祿六世了解情勢正處於重要關頭；決定生命在何時開始和結束，將會帶來深遠的影響。他也同意懷特，對於正接近「門檻，而即將邁入超越科學領域的重大問題」的研究者，天主教會應該提供指引的「光」。[56]但是，他沒有給予懷特最期待的事情，教宗沒有就死亡時刻做出決定，也不會為腦死概念或者從有心跳人體摘取器官的行為降福。教宗把定義死亡的問題還給醫生，讓教會從潛在的爭議中抽身。[57]懷特感謝教宗的鼓勵話語，但是帶著失望的沮喪心情收拾行李回家。在懷特眼中，教宗是基督教世界的領袖，要是教宗明確表示，是的，腦死就是真正的死亡，這將成為移植科學家道德和倫理上的支持。而且教宗保祿六世的政治影響力相當大，他的話會傳送到有天主教區的每一個國家，他還是當前唯一曾在聯合國發表演說（呼籲在冷戰時期維持和平）的教宗。和所有科學家一樣，懷特的研究仰賴經費資助，而公眾意見可以左右經費，無論好壞。反正，證明腦死的重擔回到懷特和他的同行身上。「就像是他把猴子放回醫生的背上，」他這麼抱怨。[58]他的意思相當貼近字面要表達的意義。

懷特從梵蒂岡回來後的一年裡，懷特又進行了四次猴子移植手術。這些動物在牠們新縫合的身體上活了六到三十六小時。通常是手術的併發症（包括血壓下降）終結這些靈長類的生命，雖然最後身體也會產生對頭部的排斥作用。每一顆腦走到盡頭後，懷特會進行解剖、切片，看看是否有任何可能的異常。然而，從外觀看來，這些就是正常的腦，組織仍然很健康，即使遭遇離開身體後的不尋常經歷。[59]懷特甚至調整了技術，留下更多腦幹，也就是控制呼吸的「爬蟲類腦」的部分，意即這隻猴子不需要呼吸器。然而，這就是他能做到的最大程度。最後一次成功的猴子移植維持了九天，這隻猴子可以自行呼吸，吃餵食的壓碎葡萄和碎冰塊，然後死於免疫排斥。[60]免疫抑制劑可以協助手術後的猴子存活得更久，但是進行嘗試也沒有太大用處，這種手術的臨床應用似乎遲遲無法實現。也就是說，除非懷特有把握他能在手術室對人體做一樣的事情。

第一次頭部移植成功的興奮之情並未消退，而是逐漸化為使命。懷特沒能說服教宗支持這項使命，至少目前還沒，不過要推動如此重大的突破，需要大眾的支持。資助靈長類的腦研究是一回事；撥款資助一項手術的臨床應用，而這項手術挑戰我們對於生死、心靈和身體的固有觀念，卻是另一回事。他必須毫無疑問地證明，他在猴子身上進行的研究，實際上可以應用於延長人類的壽命。懷特利用靈長類動物證明了，腦部能夠從深度腦低溫與長時間局部缺血（血液供應受限）的情形中存活下來，這種方法已經在臨床腦部手術中做過試驗。[61]他證明，低溫灌流可以在循環系統停止時維持猴腦的功能，因而在嚴重心臟病發作時避免腦部損傷，這很快就成為標準程序。[62]他只需同樣去證實頭部移植的效果。

懷特不久後將再次前往義大利參加國際器官移植研討會。他同時也留意東京的研討會，然而他收到的下一回邀請卻與國際讚譽無關。這是一封看似無害的信函，來自一位叫做凱瑟琳．羅勃茲（Catherine Roberts）的女士，她原本是遺傳學家，後來變成動物權利行動人士，這封信將把懷特帶回倫理……和種族的問題中。他大可忽略這項邀請，但這是一次機會，讓他以更直接的方式把自己的工作展現給大眾。羅勃茲想要和懷特在《美國學人》（*The American Scholar*）上辯論，這是一份為廣大讀者提供藝術、科學、政治和公共事務觀點的刊物。這是他第一次有機會，直接回覆針對他在倫理方面的批評，他不會有機會這樣回覆法拉奇。法拉奇的文章，讓懷特得到像是羅勃茲這樣的行動分子的注意，卻不容他反駁。他在這裡的表現將是一場小小測試，看看動物權利行動主義的力量有多大，以及懷特說服大眾的能力會遇到什麼樣的挑戰，尤其是他們已經對於科學實驗的極限（以及狂妄自大）感到不安了。

屠夫醫生進入論戰

羅勃茲博士是遺傳學家和微生物學家（而且是土生土長的加州人），才剛出版了《科學的良知》（*The Scientific Conscience*）一書。這本由文章集結而成的書，有一個共通的主題：批評現代科學的去人性化。其中兩章涉及她認為不正當的動物實驗；她想要就這個議題和懷特辯論。她把選擇懷特的幾個理由，清楚寫在自己的開場白。（他們在《美國學人》的「論戰」包含一系列往返的信件，散見於這份雜誌的好幾期。）首先，她聲稱懷特不相信人腦可以移植，但他無論如何都要執行無意義的可怕實驗，「堅信自己的研究代表必然會發生的生物學成就。」[63]然而，羅勃茲選擇懷特的原因還有，某種程度上，她認為他是偽君子。不管懷特宣稱自己的信仰或道德準則為何，羅勃茲相信他在執業時，缺乏「靈性上的開明良知。」[64]他的工作不道德，他不能辨別善惡，「無論他的抉擇的最後依據是什麼，」她的結論是，「都不可能是基督教精神。」[65]

這是羅勃茲寫給懷特的內容，但他不久前才從羅馬回國，而且見過教宗本人。然而，羅勃茲才剛起頭而已。畢竟，她不僅僅是記者，接受過科學訓練，而且從道德和演化的角度反對動物實驗。她解釋，首先，人類的演化相對賦予我們更加理解何謂道德上的正確；其次，科技的快速演化，意謂必須愈來愈快做出道德選擇。「我們將要變成冷酷無情的機器人了嗎？」她問道，呼應克里夫蘭《呼聲郵報》邁向未來主義的矛盾心情。目前大多沒有宗教信仰的人類面臨道德抉擇時，卻對科學和科學家有錯誤的期待，希望得到權威依據和答案。結果造成「一個道德混亂的世界，正在變成幾乎難以在其中生存和死亡的地方。」[66]

羅勃茲主張，科學家在這個美麗新世界掌握「愈來愈大的生死之權」，而且他們的研究得到愈來愈多關注，同時研究提供他們經費，進而提供薪水。[67]這可說是一種利益衝突。為了佐證，她轉向移植外科，以及正在進行的病人權利之爭。她聲稱，醫生正在「掠奪」器官，加速某些病人的死亡，為了拯救他們認為更值得活下來的其他人。[68]羅勃茲自認為是反活體解剖者，也就是當時所稱的動物權利行動分子，因為他們反對活體解剖，反對為了科學把動物開腸剖肚。她還認為，在反對道德淪喪的生物醫學界的抗爭中，反活體解剖運動是帶頭者。羅勃茲聲稱，動物權利行動分子的願望是搶救實驗室的動物，他們普遍具有道德感，而成為最偉大的倡議者。她的論點把支持比人類「低等」的動物有平等權利，連結到（即使不是「等同於」）支持少數群體，並自然延伸到支持所有眾生的權利，不論是人類或非人類的生命。[69]

這裡可以延伸回到歷史上的先例。哲學家傑瑞米・邊沁（Jeremy Bentham）早在一七八九年（討論奴隸農場的議題時）曾經寫下：「黑色皮膚不是一個人應該被遺棄，而且不向施虐者求償的理由。」他繼續沉思說，動物被賦予和人類同樣權利的那麼一天可能會到來，並非基於牠們是否會說話或思考，而是基於牠們是否會**受苦**。[70]邊沁的話在一九七〇年代被反活體解剖運動的成員拿來重複使用，特別是哲學家彼得・辛格（Peter Singer），他把黑人解放運動和他所認為把公民權利延伸到動物的迫切需求做比較。「種族歧視者違反平等原則，」他主張，「做實驗的人也一樣。」[71]他把這種反動物的偏見稱作**物種歧視**（speciesism）。

羅勃茲沒有精確使用辛格的詞彙，但是，她的確覺得懷特對待脆弱「無辜生命」的方式令人不齒。她不但不贊同懷特的做法，還強調他在動物身上進行的研究危害到人類的人性。「懷特在實驗室保存了大量殘缺動物的殘餘組織，這些使這個世界變成更糟的地方，不適合所有人居住。」[72]

按照約定，羅勃茲的文章在發表前會先寄給懷特看，這樣懷特才能寫下回覆。他或許把這件事留待晚上處理，在書房播放古典音樂當成背景，此時妻子和孩子們早已入睡。克里夫蘭的春天不情不願地讓位給初夏，門旁的空地乾燥到可以再度充當棒球場，再過一個月，他將帶著孩子去湖畔的例行度假地點。鮑比十五歲了，不久後就可以開車，克里斯也快追上來了，露絲寶寶現在可以走一小段路，快要脫離尿布。懷特坐下來工作，可能預期羅勃茲對他工作的攻擊方式就像法拉奇，以動人文筆寫出猴子擁有孩子般的手以及無辜的靈魂。他沒有想到對方會攻擊他的信仰，也沒有預料到動物權利行動分子會把種族主義和摘取器官連在一起。但是，懷特不會被比下去，就算在出版品上也一樣；他的答覆故意要讓人大吃一驚。

書房裡書架上和堆在地板上圍繞著他的，都是一堆堆熟悉的書。不只是科學書籍，還有科幻小說，以及經典文學。他從希臘神話中重拾幾本自己喜歡的書，決定把他的回覆文章標題叫做〈反活體解剖：頑強的九頭蛇〉。九頭蛇有很多顆頭，身體像蛇一般，住在阿各斯城（Argos）附近的勒拿湖（Lake Lerna）。九頭蛇長得已經夠恐怖的了，牠還有再生能力這項祕密武器；如果你砍掉牠的一顆頭，原來的位置會長出兩顆以上的頭。懷特宣稱，反活體組織正是這樣的怪物：科學已經一再證明，「減輕人類的痛苦，是犧牲低等動物的正當理由，」然而每一回針對動物實驗的攻擊在某一局被阻擋下來之後，它的邪惡又會加倍，從別處冒出來。[73]

對懷特來說，那些想要終止所有動物試驗的人，無異於害怕疫苗的人，他們基於悲情、扭曲的證據，為新的流行病打開大門。他們也以同樣的方式繁衍同類，從無知的人下手，創造出黨羽，這些人將支持並擴張他們的志業。懷特繼續說，我們處於危險之中，我們正在流失疾病預防和手術創新方面得來不易的進展。遊說團體嘗試影響選民，企圖讓國會限制科學家從事研究的自由。「悲慘的是，大眾並不知情，」懷特寫道，「醫學科學的進步持續受到反活體解剖運動的威脅。」[74]由於聯邦的研究補助提供了重大醫學進展的資金，限制動物研究的法律將會影響「全體公民」的健康和福祉。[75]懷特語出驚人，坦白寫道，他自己的「專屬權益」是繼續使用動物做實驗。他聲稱，這是羅勃茲唯一能與他爭論的理由，因此他不會聽取或回應其他攻擊。

選擇猴子的命，還是人類小孩的命？懷特把抉擇放在讀者面前，加上令人難過的細節。「就在昨天，」他寫道，「我幫一個小小孩切除一顆位於小腦和腦幹上的腫瘤。」[76]這顆惡性腫瘤一直增長，貪婪地攻城掠地，使腦內的壓力升高。這個嬰兒有劇烈頭痛，痛到像要刺穿眼睛一般，而且不停嘔吐。很快地，他就不能走路、不能使用雙手，眼睛也看不見。他只知道疼痛和不舒服，不明白為什麼會發生這種情形，而無助的父母只能在一旁看著，沒有方法讓他覺得舒服。若沒有醫療介入，這個孩子肯定會痛苦地死去，然而懷特取出他的腫瘤，完全沒有傷害到腦。「這種手術在幾十年前是不可能完成的，」懷特寫道——現在卻成為一種例行手術，全因為他最初在動物身上進行的實驗。[77]他問道，反活體解剖者喜歡哪一種情況？讓孩子死去？在人類身上進行實驗？由於（這裡他引述二十世紀初著名腦外科醫生庫欣的話）「那些反對使用動物的人……使得我們只能選擇以人類同胞當實驗對象……進行最初期的粗糙手法。」[78]

自從法拉奇那一篇「莉比」文章在一九六八年刊出以來，積極的行動分子一直在騷擾懷特，有時候透過發表報紙專欄文章，偶爾會寄信到醫院表達憤怒。懷特抱怨，更激進的組織替他安上各種稱號，例如糟糕的名人、怪物科學家、萬惡的罪犯。[79]他申訴之後說，如果他們想要控告他，那麼他就進入「傑出人士的行列」，這些人包括帶領我們進入微生物病原說時代的路易・巴斯德（Louis Pasteur）博士與約瑟夫・李斯特（Joseph Lister）醫生、最早切除腦部腫瘤的維克多・霍斯利（Victor Horsley）爵士、治療休克的先驅阿爾弗雷德・布萊洛克（Alfred Blalock），他們也都在動物身上進行實驗。他寫道，事實上，如果我們要廢除使用動物，那麼反活體解剖者必須願意生活在沒有開心手術、麻醉藥、胰島素、疫苗，以及幾乎所有已出現的重大醫療突破的情形下。這些也都是建立於動物模式之上。猴腦實驗讓懷特「解開腦功能的許多微妙謎團」，因而幫助建立神經疾病的療法。[80]但是，就像麥克・克萊頓（Michael Crichton）當時的暢銷小說《仙女座菌株》(*The Andromeda Strain*)中的科學家，正當他們在實驗室的隔離環境裡努力想要拯救生命，保護區外的民眾卻用愈來愈醜陋的眼光看待他們。動物權利行動分子已經成功操縱無知民眾，讓他們在沒有敵人存在的地方看到敵人。如果「相關的生物專業領域」不團結起來阻止這種破壞，懷特在第一篇文章的結論說，那麼整個國家都會受害。[81]

兩個人的辯論持續你來我往兩回合，一如往常，懷特下了定論。「我仔細思考後意識到，」他在前往蘇聯參加國際移植研討會的途中，寫下最後一篇文章時提到，「這一切只是一種「放大〔羅勃茲〕個人虔誠觀點」的花招，他指的是反活體解剖運動。羅勃茲無法區別不同的生命，把「植物的生命、動物的生命……人類生命」混為一談，沒有人道精神的人是羅勃茲，而不是懷特。[82]

對懷特來說，生命——人類的生命——超越一切，甚至超越痛苦。他也有證據，證實這種觀點有道德上的正確性。懷特在兩年前治療的那位受傷足球員最近回來都會醫院，而曾經認為病人死了比較好的那位年輕住院醫生也回到醫院。這位年輕醫生到外面接受幾年輪訓，當他看到足球員的名字時，震驚地說：「他這段時間一直在這裡嗎？」懷特只是笑笑，帶領他到一個診間，有一位迷人的年輕女子在等候；懷特說明，這是病人的妻子。那位目前四肢癱瘓的人只是來看腎結石，這幾年裡，他戀愛並結婚了。他和妻子一起住在羅馬尼亞，他們計畫要生小孩。住院醫生開心地瞪大眼睛，驚訝不已。懷特不只教導醫學，還打算讓他的醫生和護理師學到教訓，不能獨立於人類的獨特心靈，以及人類的神聖生命之外。[83] 羅勃茲或反活體解剖運動的任何人，怎膽敢宣稱自己的道德高度勝過他呢？

結果，《美國學人》的對話沒有像法拉奇的《展望》文章那樣有很高的觸達率，也沒有那麼國際化，估計幾乎不會改變雙方的想法。懷特可能只是把這場辯論當作小插曲，無須掛懷，然後就拋在腦後。他當然也把羅勃茲拋開了。懷特還有其他事情要注意，包括布魯斯．塔克的家人控告維吉尼亞州外科醫生的訴訟，這場訴訟很快得到判決。他那時還不知道，他與動物權利的衝突才剛要開始。

一九七二年五月十八日，維吉尼亞州，里奇蒙（Richmond）：陪審員和原告魚貫進入該市的普通法和衡平法法庭。取走塔克心臟的醫生等了四年，案子終於開庭審理，現在全國的外科醫生正在密切注意。

這場求償十萬美元的訴訟，將聚焦在宗教或科學尚未回答的關鍵問題：死亡發生於何時？塔克家族的律師懷爾德在開場陳述中控訴，這些外科醫生在布魯斯．塔克一入院時，就為克萊特做術前準備，然後才宣告塔克死亡。「如果他們再多等二十四小時，」懷爾德宣稱，「或許他會逐漸好轉。」[84]雖然這種情況不太可能發生（塔克受的傷非常嚴重，很可能造成永久昏迷），沒有人可以證明不是這樣，而且由於外科醫生的行動，我們永遠無法得知。陪審團嚇到了，報紙報導說，被告的前景堪憂。然而，第四天之後，休姆和洛爾的辯護律師團傳喚他們最重要的醫學證人：哈佛特設委員會的成員。審判開始之前，裘德．康普敦（Jude Compton）法官對於「腦死」有很深的疑慮，因而告訴媒體，他會建議陪審員「採用法律上的死亡概念」，而不是外科醫生強加給他的「醫學」概念。[85]不過，情形即將改觀。

這件案子歷經七天的時間聽取證詞，然後轉折起於法官五月二十五日上午給陪審團的最後指示。他解釋，根據法律，死亡必須「發生於確切的時間」。為了決定出那個確切的時間，陪審團的男士和女士允許「考慮……腦部的所有功能完全且不可逆的喪失」——有時候，他們只能參考哈佛特設委員會的專業意見來理解，但也會超出委員會的報告。[86]委員的證詞只說明永久昏迷的定義，以及這種狀態造成死亡的可能性。陪審團將利用這些醫學專業知識，從法律的角度提供確切的死亡時刻。康普敦承認，這幾天他受到「外科醫生的共識」影響而有所搖擺。隔天上午，遍及全美國的新聞標題宣布洛爾和休姆勝訴。「維吉尼亞陪審團裁定，腦死即是死亡。」[87]他們一致同意，死亡發生於腦部神經功能停止（由平直腦波圖以及其他標準來證明）的時候，他們免除這些醫生摘除塔克仍有功能的器官而致死的指控。

審判之後，休姆醫生自信地說，法庭的判決「更新了法律，使其與醫學一直以來所知的事情一致——唯一的死亡就是腦死。」[88]但是，醫學「一直以來」所知的，其實很少。再怎麼謹慎地用字遣詞，到底不能掩蓋這個惱人的事實：將近五十年過去了，至今死亡仍然沒有醫學上的定義，只有法律上的定義。問題再也不是「一旦偵測不到你的腦波，你真的在醫學上死了嗎？」根據法律，你已經死了。

關於教宗迴避清楚決定生命何時結束的責任，無論懷特可能會有什麼感覺，他自己對庫蘭神父說的話成了先見之明。到頭來，這項決定主要取決於醫學界。審判結束的兩週後，《紐約時報》有一篇文章讚揚比徹、莫瑞等一行人，為醫學帶來一場革命。「腦死獲得法律的接受，」記者解釋道，「鞏固了移植團隊的地位，」並且使得撤除一個人的維生系統更加容易，省下「堅持為已經無法挽回的生命奮鬥，而造成的費用與痛苦。」[89]比徹在四年前就提醒特設委員會的同事，首先要考慮定義垂死病人的腦死，然而外科醫生最終確實得到他們想要的定義。如果腦死的人體能夠當成死亡的人體來處理——摘除器官，停止醫療——那麼根據美國法律，生命存在於腦部。正如懷特一向堅持的想法。

一九七二年七月六日，晴朗的星期四午後。國際移植學會在義大利的菲烏吉（Fiuggi）召開第五屆年會。與會者有幾位美國人，包括休士頓的心臟移植先驅麥可・狄貝基（Michael DeBakey）與帕羅奧圖（Palo Alto）的尤金・董（Eugene Dong）……以及一位魅力十足的腦外科醫生，他來自俄亥俄州的克里夫蘭。這些會議上，看不到很多神經科學家。一年前，懷特參加蘇聯的第一屆神經外科醫生研討會，同意接受談論「移植問題」的採訪。當他被問及接下來十年的目標，他描述「令人興奮的腦模型化研究領域」，利用他的分離手術做為方法，控制血流，使腦冷卻，延長腦外科醫生進行精細手術可運用的時間。[90]現在，一年過去了，並且是腦死首度獲得法律裁定的幾個月後，懷特站在同儕面前，傳達不一樣的訊息。他宣布：「直到昨天，移植腦部還是最後的疆域，而今天已經被攻下了。」[91]雖然不是所有問題都已獲得解決，今天，我們必須且想要考慮頭部移植。[92]

懷特會前往日本;他將在德國幾乎變成名人。新聞標題令人眼花繚亂,就像現代的誘餌式標題:〈猴子接受腦部移植後,活了三十六小時〉、〈克里夫蘭外科醫生述說八個頭部移植的故事〉、〈猴子幫助醫生出人「頭」地〉。*懷特接受離家近一點的《亞克朗燈塔報》(*Akron Beacon Journal*)採訪,回歸自己喜歡的比喻說,人腦是最後的疆域。「我喜歡把腦想成內太空,」他解釋道,「就像外太空一樣複雜,也一樣難以探索。」[93]我們支持並稱讚外太空的太空人,但是對於打擾大腦的人——他有點比喻過當了。「自從我們脫離心臟是(自我的)中心這種觀點,」懷特繼續說,我們曾經害怕而不願動刀、分離或移植的對象,從心臟轉移到頭部。批評者說頭部移植是「法蘭肯斯坦式的作為」。他們把懷特醫生稱為新的現代普羅米修斯。[94]**隨他們去**。懷特比其他人更容易擺脫這個稱號,因為批評者不像他那麼了解法蘭肯斯坦。

「的確,醫學科學現在相信,死亡的定義與腦功能分不開,因此一旦腦死掉了,那麼病人,亦即這個人也就死了。」一九七二年,懷特透過俄亥俄地方電視臺首次出現在顆粒感的畫面上時這麼說。[95]「在腦部移植方面,文學走在我們前頭。(因為頭部移植)從某種意義上來說已經解決了。」解決問題的不是醫學,而是瑪麗·雪萊,是法蘭肯斯坦。[96]懷特想要延長生命,讓病人過得更好、更長壽。他認為法蘭肯斯坦也有同樣的追求，雖然被創造怪物的欲望所扭曲，超越保全天神自己的生命。被稱為現代的普羅米修斯，被認為和天神同一層級，為人類注入新生命，為黑暗注入光明，帶頭走向通往未來的路，那是可能性會超越願望的未來——這不是貶抑。「我們探索無人地帶。」懷特以陷入初戀般的開朗雀躍口吻說。「腦的地圖和路線，不像太空人拿到的那麼清晰，也更加隱晦。」[97]一路以來，打破界線並非意外；這是一大片事業。這就是道路，他在一九七二年義大利研討會上宣布：「我們將繼續往前。」[98]

＊ 作者注：分別出自《亞利桑那共和報》（*Arizona Republic*）、《印第安納波利斯星報》（*Indianapolis Star*）及《華盛頓郵報》。

CHAPTER 7 人類這種動物 The Human Animal

「羅伯，上鏡頭看起來會多十磅。」

懷特將會出現在克里夫蘭的深夜節目《大恰克和小約翰秀》（*Big Chuck and Lil' John Show*）幾次，為一齣攻擊匹茲堡鋼人隊粉絲的短劇增添一些地方色彩（匹茲堡鋼人隊是克里夫蘭布朗隊的頭號敵手）。「這會不會有損我的形象？」他問派翠莎，派翠莎揚起一側眉毛。「不要老古板了。」她告訴懷特。[1]這不是說，懷特真的對於引起流行文化的注意，抱持保留態度；他相信，傑出的外科醫生參與公共事務，是一種榮譽和責任，而他的科學家同事並不擅長這件事。懷特的體格寬廣結實，因此下盤粗壯，整個人看起來更有分量。他現在五十多歲，頭已經全禿，有圓圓的臉、圓圓的身材，他覺得這種身材上舞臺或螢幕不討喜。懷特決定必須做一些事，開始不吃早餐。接著也跳過午餐。最後，這位外科醫生的減重計畫是，晚餐喝咖啡、健怡可樂，吃一盆沙拉。毫無疑問，這項健康計畫很糟糕，但是懷特發現自己愈來愈常出現在大眾的視線之中，而且這一點不太可能改變。

腦死之爭證明了，即使是從事研究的科學家，忽視公眾意見也會招來危險。質疑科學對塔克心臟有何權利的那一場訴訟在法庭曲折不斷，同時美國在心臟移植醫學的進展陷入停滯。當十二名維吉尼亞陪審員確認外科醫生有權從腦死病人身上摘取器官之後，移植案例的數量立即迅速上升。專家可以繼續討論死亡的正確定義，但對於大多數人來說，審判過後幾週的《紐約時報》標題傳達出更簡單的事實：腦死等於真正死亡。像是國家衛生研究院這些使用納稅人的錢的機構，很快就投入經費資助實驗，但是想拿到這些經費的競爭也變得激烈許多。支撐科學的體系很依賴輿論，程度超過多數人願意承認的。既然大眾已經接受移植心臟帶來的好處，何不考慮腦呢？

懷特十分篤定，時機已經來到，《時人》雜誌說他的工作「具有革命意義」，稱許他的猴腦分離與移植，認為可列入四分之一世紀以來的重大發現。[2]然而，他了解，一般民眾中仍有些人執意認為這些是不道德、病態的錯誤研究。所以懷特開始一趟類似世界巡迴演出的行程，只要可以的話，他想教育大眾關於所謂的「人工人的對與錯」。[3]（參加講課的人會明白，事實上並沒有錯——反正在懷特的腦海中是沒有錯的。唯一的錯誤，是不給外科醫生機會進行實驗。）他花了數年的時間去參加國內外的會議，嘗試說服同行相信，他的科學不是「邊緣」科學。但是當懷特轉向公眾時，選擇不同的方針。懷特不去爭論說自己的研究不是法蘭肯斯坦式的作風，而是替法蘭肯斯坦辯護成先驅，他盡可能在《讀者文摘》和《時人》等大眾雜誌發表文章。他甚至出現在萬聖節的慈善晚會上，身穿維多利亞式大衣，提著上面寫有「法蘭肯斯坦醫生」字樣的醫生包。懷特很清楚怎樣出風頭，不論是好的那種，或是壞的那種。

懷特的幾個孩子現在離家去念大學，他每週日會用尺畫一個新的家事分工表給還在家的孩子，有點算是他離家幾週期間的遠距離教養方式。他會定時打電話回沙克高地，有時候也會寫信；「親愛的佩蒂，」他從巴黎寫道，「可以安心好好寫一封信給妳了！」結尾有一個愛心在驚嘆號下方。[4]他承諾下次到蘇聯會帶她一起去，也問到她在大學上完課之後，是怎麼撐到半夜等那些小孩終於昏睡過去，才能寫學期報告的。

但是，當懷特竭力在國際上說服大眾相信，移植腦部不會比移植腎臟或心臟還不道德時，他開始意識到自己加入了一場錯誤的辯論。他的聽眾另外有更關切的問題，並非圍繞著靈魂的道德問題，而是牽涉到以動物進行基礎生物研究的道德問題。一九八〇年，動物權利圈子（包含不同想法派別）的一些成員聯合起來，成立善待動物組織（PETA），他們可以透過這個組織遊說立法，限制研究機構從動物收容所購買動物，允許人類代表動物提起訴訟，以及推行新法規促進動物應該過更好生活的權利。透過組織創辦人，尤其是英格麗・紐柯克（Ingrid Newkirk）的努力，PETA得到大眾的注意，甚至在MTV音樂頻道舉辦自己的電視搖滾音樂會。到了一九八〇年代末期，由於懷特擅長與大眾爭論，使得他成為PETA的對手之一，而且原本已經籌措不易的經費，也變成跟懷特是否能迎合美國大眾最近對動物權利的熱情綁在一起。為了繼續自己的猴子研究，為了琢磨他希望有一天用於人類腦部移植的技巧，他將必須在輿論的法庭上面對PETA。

十七隻猴子

一九八一年九月十一日，警方包圍馬里蘭州蒙哥馬利郡的一間實驗室，地點就在華盛頓特區外圍。行為研究所（Institute for Behavioral Research）位於銀泉市（Silver Spring）一棟不起眼的兩層樓建築裡。執法人員接到命令後，在長週末假期進入幾乎空無一人的建築物，迎面而來的只有屎尿臭味。[5]他們到了所謂的「養殖室」，氣味變得令人難以忍受。十七隻來自菲律賓的獼猴，從又小又髒的籠子往外望。有幾隻猴子斷了手指或腳趾。有一些猴子的手臂和腿上有還沒癒合的潰瘍。[6]「戴上手套，」巡官理查・史溫（Richard Swain）下令。這太不衛生了，只能這樣做。「我執行過無數次的搜查。我曾在謀殺、毒品、犯罪現場執行勤務，但這是第一次我進到一個房間，當場覺得必須注意個人健康。」他後來告訴《華盛頓郵報》的記者。[7]這是馬里蘭州第一次有警方突襲研究機構——事實上是全美國首次——而且是一個叫做亞歷克斯・帕契哥（Alex Pacheco）的男子促成的，他是ＰＥＴＡ的共同創辦人。

「我最早在一九七八年發現動物權利這回事，」帕契哥後來在他一篇關於「銀泉十七猴」的文章中說明。[8]他是俄亥俄州人，原本計畫成為天主教神父，但是在一次造訪友人夏天工作的屠宰場之後，徹底改變人生道路。他認為這些牲畜遭遇慘無人道的待遇，這件事令他震驚，而在辛格的作品中找到慰藉。

辛格是生物倫理學教授，也是動物權利運動的重要成員，才在三年前完成代表作《動物解放》（*Animal Liberation*）。到了一九七六年，辛格和哲學家湯姆・雷根（Tom Regan）合出了《動物權利與人類義務》（*Animal Rights and Human Obligations*）一書，把他的理念更往前推進。雖然辛格偶爾會對實驗提出警告（暗示或許有些實驗是必需的），但是他和雷根認為，把動物用於科學的「最好」方式，就是「不要用牠們。」[9]這本書出版之後，《紐約時報》的書評點出每年用於實驗的動物有八千萬隻——這個數目包括四千五百萬隻大鼠和小鼠、七十萬隻兔子、五十萬隻狗，以及二十萬隻貓。[10]文章宣稱，這些動物大多對於生物醫學研究「毫無」貢獻（評論者的看法是，牠們在那些實驗中並沒有帶來任何基本好處）。而重點不在於這些動物死亡帶來的後果，牠們的犧牲本身就是一種罪行。雷根強調：「死亡是最大的傷害，因為那是最大的損失。」動物不應該被視為消耗品。[11]如同人類這種動物，那些動物也有感覺，牠們應該享有平等的權利。年輕的帕契哥欣然同意。他成為滿腔熱血的信徒，兩年後的一九八〇年，他與經驗豐富的行動分子紐柯克聯手，那時他在喬治華盛頓大學主修政治科學和環境學。

紐柯克出生於英格蘭，幼時移居印度，跟隨母親志願協助德蕾莎修女（Mother Teresa）照顧痲瘋病患。她還在海外時開始對動物保護產生興趣，搬到美國後，紐柯克花了十一年的時間為動物權利忙碌，成為華盛頓特區第一位擔任動物收容所飼養員的女性。紐柯克擅長透過推動立法來支持和管理為動物結紮的診所，並提供公共資金給獸醫界，她密切注意國際組織的行動，例如英國的動物解放陣線（Animal Liberation

Front，簡稱ALF）。她也看過辛格的著作，並且從動物福利工作的經驗，確信美國需要自己的動物解放草根組織。帕契哥很快就會找到紐柯克，而他的熱情和活力對於她的理想無比重要。[12]然而，他們首先需要建立名聲，因此需要選一個名字、一個目標，以及一個開始的地方。紐柯克與帕契哥確定名稱叫做善待動物組織之後，決定第一個目標是用於醫學實驗的動物，這是興起於二十世紀初的反活體解剖運動的主幹。*帕契哥做了一些背景研究，知道銀泉市的行為研究所；下一步是設法親自勘查這個研究所的日常業務。他申請一個空缺的職位，幾天後被派去擔任愛德華．陶布（Edward Taub）博士的學生志工，陶布的職責是在手術變成殘障的靈長類身上進行實驗，監測殘肢的復原情形。[13]

陶布一直在進行傳入神經阻滯（deafferentation）的試驗，其中涉及切斷脊神經的「背根」，而來自四肢的感覺就是從背根輸入中樞神經系統的。[14]這實際上使得猴子無法感覺到四肢，但並不會讓牠的四肢癱瘓而無法移動。然後他會以各種方式刺激猴子，包括用食物誘惑到電擊，設法讓牠移動那隻傳入神經受阻的肢體。這項研究固然令

* 作者注：這場稱為「棕狗事件」（Brown Dog Affair）的爭議，以人類最好的朋友為中心，利用民眾對於實驗狗悲慘死亡的同情心，催生出英國的反活體解剖運動。

人毛骨悚然，卻從本質上推翻了一個神經科學上的錯誤假設（這個假設也是透過切斷猴子的神經，而在一八九〇年代提出的），它主張缺乏感覺導致肢體麻痺。到了一九八二年，陶布的研究第九年獲得經費補助，前七年是由國家心理衛生研究所（National Institute of Mental Health）提供，接下來由國家衛生研究院補助。[15]陶布的論點是一種「習得廢用」（learned non-use），也就是猴子不使用麻痺的肢體，唯一的理由是因為牠們沒有「學到」（或重新學到）這麼做。他抱持的希望是，人類最終也可能學到如何重新使用傳入神經受阻的身體部位，而出資機構表示贊同。國家衛生研究院希望這項研究能夠為中風患者建立復健計畫。[16]一切都按陶布規畫的方向進行，他僱用帕契哥後，回到家還向妻子炫耀：「我有一個超級好的學生。他接受這個沒有報酬的職位，純粹是出於興趣！」[17]陶布沒有真正了解這興趣有多大，或者原因是什麼。

帕契哥第一天離開實驗室後，內心強烈的不安。他看到猴子綁在從舊冰箱改造而成的箱型裝置裡，被迫做出動作，有時還遭受電擊刺激，這讓他難受不已。他認為任何動物都不應該受到這樣的待遇，他也不認為結果（幫助中風患者）可以合理化這些手段。但是，公開他個人對這些實驗的抨擊，對陶布的實驗室毫無影響。畢竟，動物實驗是合法的，而且獲得政府補助。帕契哥把焦點轉向動物所處的條件。他在文章中寫道：「我看到籠子的鐵絲累積汙垢，籠底的糞便堆積如山，到處是尿漬和鐵鏽。」這篇文章很適合收入辛格的新書裡發表。「在一片腐爛惡臭中，坐著十六隻食蟹猴（菲律賓獼猴）和一隻恆河猴，牠們的生活局限在只有四十五公分寬的金屬籠子裡。」[18]這些猴子變得神經過敏，在籠子裡不停地轉圈圈，咬掉自己失去感覺的手指，還把四肢啃出洞來。帕契哥把偷偷拍下的「急性有害刺激試驗」照片拿給紐柯克看，照片中猴子被困在固定椅上，而且有個刺激物（手術鉗）夾在睪丸上。有一隻叫做圖密善（Domitian）的猴子可以當作「範例」。PETA現在有一張臉和一個名字能夠給媒體。不過，他們還是得小心行事。證據不只要能感動大眾，也必須在法庭上站得住腳。

幸運的是，對帕契哥和紐柯克來說，陶布讓事情變得太簡單。這位科學家八月要出差，因此把實驗室鑰匙交給了帕契哥。帕契哥得到完全的信任，而且沒有眼線監視，他邀請五位有靈長類動物研究經驗的科學家來目擊實驗室的環境，一次一位。那是實驗室情況最糟的時候。陶布只有一位固定的動物技師，名叫約翰・昆茲（John Kunz），手術的清理工作則依賴學生助理進行。由於博士不在，學生沒有定期進來。[19]帕契哥的客人被惡劣條件和噁心臭味給嚇壞了。他們簽署五份書面證詞，宣稱這些籠子結垢且骯髒，氣味惡臭難當；有四個人還注意到，這些猴子持續生活在刺眼的燈光下，沒有黑暗時段讓牠們休息，因為定時器壞了。所有情節都舉證動物遭受不必要的折磨。[20]帕契哥和紐柯克手上握有專家證詞，沒多久就說服當局申請扣押令。幾個星期後的突襲行動，導致陶布的靈長類動物被帶走。這次的伏擊象徵一場漫長法律戰爭的開端，就像腦死與心臟移植之爭一樣重要。這場戰爭在公眾的注視下展開，而PETA肯定會處於最重要的位置。

•••

史溫巡官在突擊當天早上抵達時，新聞媒體已經聚集在行動現場周圍喧鬧。帕契哥違反馬里蘭州的法律，邀請新聞臺和報刊採訪應該祕密進行的搜索和扣押。被惹惱的史溫命令記者離開，但是太遲了：「銀泉猴」成了國際新聞——圖密善可憐的身影成為主要形象。這次搜查導致兩場刑事審判：一場在一九八一年，起訴陶布虐待動物，第二場是一九八二年的上訴，陶布獲判無罪。而出資購買和照顧這些猴子的國家衛生研究院，也在誰該負責監管猴子的爭論中與國會對立。*

PETA發現了遊說的威力。他們為銀泉猴爭取權利的過程中，設法說服眾議員羅伯・史密斯（Robert C. Smith）代表他們提出請願書。最後有兩百五十三位眾議員和五十二位參議員簽名，但是國家衛生研究院援引未決的法庭案例，拒絕移交這批猴子。PETA接著訴諸大眾，然後上街頭抗議，這些後來成為他們的行動準則。《自然》期刊做了此案的報導，把這些猴子稱為全國最著名的動物權利偶像，而且將會為牠們開拍一部紀錄片。從影壇退下的桃樂絲・黛（Doris Day）成為狂熱的動保人士，說這些猴子是「政治犯」。監管案件送到最高法院之前，大批抗議蜂擁至白宮，寄給當時第一夫人芭芭拉・布希（Barbara Bush）的信件有四萬六千多封。[21]

這段期間，陶布也出庭受審。最初對他的指控有一百一十三項，違法行為包括籠子金屬線有尖銳突起、沒有餵食碗、缺乏健康的認知刺激、光線問題、排泄物、可能有老鼠入侵等。歐特（Ott）和羅賓森（Robinson）兩位獸醫檢查了這些靈長類動物（七隻沒動過手術，十隻經過手術改變）。報告指出，沒動過手術的大多健康良好，雖然有一隻營養不良；另外十隻中，有六隻需要輕微治療（其中兩隻似乎發生過癒合不佳的骨折），其餘四隻需要緊急治療，為病灶和傷口引流，而且都有手指（腳趾）殘缺

＊ 作者注：還有一項複雜的問題是，州政府的反虐待動物法是否適用於聯邦經費補助的研究，這使得事情更加混亂。

或受損的狀況。[22]

最後，陶布只被判六項虐待動物罪名。他承認搜查那天實驗室的狀態不佳，但堅稱這是他去休假才發生的異常情形，並援引先前的美國農業部檢查報告，上面指出只有輕微的違規。他也似乎暗示這些錯誤可歸咎於昆茲的「溫和個性」（可能沒有強力要求學生助理定期打掃），甚至歸咎於帕契哥沒有把這些混亂情況通知他。[23]即使是帕契哥帶去的科學家，也不認為這些狀況構成嚴格意義上的虐待。事實上，所有證詞大致上互相抵觸，一組專家稱實驗室髒亂，另一組專家說還算乾淨。結果，陶布只因沒有提供六隻猴子適當醫療而被追究責任，處以三千美元罰鍰。

陶布後來聲稱，實驗室環境的情節完全是被設局、誤傳或捏造的。他說這場審判是對所有科學的一拳重擊，是獵巫行動，並且把PETA的作為比喻為把他綁在火刑柱上焚燒。說到PETA，陶布堅稱：「我們面對的不是善良的對手……他們極端危險，十分惡毒，無所不用其極。毀掉一個人，對他們來說無關緊要。」[24]

對陶布來說，他的名聲受損，實驗室遭搜查，研究補助被取消，等於讓他失去薪水，也無法往下做研究。不管如何，他提出上訴，然後在六項罪名中有五項獲判無罪，也就是他只在一項行為上有罪，因為疏於照顧其中一隻猴子而讓牠需要截肢。直到一九八六年，多虧有阿拉巴馬大學的一項補助款，他才能再度工作。但即使陶布和PETA纏鬥多年，他並沒有被毀掉。他在傳入神經阻滯的研究最終開花結果。對安樂死猴子（由國家衛生研究院的單位執行）做最後檢驗，證實牠們的腦開始重整與麻痺肢體的通訊。隨後，陶布根據神經可塑性的概念，為中風殘障患者發展出新型治療。神經科學學會（Society for Neuroscience）後來表揚陶布的研究，稱之為二十世紀十大神經科學成就之一。[25]

從某些方面來說，這件案例最深刻的結果，不是法律判決，也不是對陶布造成的影響。而是訴諸大眾的意義。PETA不只是兩位積極的行動人士以及一小群夥伴建立的成果，還是美國成長最迅速的動物權利團體。[26]如同《華盛頓郵報》特派記者彼得．卡爾森（Peter Carlson）所說的，銀泉十七猴讓才成立一年的PETA發起一場大規模的激進運動，不只反對虐待實驗動物，還建立起人類與動物的新關係。[27]當國家衛生研究院試圖把猴子帶回去，再送到別的實驗室，好讓他們補助的研究能繼續，這時PETA利用媒體報導的聰明策略，煽動大眾爆發反彈情緒，導致這項計畫（再度）停頓。PETA從未成功取得猴子的監護權，最終國家衛生研究院才能在三隻因健康情況不佳，而送去安樂死的猴子身上進行最後一次實驗。但由於PETA干涉的結果，倖存猴子當中的四隻在聖地牙哥動物園找到新家。

後來沒有其他實驗室像陶布那樣遭到突擊搜查，其實也不需要。帕契哥說到這次成功時，用了形容精神狀態的語詞：「這把一群實驗者嚇得魂飛魄散。」[28]他們現在不敢虐待動物了。在媒體的協助之下，PETA重新凝聚大眾的注意力，讓議題再也不是如何使用實驗動物，而是考慮是否真的要使用動物。PETA掌握了權力。而且，在許多人眼中，他們的道德水準也比較高。

實驗是為了什麼？

行動人士以及像是《紐約時報》這些媒體業者認為，動物實驗既沒有目標，也沒有達到成效，亦即為了獲取知識而犧牲動物的性命，這樣做是不值得的。PETA利用協助它成功的擴音器，大肆宣傳動物研究人員不道德、違反倫理與殘酷無情。懷特對這種說法感到惱怒。他主張從麻醉劑到疫苗等每一項科學突破，都是藉由努力和練習而得，但若沒有動物受試者是不可能做到的。他可以展示這些結果給他們看……但是，反對者只在意手段，對結果沒興趣。你們正在摧毀一條生命，他們說。他們覺得這條生命和人類一樣珍貴。

懷特和反活體解剖者的最初交手中，有一回與羅勃茲的辯論（文本後來登在《紐約時報週日雜誌》，並收錄在辛格和雷根一九八八年版本的書裡），他提出一種階層：人類被允許從「低等動物」身上獲利。他描述了人腦，並推論人類這種存在是人類已知最複雜且設計最精良的結構，以支持上述論點。[29]至於他是否認為人類高於其他動物，甚至是靈長類？「我不爭論這一點。」他一再如此表示。[30]無論他多麼貶低他所謂的「反活體解剖運動的神學」，懷特在每一篇文章中理所當然認為，人類有靈魂，動物沒有。

當紐柯克和帕契哥正策畫突襲陶布在銀泉的實驗室時，懷特忙著為梵蒂岡建置新的生物醫學倫理委員會。身為委員會主席，他終於有機會改變教會對於腦死，以及體外人工受精的立場，這些是生命起點和終點的另一個面向。生物醫學倫理就是他的主場，是教宗以上帝在世代表的身分授予他的榮耀。經過這麼多年，天主教會在腦死的立場已變得和懷特較為一致。動物權利的爭論給排到後面，似乎顯得微不足道。懷特堅持：「使用動物並非道德或倫理議題，將動物權利的問題提升到這種層次，會危害醫學研究。」[31]動物死亡不會讓他覺得高興，但是比不上他失去一位病人所經歷到的感受。對他來說，一個人的生命，一個小孩的生命，更是極其珍貴。手術中，懷特知道在他手指緊抓之下脈動的東西，是一個人最高階功能所在之處。性格、智力、自由意志，都在這裡。懷特可以一整天都在講解腦死，說病人何時死亡。但是，他說不出為什麼。他會想到自己的兒女，想到病人，想到他們的希望與夢想。然後懷特——他會祈禱：「求求您，天主，賜給我雙手力量。」[32]

天主教教義告訴他，上帝的計畫不是人的計畫。上帝沒有解釋人為什麼會死亡，就像有一位退伍軍人，他的十三歲女兒會把別人送來的慰問卡收起來，因為這些無法讓病人的腦癌病情好轉。[33]或者一名被酒醉駕駛撞傷的十八歲女孩，她再也無法清醒，只能在照護機構靠維生系統活下來——懷特把這種機構稱為「安置活墓碑的墓園」。[34]人會死亡、會癱瘓，或者活躍心靈受困於身體之中，找不到出路。他想知道如何幫助他們，他想知道某些處置為什麼奏效或無效。[35]為了這一切，他需要探勘腦部所有複雜面向，嘗試每一種手術，每一次接合動脈時逐一檢查各分枝。他能了解人腦的複雜形勢，只因為他探勘過靈長類動物的腦；事實上，是因為他有猴子可以練習。

PETA主張，靈長類動物的優先順序大於科學界不道德的假設性問題。懷特的實驗中最受矚目的頭部移植，可能很難抵擋PETA的攻擊。但是懷特的工作拯救了人命，他救回特定人的生命，以及一些小女孩的生命。他堅持，這就是實驗的目的。

一九八一年，就在PETA成功滲透陶布的實驗室後不久，懷特在都會醫院遇到一位病人。他從卡洛琳*很小的時候就認識她了，她總是一副開朗的模樣，用緞帶把淺金色頭髮綁在腦後。她現在十一歲，也留著厚重的劉海。她的腦血管系統在頭骨外側展開，前額蒼白皮膚下的藍色血管清晰可見。站著的時候還比較不明顯，一旦坐下來，血管變得像一棵有分枝的藍色樹木——要是她把頭往後仰，血管會變成藍紫色，而且硬得像石頭，周圍組織腫脹緊繃。這片敏感部位若有絲毫割傷或擦傷，可能就會要了這個女孩的命。[36] 懷特以前從沒見過這類型的血管畸形。但是不管怎樣，他的猴子研究與顱骨血管系統有關。他決定開始一項實驗手術，嘗試修復這種畸形。這代表需要更多猴子，也代表需要從頭部移植的進階研究抽出時間，而這種犧牲他覺得心甘情願。他是腦外科醫生，移植只是他的部分專業。沒錯，移植是他的最愛，他樂於花一生的時間去鑽研。然而，在他的醫院裡，有一位病人現在需要他。人類靈魂的事情

* 作者注：為了保護病人的身分，這裡使用化名。

可以再等一下。

卡洛琳的腦雖然待在頭骨裡，卻沒有完全與外界斷絕往來。她頭皮上的靜脈與供應腦部的靜脈交會，在她短暫的生命中，這些不停生長和脈動的血管把頭骨侵蝕出洞來。[37]出於某種原因，懷特需要切掉長錯邊的靜脈，但是在破壞過程中，卡洛琳可能流血致死或者中風。他需要發展出一套技術，讓他在割除血管的同時閉合血管。此外，他需要練習。

懷特的團隊自從一九六三年首度分離出腦部之後，一再反覆實驗動脈與靜脈的打結和再連接。在顯微神經外科醫生高岡淑郎（Yoshiro Takaoka）的協助下，懷特最近完成猴腦的「血管分離」，利用血管結紮把左右半腦的血管分開。[38]他的團隊同時盡力提升讓切口止血的新技巧。記者法拉奇曾經提到，懷特以灼熱的刀片切割，燒灼組織並促進癒合時，會聞到肉燒焦的味道。不過，時代改變了。腦研究實驗室不斷試驗新型高精度雷射刀，還有一種「焊接」血管的技術，比起舊技術可以更有效率地把血管接起來，而且造成的損害較少。所有這些技術都能應用在卡洛琳的手術上，但即使經過一年的加強，懷特還是覺得不滿意。

懷特在一九八二年六月三十日給卡洛琳父母的信中寫道：「我要誠心道歉，一直燃起你們的希望，又讓希望破滅。」[39]卡洛琳剛滿十二歲，仍必須帶著防護頭盔，睡覺時要靠枕頭支撐。「我總覺得我們可以克服這一關，」但是懷特拒絕抄捷徑，他繼續寫道。[40]他表示，「我希望你們三人暫時忘記」手術的可能性，去享受夏季的第一股氣息。[41]他不真的認為他們做得到，尤其是當他們看到卡洛琳的玩伴加入各種運動隊去游泳、蹦蹦跳跳、爬上爬下，這些事情都是她從沒體驗過，也可能永遠不會做的。到了八月，懷特跟他們說，確定是那時嗎？懷特以家長般的關懷結束這封信，寫下「致上個人對於你們女兒的關心與愛」。他自己最小的小孩只比卡洛琳大兩歲，正在為家庭年度海灘之旅收拾行李，同行的手足愈來愈少。然而，懷特的十個小孩都很健康。十個小孩從來不需要處於神經外科的手術刀下，他們的童年是在空地跑壘下度過的。他承諾在夏天剩下的時間裡全力以赴，找出通往手術的方法。但是，夏季過去了，一年過去了。動物實驗仍然持續進行。

到了一九八三年六月，懷特認為他們不能再等了。他必須採取行動，要不然就會變成對卡洛琳束手無策。他在兩年的研究期間，發現中國和日本投稿的醫學文獻中有一些與卡洛琳類似的畸形案例，但是從中找不到治療方法或手術程序。[42]因此懷特從零開始研發技術。[43]如果手術成功了，就能完全證明懷特說過的研究目的：利用猴子，拯救人類。即便如此，懷特諮詢過的每一位外科專家都勸告他不要繼續。[44]

然而，一九八三年八月二日，懷特和他的團隊為卡洛琳做術前準備。她穿著繡有一朵花的銀色睡衣，緊抱一個洋娃娃和一隻灰色小泰迪熊。她的爸媽在家屬等候室等待，拖著腳步在地毯上踱來踱去；每個人都向他們肯定，卡洛琳是最棒的小女孩（雖然她已經十三歲，但是大家看著她長大的），乖巧有禮，即使她的頭髮剃掉了。同一時間，懷特的手術室裡，外科醫生已經擴大灌流技術的規模，在一旁待命。懷特祈禱他們用不上這些，希望能在不降低卡洛琳的身體或腦部溫度的情況下動手術，讓他們能以正常頻率監測她的腦波，但是他希望有備無患。萬一失血過多，迅速冷卻她的腦，將會避免細胞死亡，因為低溫下的腦需要的血氧量會少得多。懷特計畫在進行到她的頭皮之下時，使用類似雷射的光束閉合血管，希望可以控制血流。一切就緒之後，他們讓卡洛琳採取坐姿，她身體稍微往後傾斜，就像坐在牙科椅上，等待麻醉劑發揮藥效。[45]當她完全昏迷，奧本打暗號表示，然後懷特從卡洛琳的耳後劃下第一刀。他緩慢、小心地掀開她的頭皮。

懷特原本預期穿過骨頭通到腦部的是一些較粗的血管。但他沒有看到這樣的血管，而是許多非常微小的血管連接頭皮和顱內循環。「我們不需要灌流。」懷特鬆了一口氣說。他們開始以光束般的燒灼器逐一破壞每一條連接的小血管，再用蠟把頭骨上的小洞補起來。懷特宣布：「縫合傷口。」他們在卡洛琳剃光的頭上仔細縫了好幾針，然後緊緊纏上有敷料的繃帶。手術進行得異常順利，只剩下鼻腔內還有需要處理的血管，而這需要由整形外科醫生來解決。到此結束。懷特回到等候室通知卡洛琳的父母說，她會醒過來，她將痊癒，而且她將會像其他小女孩那樣嬉戲、長大。「我們應當感謝天主，」懷特告訴他們，「並且享受我們的勝利。」[46]

卡洛琳手術的副作用只有輕微的瘀血，以及等待美麗金髮長回來的漫長時間。而持續最久的影響則是，卡洛琳和醫生建立起來的關係。懷特會在夏天前往伊利湖浪花飯店旅遊途中，到桑達斯基（Sandusky）拜訪她們全家。他從列寧格勒寄明信片給她，直到生命將盡之際還在寫她的病例。她日後將在他的葬禮上致詞。懷特的確和許多病人成為朋友，也被他們牢記在心，但卡洛琳的故事不只是一例手術治療。這是希望和信念的勝利——根據懷特的說法，這證明了他的實驗手術拯救了小孩，無庸置疑。他，羅伯．懷特，正在努力拯救他們。他堅信，這就是猴子的用處，牠們為人類捐軀。懷特把PETA稱作「受到誤導的激進分子」，認為他們危及醫生拯救人命的工作。[47]

無論行動分子為懷特貼上什麼標籤，他的主要訴求非常正確。隨著紐柯克與帕契哥代表動物遊說成功，全國的實驗室一一開始感受到壓力。儘管懷特試圖證明一切，但他們似乎節節勝利。

發出挑戰

一九八三年五月，也就是卡洛琳動手術的前一個月，PETA設法讓美國國防部的「創傷實驗室」關門，成功遊說當局禁止使用貓狗研究槍傷及傷口如何癒合。一九八五年，他們公布位於加州杜阿提（Duarte）的希望之城國家醫學中心（City of Hope National Medical Center）裡飢餓動物的照片，使該機構失去超過一百萬美元的聯邦研究經費。新法規通過後，哈佛醫學院和麻省理工學院雙雙被迫縮減研究；身為哈佛畢業生的懷特抱怨，他們拿不到「比大鼠還大」的動物（雖然事實上，波士頓的實驗室管制比劍橋寬鬆一些）。[48]

遭PETA告上法庭的大學實驗室算是相當少數。然而，財政損失和負面新聞使大部分實驗室寧願自制，也不想變成PETA的標靶，更不用說連出資單位都謹言慎行，避免激起行動分子的怒火。同時，動物權利運動的某些側翼利用其他手段讓人知道他們的存在，並使人心生恐懼。一九八六年，加州大學戴維斯分校的一間實驗室遭到破壞，財物損失達三百五十萬美元。幾個月後，一個叫做慈善小隊（Band of Mercy）的動物權利組織從馬里蘭州的一間實驗室偷走二十一隻貓，其中有十一隻感染了弓形蟲，這種寄生蟲可能造成人類先天畸形，釋放這些動物可能讓人類面臨風險（特別是孕婦以及有免疫缺陷的人）。然後，動物解放陣線（ALF）攻擊加州河濱醫院（Riverside Hospital）的實驗室，造成五十萬美元的損失，釋放四百六十七隻動物，包括使用於失明兒童視力改善研究的猴子。[49]這些都是個別案件，滋事人數不多，而且沒有人受傷。但是，炸彈恐嚇也開始了，有一些是由動物權利民兵（Animal Rights Militia）發起，這是由英國行動分子組成但無領導者的鬆散組織，他們把郵件炸彈寄給研究人員以及柴契爾夫人（Margaret Thatcher）等主要政治人物。動物權利民兵在美國也有分隊，出面承認犯下一九八七年加州實驗室的縱火案，雖然他們在美國從來沒有像在英國那樣活躍。儘管如此，由於整個一九八〇年代愛爾蘭共和軍在愛爾蘭與英格蘭各地展開恐怖行動，受到美國媒體的大肆報導，在共和軍炸彈攻擊的背景下，讓動物權利民兵的恐嚇至少很像真的會發生。研究人員一方面害怕憤怒民眾的詆毀，另一方面擔心生命、肢體和財產受害。

無論是ALF和PETA，都不贊成危及人命的暴力行為。PETA主張，他們的策略堅持從合法行動與形塑流行文化著手，最盛大的活動是一九八八年MTV頻道轉播的動物權利音樂節（Animal Rights Music Fest），登臺支持紐柯克的明星有B-52's樂團與娜坦莉．莫森特（Natalie Merchant），而紐柯克在華盛頓紀念碑前對著三萬五千人演說。但不管他們的策略是什麼，懷特認為反活體解剖組織和動物權利團體的錯在於煽情且虛假的宣傳，利用「狂熱人士」的「無謂恐嚇」操縱國會議員。[50]他看著群眾湧向運動的領導人，聽到同僚日益加深的憂慮，他們擔心實驗室可能會被關閉，研究對象被帶走。他在都會醫院沒有面臨到這樣的問題，起碼目前還沒。院方支持懷特和他的團隊持續在超低溫冷卻靈長類腦部方面進行的研究。

他注意到灌流實驗會出現惱人的凝血病變，也就是凝血功能受損，這樣會導致出血過多（對任何手術來說，這都是危險的問題）。懷特從理論上推測，使用保溫毯從外包住猴子，可以讓身體不受腦部低溫的影響。他的團隊實驗成功，證明了不需要使用抗凝血藥物；腦部可以迅速降溫，而不會傷害到身體。

無論如何，懷特另外也持續研究猴腦本身，特別是腦半球，這是他在一九七〇年頭部移植後不久即展開的工作。懷特的團隊與克里夫蘭大學醫院的內分泌科及婦女醫學部合作，從血管系統「分離」猴子的腦，他們打開猴子的頭顱，分開兩個腦半球，把血液供應系統分開。然後，他們與內分泌小組把胰島素、雌激素（動情素）、黃體酮，甚至性類固醇，注入其中一半的腦。基本上，懷特只是讓一隻猴子的用處加倍，牠既是實驗動物，也是控制組：有一側的腦沒有加入化學藥品與荷爾蒙，另一側受到這些物質的刺激。[51]懷特在這些方面最重要的論文，將會開啟一系列研究，探討人腦為何與如何回應不同刺激，這有可能改善用藥和手術後果。他持續調整程序，直到他認為是靈長類的最佳步驟為止。現在的目標則是把模型放大規模，好應用於人類，這是他下個十年的追尋。畢竟，對懷特來說，這是動物研究的全部意義：你在動物身上修煉技術，這樣當你開始在人類身上動手術時，就不是在「做實驗」。對於懷特這樣的人來說，PETA——尤其是紐柯克——冒犯了他救回來的每一條生命。

懷特覺得，保護動物的行動分子更關心實驗室的大鼠，而不是卡洛琳；她才完成一項課堂作業，以懷特醫生的工作為主題，包含一篇敘述自身苦難的文章，以及兩人合照的一些相片。懷特為了替她動手術，花了十五個月的時間在動物身上實驗。對懷特來說，這些實驗代表手術成功與躺在墳墓的孩子之間的差別。他不會讓PETA的主張無人回應。[52]於是，懷特在一九八八年三月為《讀者文摘》寫了一篇文章，標題是〈動物研究的真相〉。他選擇《讀者文摘》，是因為這份雜誌會出現在遍及全國的家庭中，放在電視櫃旁和廁所裡，在床邊被折角做記號，早餐時如同早報般被翻閱，這是一種管道，可以接觸到由「普通」人組成的廣大多元受眾。

「我們想要消滅白血病嗎？摧毀阿茲海默症？根除愛滋病？」懷特在文章裡問道。他以前曾經抱怨過個別的動物權利行動分子，例如羅勃茲，他認為他們的意見很危險又落後，但是他現在直接針對組織本身。懷特對於保障措施沒有異議，他也想要「健康的研究對象，而不是身體或情緒壓力的受害者。」[53]但他聲稱，PETA的目標是要阻礙科學進展，讓醫學研究做不下去。民眾是否想要回到醫學的黑暗時代，那時的兒童因為現在已消除的疾病而死亡或殘廢？當然不要。懷特在文章的結論呼籲讀者採取和他一樣的行動，寫信給他們的國會代表，反對「已經讓醫學研究增加太多成本的官僚管制。」[54]他鼓勵，為了科學行動，為了孩子行動。

懷特的文章將成為另外一場激烈競爭的第一槍。他預期會有反應；這才是重點，真的。他沒料到對手的回應是大幅動員或如此好戰。《讀者文摘》三月號發行後，動物權利行動分子從全國各地突然集結到這家雜誌社位於紐約州普萊森特維爾（Pleasantville）的總部。他們要求公正，他們想要社方撤回這篇文章並道歉。抗議期間，至少有四十名PETA的成員參加新聞記者會，列出他們的不滿；現場也舉行儀式，獻花給在懷特實驗中死去的動物，並且代替無法出席的醫生、參議員及其他人朗讀支持動物權利的信件。[55]

有意思的是，懷特直到此刻才成為PETA的主要標靶。「我不知道他原來對我們這麼重要，」紐柯克後來如此說道，直到他讓自己成為「我們試圖抗爭的議題中非常明顯的目標。」[56]一旦懷特確實引起PETA的注意，紐柯克解釋，他們覺得必須迎戰。在她看來，懷特是實驗最嚴重沉淪的典型例子，事實上是道德上的沉淪。他可以砍下活生生動物的頭，「絲毫不會良心不安，」讓所有神經中樞都在放電，「這些是我們需要的所有資訊。」[57]紐柯克說懷特的研究殘暴野蠻，可比做黑暗時代的酷刑，甚至是奴隸買賣。「我們社會最殘酷的事情，是那些關起門來發生的勾當，」她這麼認為。「不過發生在宇宙的一瞬間之前……非洲人從他們的家鄉被擄走，就像今天的黑猩猩一樣。」[58]她堅持民眾必須意識到這些恐怖事件。這是我們做為人類這個物種「最大的失敗，」而「我們喜歡讓專家領導」——好比懷特這樣的專家，他們「認為自己無人能及。」[59]

這些年來，沙克高地的懷特家族規模縮小了。孩子當中，只剩下露絲還住在家裡，瑪格麗特不時會過來探望，正在克里夫蘭州立大學讀書的吉米（Jimmy）偶爾也會回家。然而，大多數時間只有派翠莎、羅伯和最小的孩子在家，因此當電話鈴聲響起，他們會毫不猶豫地接起電話。

一開始，對方停頓了一下。然後，聽筒傳來不熟悉的聲音大吼：「我們想跟屠夫說話。」誰？派翠莎用力掛掉電話。但是，他們又再打來，持續打個不停。這些行動分子有懷特的電話號碼。他在都會醫院的祕書也接到電話問道：「屠夫醫生在嗎？」有時候會說更難聽的話。殺害猴子的凶手在哪裡？就是那個對有意識動物犯下恐怖行為還強辯的人在嗎？沒多久，郵局開始送來信件。扁平的白色信封，不可能是炸彈，但內容通常摻雜威脅言詞，懷特不能冒這個險。最近在英國，帝國癌症研究基金會（Imperial Cancer Research Fund）的安道・塞波斯坦尼（Andor Sebestény）博士，由於在實驗動物上的研究，差點被汽車炸彈害死。[60]懷特理所當然報了警，告發這些電話和信件，也對由誰來接電話這件事更加謹慎。

到了年底，至少有三起炸彈威脅是衝著懷特而來，因此當地警方和FBI奉派來保護他的家人（出動的還有密勤局，原因不太清楚）。[61]不過，他們提供的似乎主要是展現支持，而非展現武力。這家人的日常生活幾乎沒有改變，懷特的妻子派翠莎一樣泰然自若，對於偶爾的搜身檢查態度從容。即使如此，有一些威脅仍然變成行動。

抗議人士闖入醫學院的一間實驗室，誤認是懷特的實驗室而加以破壞；有人跟蹤懷特到都會醫院，意圖傷害他，但被警察阻止。[62]上下班成了首要考驗，包括僱車，因為再也不能搭公車。但是，只要實驗室開著，懷特拒絕坐在家裡。他必須測試超低溫冷卻技術的新進展，預防腦內形成冰晶。這些準備措施讓猴腦可以長期儲存在冰中，供懷特未來做為實驗對象使用。但這也為其他事情帶來希望，例如為了身體移植的頭部長期儲存（這可能解釋了為何人體冷凍技術偶爾會引用懷特的研究）。PETA嚇唬不了懷特醫生。他還是照常過生活，繼續得獎，包括一九八八年的年度國家衛生專業人士獎（National Health Professional of the Year）。懷特受邀出席克里夫蘭居家護理學會（Cleveland Visiting Nursing Association）舉辦的頒獎典禮，懷特的批評者決定要讓他們的聲音被聽到，即使是他在接受頒獎時。

懷特穿著西裝、打上領帶，爬進僱來的汽車後座，獨自一人。他按計畫接受獎項的典禮將在當地會議中心舉行。他的出席，代表需要加強安全措施；大家料想他們會像糾察隊，或許甚至是以媒體的身分出現。沒有人想到他們打扮成巨大的猴子。

彷彿電影《浩劫餘生》（*Planet of the Apes*）的場景，汽車接近會議中心時，穿著猩猩裝的男男女女從三面包圍上來。群眾大喊叫嚣，上前推擠，搖晃車輛，駕駛只能小心地慢慢往前開。懷特還說了關於裝扮的笑話，等到設施大門在他們之後關上，每個人才鬆了一口氣。[63]懷特下車時還能看到抗議者，他們攀在欄杆上，把鐵條搖晃得格格作響。[64]他們可能也撼動到他了，但他仍以優雅的姿態進入大廳。毫無疑問，他認為晚宴接下來的部分應該會平靜度過，不過他低估了對手的投入和誇張程度。

服務生在鋪著亞麻紗的餐桌間穿梭，賓客舉起高腳杯越過精緻餐點致意。當餐盤撤走後，學會會長起立致開幕詞，讚揚懷特對該領域的貢獻、身為外科醫生的成就，以及對醫學社群的價值。他會走上臺接受榮譽嗎？懷特從座位起身，準備發表簡短的獲獎感言，這時人群當中突然出現一陣小騷動。一片混亂的竊竊私語中，一位穿著晚禮服的女士走過廳堂，提著不顯眼的袋子。她大喊懷特的名字，並丟出一個濕淋淋的圓形重物到臺上。那東西落地後滾到一邊，是一顆塑膠人頭，上面有假血和血跡。最靠近舞臺的賓客見狀嚇壞了。保全人員逮住這位女士（她聲稱自己和PETA有關聯），她的譴責響徹大廳：屠夫醫生不配得獎；他是狂妄自大的化身，是實驗室裡的法蘭肯斯坦，對因他受苦的動物滿不在乎。

懷特終於能夠發表感言時，說道：「我今晚有點難過。」那顆頭已經被拾起做為證據帶走了。「因為我必須道歉。這場盛宴居然被打斷，真的很不恰當，當我們過來時，應該就遇到糾察隊了。」[65]他語氣慎重，面對這些事，顯得不緊張也不憤怒。**事實上**，他繼續說：「如果他們願意前來我們任何一間機構，我應該會高興得多。」他感謝學會授予這份榮耀，在演說最後表示，他很開心接受這個獎項，只是他的出現造成某些人的「不便」。[66]與會者事後說到他很有魅力、舉止鎮定，而且對於發生這些事而破壞大家興致，特別展現禮貌致歉。沒人能否認，這位外科醫生有鋼鐵般的意志。

一如往常，他展現出完美沉著的形象，但某種程度上，他似乎從整件事情得到樂趣。懷特後來把這次經驗描述成「我曾經歷過最古怪且有點趣味的一件事」。[67]幾個月後，懷特在電視公開場合中打敗PETA。

一九八九年二月十日：剛下了一層厚厚的雪，覆蓋在市中心的骯髒人行道上，克里夫蘭城市俱樂部（City Club of Cleveland）從一九一二年起就是這裡不可或缺的一部分。座落於歐幾里得大道（Euclid Avenue，曾有「百萬富豪街」之稱）上，一棟宏偉的進步時代建築裡，這是公民辯論的發源地，提供空間進行「促進民主繁榮」的討論。那個寒冷的星期五晚上，舞臺已經準備好了，有兩個講桌，旁邊各配一張椅子。懷特坐在距離紐柯克將近兩公尺的地方，他把對方視為主要敵手（無論是不是真的）。[68]邀請他的不是紐柯克本人，而是城市俱樂部，他們想要在當地電視臺播出這場辯論，做為擴大公民服務的方式。懷特不只要為自己辯護，也要為他所有的整個專業，甚至科學進步做宣揚。

觀眾排隊進場，坐滿整個房間，後面有攝影機等著捕捉接下來的畫面。主持人站在辯論雙方的中間，紅色布幕和美國國旗隨著中央暖氣搖曳。司儀做了介紹，辯論題目是：是否應該允許動物實驗繼續進行？接著，他提示紐柯克拿起麥克風。

紐柯克穿著柔和的米色套裝，以同樣柔和但自信的聲音，開始念一疊小抄。她告訴觀眾，動物和人類一樣有神經系統，「牠們忍受的折磨不限於身體層面，還有心理上的……如同我們，牠們會感受到痛苦、恐懼和孤獨。」[69]她把研究動物的困境比為爭取權利的抗爭，但這次不是為了少數族裔，而是為了有殘疾或心理健康問題的人。如果你只因為動物的智力發展不如成年人類，而在動物身上進行實驗，那麼你對那些智能不如你的人的情感有什麼說法？她聲稱，研究人員「為了展示而切開動物。」懷特和他的同行做的事情，沒有長遠的好處，沒有事情不能以更好、更人道的方式來做，比如使用人類細胞和組織，或者以電腦建立模型。「你們折磨動物，只為了蒐集無用的數據；」她表示，「殺害牠們，只為了證明你們有技術和權力這麼做。」[70]

紐柯克回到座位上時，房間裡的人不安地挪了身體。司儀向懷特示意，他走上講臺，沉默很長一段時間。他的目光巡梭房間，他認識其中很多人，他們受過教育，有公民意識，而且有好奇心。這是他的主場。最後，懷特的視線停在一個拘謹地坐在前排的人身上，朝著她微笑。接著他拉好西裝，調整方框眼鏡，然後開始說話，不看小抄（雖然他事前不是沒有準備）。

「我以醫學專業的代表身分上臺，」他的聲音宏亮愉悅，「你們今天從紐柯克女士聽到的言論是**反科學**的。她不是獸醫、醫生或實驗室研究員，」她卻站在那裡發表重大的科學主張。[71]「你們聽過這種說法，」他繼續說道，「老鼠寶寶與人類寶寶是平等的，」換句話說，所有生命都是平等的，地球上從最微小到最偉大的生命沒有差異，也沒有程度之分。懷特的音調稍微提高了一點。他強調，**每個人**都同意動物應該得到最好的照顧，然後他對觀眾搖了搖手指。「紐柯克女士不是主張更好的照顧，」她想要廢止所有涉及動物的科學研究。懷特整個人靠在講桌上，臉孔坦率、友善，似乎在請求聚集在這裡的人一起發現更重大的意義。**聽著**，他似乎在說，**我將告訴你**，**身為**

一名外科科學家代表什麼。

「我剛剛照顧一個罹患腫瘤的兩歲孩子。昨天，我在一個婦女的大腦深處動手術。」懷特站直了身子，聲音變得激動有力。「在座有多少人曾經動過開心手術？嗯？你們之中有多少人，想要當第一個做這種手術的人？」[72]他面前的觀眾不知不覺地把身體往前傾。懷特抬頭挺胸，雙眼發亮。他繼續說，動物實驗讓外科醫生得以拯救你的性命，以及你所愛的人的性命。他把範圍縮小，變得與個人有關。懷特斥責紐柯克的主張，她認為這種進展沒有動物模型也能做得到。行動分子認為動物權利和人類權利是同一回事，他們想要與民權運動聯合起來。但人類不只是動物，把兩者等同起來不僅是錯誤，更是危險。懷特轉移目光，把手伸到胸前口袋。他小心地打開一份一九三三年的新聞報導，接著大聲念出來：德國的政策決定終止活體解剖，提升所有動物的地位到幾乎和人類一樣。阿道夫・希特勒（Adolf Hitler）已經簽署了這項反動物實驗政策。他「拯救」動物脫離實驗，沒錯，但只是變成在猶太男人、女人和孩子身上執行可怕的實驗。

房間突然陷入一片不安的死寂，懷特把報紙放到一旁。「我實在不知道還能說什麼，」他補充道。「對我來說，這一年不太容易。」懷特聲音變小，現在似乎退回自己身上。懷特告訴觀眾，他的家人受到什麼樣的恐嚇。「當我的生命被這些人威脅時，為什麼我還要站在你們面前？」他尖銳問道，但沒有看向紐柯克。為什麼他不待在家裡、保持低調，或悄悄走開？「因為，」他回答，「除非我們繼續支持科學，不然有更多人會死掉。數以萬計的人會喪命。你能接受這種情況嗎？」[73]懷特默默地把手比向一位坐著的女士。懷特說：「PETA的人在許多方面都是很好的人，堅定投入他們的信仰。」但是在他看來，他們把動物置於人類之上，「這一點，」懷特溫和地微笑說，「我做不到。」他把手比向另一位女士。「我想要介紹一位特別來賓。卡拉，妳能起立嗎？」她露出緊張的笑容，向群眾打招呼。如果沒有猴子實驗，懷特解釋，卡洛琳就不會在這裡，還有很多很多懷特的病人，不論老少，也不會在這裡。卡洛琳很高興地告訴與會者，她的命是懷特救回來的。這就是懷特的結語。

紐柯克知道，在懷特的地盤克里夫蘭，她的勝算很渺茫。她承認自己不覺得能在那裡「贏」過他，但是她為了動物權利這項志業，迎接他的挑戰。確切來說，她不認為懷特有魅力；「我記得他話不多、尖刻、自信，」她說道，「是一個信心滿滿、圓滾滾的白色胖子。」[74]雖然在演講和接下來的問答階段，懷特顯然已經掌控全場，但是他斥責一位年輕醫學生的問題，這位學生顯露出有點支持紐柯克的想法，懷特告訴學生說：「你沒有資格質疑科學。」[75]然而，紐柯克日後承認，那個晚上是令人難忘的場合。它展現出懷特全心相信自己是對的，畢竟，他不是出於惡意才在動物身上進行實驗。他只是認為動物永遠不會像人類一樣重要，牠們的福利根本沒有競爭力。但這件事也證明了其他東西，懷特認為，如果PETA可以炒作宣傳，那麼他也可以。[76]

長久以來，科學依賴公開表演。早期的電學實驗在大型公共廣場舉行，幾乎像是嘉年華娛樂節目。至於更近期的記憶，則是有人最早把自己的研究丟到公開場合，逐漸聲稱發現了DNA雙螺旋，後來這項榮耀就歸給華生（Watson）和克里克（Crick），而非羅莎琳．富蘭克林（Rosalind Franklin），但是如果沒有她的X射線繞射照片，就無法發現DNA的結構。科學家不一定要是表演者，成為媒體的寵兒，如同南非的巴納德醫生。然而，這的確有幫助。懷特已經明白這個道理，早在不受歡迎的PETA找上門之前，就一直在練習施展魅力。他甚至曾在一隻老狗身上施展小奇蹟，向他的神父證明這一點。

這樁「奇蹟」發生在多年以前，比猴子的頭部移植稍微早一些，當時懷特仍亟欲「證明」腦死等於真正死亡。離中午還有幾個鐘頭，懷特請技師麻醉一隻狗，然後他把狗連接到冷卻技術設備上（他日後可能會把同一型設備用於卡洛琳身上，如果必要的話），然後讓身體慢慢降到攝氏十度。狗兒的四肢變得和木板一樣僵硬，直挺挺地伸在手術檯上。但是，懷特還沒結束。他把狗的大血管分接出來，讓血液排光。[77]隨著幾近冷凍的狗兒心臟漸漸停止跳動，血紅色珍貴液體慢慢注滿一個密封容器。待一切準備好了，懷特打開實驗室的門。

「神父，請進，」他對一位耶穌會神父說。「午餐時間到了。」懷特拉了椅子圍在手術檯旁，就是失血冷凍狗仍躺在上面的同一張檯子，然後鋪上野餐布。他帶了三明治來，邀請神父一起用餐，但是這個可憐人苦著臉，揮手拒絕懷特的請求。[78]懷特和其他組員開始吃了起來，一口接一口之際，懷特別有深意看著神父。他問說：「神父，請告訴我——這隻狗死了嗎？」神父與這隻動物保持距離，站在門邊，清了清喉嚨回答。是的，神父同意。牠當然死了。懷特笑得很得意。然後他用手把野餐殘渣掃開，將狗兒的血液輸回血管裡，讓牠的身體回溫，恢復心跳。不到一個鐘頭，這隻混種狗張開眼睛，從檯面上站起來，在房間裡走來走去，這讓善良的神父又驚又喜。「也許就像基督，」懷特調皮地眨了眨眼睛說，「死了又復活？」[79]

這隻狗死了嗎？這取決於你的定義。在懷特成立梵蒂岡生物倫理委員會之前，教會的定義仍是：失去血液、呼吸或心跳，用裸露的手指摸起來是冷的，接觸到皮膚時感覺冰涼，四肢和柔軟組織變得僵硬且沒有感覺，這樣才能非常確定是死了。但是，懷特並沒有殺死這隻狗。他只是**讓牠暫停**。他讓這隻動物的身體和腦部進入超低溫，相當於把牠的生命置於靈薄獄（limbo）。這隻狗還活著嗎？懷特告訴驚訝的神父：「你說人體的功能在死亡時必定會崩潰。我說，如果腦中訊號崩潰，那麼人就死了，即使身體可能繼續活著。」[80] 換句話說，如果腦還活著，身體是什麼樣子並不重要；腦死應該是唯一的死亡。懷特拿狗兒做實驗，做為道具，證明這一點。

PETA不能阻止懷特醫生，也不會控告他。對紐柯克來說，對懷特窮追猛打，不太可能有什麼好處，他就是隻身一人。他們在與國家衛生研究院爭奪銀泉猴的控制權時做得更好，這場戰爭結束於美國最高法院。他們在遊說方面也將獲得很多成效，甚至透過活動使NASA退出生物宇宙（Bion）任務實驗——這是一九九〇年代早期美國、法國與俄國的聯合計畫，打算把體內植入電極的猴子送上太空。PETA以直接或間接的方式，像是動員民眾、讓出資單位和大學寧願避開動物權利爭議，為動物福利帶來改變。

懷特變得習慣向公眾提出難題，為了達到目的而拚命奮戰。他在享有盛譽的學術期刊發表論文，為大眾媒體撰寫文章；他出現在電視上，與意見領袖辯論。簡言之，雖然懷特可以攻擊PETA，但他的操作方式幾乎就像紐柯克過去所做的，而且一樣堅定。紐柯克指出懷特的盲點，懷特馬上反擊回去。對懷特來說，生命——人類的生命——就是一切。意即只要他努力維護這個目標，上帝也會與他同在。他曾告訴《時人》雜誌：「我的背後有強大的資源。」神聖的資源，他依然深信不疑。他正為了上帝扮演上帝，他將成為上帝的雙手。他曾經讓醫療機構折服，克服對自己所屬教會的懷疑，面對最強勁的對手不讓步。現在，器官移植未來的路肯定非常清楚。問題不再是**如果和如何**，而是**何人與何時**。最初的心臟和腎臟移植，是絕望下的行動，是最後的努力，想要拖住死神走過人體的緩慢腳步。但是身體與腦的移植，意義遠遠超過了更換備用器官。這是要踏入神聖的認同領域，懷特醫生準備好了。繼續在猴子身上進行任何事，無法讓他更接近目標；如同在他之前的巴納德或莫瑞，他需要在人類身上實行手術，才能真正開創先例。人體試驗包括同意參與的人，下一步實際上完全不屬於PETA的干預範圍。問題是，會有病人願意冒這種風險嗎？

CHAPTER 8 完美的病人 The Perfect Patient

懷特的辦公室向來擁擠不堪。列寧半身像和幾個人腦分部模型，守護著平時占據辦公桌的雜物，有檔案、病歷以及研究論文。一疊報紙靠在角落，伴隨著《俄國文學史》（*A Literary History of Russia*）、亞西西的聖方濟各（Saint Francis of Assisi）的傳記、《如何冷凍一隻猛獁》（*How to Deep-Freeze a Mammoth*）。[1]這裡也有檔案櫃。還有箱子，很多箱子。懷特翻閱檔案試圖整理，他挑出山姆．雪柏（Sam Sheppard）審判的檔案。這位神經外科醫生因謀殺妻子的罪名坐牢十年後獲判無罪，他的兒子後來控告俄亥俄州政府非法監禁。懷特曾在後面那場民事審判出庭作證。雖然這不是他第一次被傳喚做為專家證人，但仍引發一小陣騷動，特別是哈里遜．福特（Harrison Ford）在電影《絕命追殺令》（*The Fugitive*）扮演改編自雪柏的角色之後。雪柏最早聲稱在與闖入者打鬥時受了傷——這名闖入者殺害他的妻子。有一些X光片呈上法庭當作證明。然而，懷特作證說，這些X光片不是雪柏的。他甚至暗示，這些是雪柏偽造的不在場證明。雪柏家的律師憤怒大吼，沒有人需要聽這些，這位法蘭肯斯坦……但最後，懷特的專家意見勝出。[2]

然後，是一封冷戰時期來自國務院的信件。有一位美國海軍陸戰隊軍人隨同代表團到蘇聯時，自四樓窗戶墜至街道上。國務院立即致電懷特醫生，詢問要怎麼把人送出來？派遣軍用直升機可能會引發戰爭。懷特於是協助安排一架飛機從赫爾辛基，也就是中立的芬蘭的首都起飛，去接走受傷的軍人，然後載到德國的基地。懷特請政府贈送蘇聯一套顯微外科的教科書與期刊表達感謝，這些書刊原本是禁止輸出到這個共產主義國家的。多年後，他在俄國的圖書館看到這些教科書。[3]他也無法割捨這封信。事實上，懷特不想割捨任何東西。這間實驗室，還有手術室，在都會醫院工作的多年歲月——就是懷特的整個人生。[4]在這個十年期的尾聲，下一個千禧年來臨的前夕，他被要求過新生活。退休。

這個階段以一堆建議和問題開始。懷特什麼時候會搬到派翠莎一直想入住的海濱房屋？她老是在看「湖畔日內瓦」的房屋清單，那裡是伊利湖岸有拱廊和木板路的迷人社區，充滿海邊小鎮的風情。沙克高地那棟亂糟糟的大房子，對她來說太大也太安靜了；孩子們大多搬到很遠的地方，散落在亞利桑那州到明尼蘇達州之間。她堅信，兩人在湖畔小屋會過得很快樂。懷特看著房屋廣告冊子，翻閱光鮮的照片，心卻不在那裡。過去十年來，他把大多數時間花在進行一批又一批的實驗，甚至是腦分離、冷卻和儲存的細枝末節。**如果**，他問道，有個孩子的身體遭到疾病侵襲，只要把她的頭和病體分開就能救回一命，**會怎樣呢？**[5]他的人體移植試驗手術離完備階段這麼近，他現在怎能想著退休？他不願意走。但是，他可能沒有太多選擇。

都會醫院正在迅速改變。懷特的舊日盟友都離開了。起初找懷特加入的納爾森在一九九四年過世，奧本跳槽到密西根大學。懷特與奧本都化身為小說《撤退》（*Fallback*）裡的角色，這本由彼得・尼塞萬德（Peter Nieswand）所寫的間諜小說在一九八二年出版，內容不意外地出現了頭部移植。除了小小的名氣之外，他們曾經共享很多事情，但是再也不能共享手術室。取代熟悉面孔的，是新的年輕醫生與部門主任，他們全都有志於把醫院擴張成創傷中心……對於占據一整層樓的實驗性腦研究沒那麼有興趣。美國廣播公司（ABC）的尼古拉斯・雷古希（Nicholas Regush）與彼得・詹寧斯（Peter Jennings）曾經把懷特的猴子移植手術製作成《今夜世界新聞》（*World News Tonight*）的報導；雷古希為了一段評論報導又再度找上懷特，不過這次他問懷特是否只為了「挑戰極限」。畢竟，懷特到了這個年紀，砍下頭顱並非「結束漫長職業生涯最優雅的方式。」[6]懷特不耐煩地回應：「只因為我現在老了，難道就代表必須停止想像自己可以怎樣為科學貢獻嗎？」[7]懷特的邏輯思維是，如果我不做，別人也會做。而且他們不會做得那麼好。

莫瑞的腎臟移植、巴納德的心臟移植，以及接下來的更多「首例」……他們達到的成就，也曾經被認為是不可能的任務。有兩件事情促使這些早期手術成功：首先是實驗，再來是公眾同意。懷特現在稱為「全身體移植」的這種手術，同樣是那些手術的其中之一。由於與PETA的爭論，懷特需要奮力維護自己在公眾中的形象，他害怕廣大的拒絕聲浪將會淹沒他的企圖。但是，他再也不能謹慎行事了。他的辦公室可能很快就要變成別人的，他的箱子只能存放在走廊那一頭的退休人員空間。他可能快要沒有時間，但在一九九〇年代的中期到後期，民眾對於腦死、器官捐贈、器官摘取的接受程度來到當時為止的最高點。死去的腦在活著的人體裡，這種想法曾經是禁忌，不過此刻已經在公眾意識裡生根了。如果真的會有進行「懷特手術」（White Surgery）的時刻，他喜歡這麼稱呼這個手術，那麼就是現在了。

懷特原理

美國終於在一九八一年制訂統一死亡判定法（Uniform Determination of Death Act），建立一體適用的腦死標準。懷特很自豪地宣稱，是他「設計」出腦死的這項定義；他的研究確實對這定義有一定影響，而且從梵蒂岡的觀點來看當然很重要，但是這部法案的準確措辭是由統一州法全國委員會（National Conference of Commissioners on Uniform State Laws）聯合了美國醫學會（American Medical Association）、美國律師公會（American Bar Association），以及醫學、生物醫學與行為研究之倫理問題研議總統委員會（President's Commission for the Study of Ethical Problems in Medicine and Biomedical and Behavioral Research）共同決定。[8]統一死亡判定法認為，雖然現行普通法對死亡的定義是心肺系統全面衰竭，但普通法必須擴大納入那些整個腦功能已不可逆喪失、靠呼吸器維生的病人。如果病人的心和肺停止運作，這個人就會死亡（根據定義）；如果病人靠呼吸器和插管維持存活，但是「整顆腦」已經停止發揮功能，那麼根據法律，他或她也被視為死亡。[9]這時維生系統就可以撤除，或者維持到器官捐贈為止。[10]從某種意義來說，這些法律規定只是確認了早期塔克案陪審員的決議。不意外的是，懷特把這項定義推展來護衛自己的信念：使人之所以為人的所有要素，以靈魂的形式存在於腦中。

《紐約時報》曾經問過懷特「靈魂有多重」這個問題。從十七世紀以來——至少可以回溯到笛卡兒，他相信靈魂位於松果體——科學家和博學之士嘗試尋找物質化的靈魂，但是徒勞無功。如果真有這種東西存在，《時代》雜誌建議，它肯定可以測量：它應該會具有結構，而且與神經相連。[11]懷特的回答相當狡黠，你看不到重力，只看到它的效應，然而重力真的存在。靈魂不一定具有可偵測的物質結構，他解釋道，因為它存在於「第四維」。[12]他堅持，我們的眼光必須超越身心關係（mind-body relationship），去了解哲學上更複雜的身心靈關係（mind-soul-body relationship）。懷特解釋，物質上三維的身與腦，正「**面對**」著靈魂。想要接觸靈魂，「你必須穿越物質空間，從第三維來到第四維。」[13]這需要豐富的心靈技巧來想像，這種關係就像一種多維度的文氏圖，腦和身體在一平面上，這平面與另一平面靠著靈魂交會，靈魂在腦和心之間的無形距離上搭起橋梁。他把這種錯綜複雜且奇怪的形而上連結，稱為「懷特原理」（The White Principle）。

科學要求證據。天主教需要信仰。懷特從不認為這兩者有衝突，但是隨著年歲增長，他進一步嘗試透過自己的哲學學說來統一。由於他從不認為猴子具有靈魂，靈長類的頭部移植不需要這些複雜的哲學考量。但如果懷特堅持，人類的物質腦也含有非物質靈魂，就會產生幾個嚴重的問題。腦的物質性質和靈魂是不對等的；然而靈魂進駐在腦中，從某種意義上來說，腦是靈魂的保留器官。所以，你需要多少的腦才夠？博士猴（懷特實驗室訓練出來的獼猴，用於測試切除腦半球前後的學習和功能差異）只用半顆腦袋保留了牠們的性格與記憶。甚至約翰霍普金斯醫院有一位年輕女子的顳葉受損，大腦的語言中心喪失功能，由於未知的原因，卻能完全復原。[14]然後是他自己的病人，包括一位懷特認定永遠不會醒過來的昏迷病人；他的半邊腦受到撞擊創傷而液化，必須利用虹吸引流，但還能重新學會說話，甚至又可以再度下棋。[15]

懷特推論，腦這個容器變小，卻不會破壞裡面的靈魂；靈魂只是流入其餘空間，盤據其中，並且開始蓬勃發展。懷特認為，靈魂必定充滿腦中的每個細胞，但可以輕易在細胞之間流動。「我可以說，靈魂連結在我稱之為**細胞基因股**（cell genetic strand）的某個特定部分上。」他向一位朋友、德國記者克里斯提昂・雍布魯特（Christian Jungblut）如此解釋。「這種連結始於第一個細胞，也就是受精卵的基因股，但只連在其上的特定部分，就是帶有構建腦部的資訊的那段ＤＮＡ。」[16]這還是一種不確定的理論，一種可能的假說。但在懷特的腦海裡，他需要確定人類頭部移植保留了上帝創造的靈魂不死不滅性，這是人類和其他動物的區別。靈魂沒有重量、與身體沒有永恆聯繫、能流動填充於活生生腦裡的任何空間，靈魂可以穿越光。它能夠進行短程旅行，從一個身體到另一個身體。

不過，問題依然存在：誰想要嘗試？懷特的桌上，放著模擬流程的摺疊圖解，顯示手術過程中螺釘、金屬板、縫線的位置。圖解中畫的人有一般的長相：金髮、表情平和，類似肯尼娃娃的男性。然而，懷特夢想中的最佳病人是英國物理學家史蒂芬·霍金（Stephen Hawking）。霍金二十二歲時被診斷出患有肌萎縮性脊髓側索硬化症（通常稱為路格里克氏病或漸凍人），他的運動功能逐漸退化，直到腦部再也無法控制身體的隨意肌。他出現在電影和電視上、寫書，並且發起我們這個時代最偉大的一些辯論，探討物理、科學與人類精神——包括能力、身體障礙，以及擁有身體最首要的意義是什麼。比起這顆行星上的任何人，霍金更像是一顆腦，一個傑出心靈常駐於一個有機的維生系統裡，這個系統提供的差不多就是血流、氣流，以及維持運作的電脈衝。懷特甚至說他是「電腦上的頭腦」。如果有人能證明，當身體不再有用，仍有理由保留那顆腦，那人就是霍金了。[17]對霍金與癱瘓的演員克里斯多夫·李維（Christopher Reeve，懷特最喜歡舉的另一個例子）來說，身體的器官終將崩壞，但是他們可以依賴新的身體活下來（或許無限期）。[18]

當然，霍金不相信有不朽的靈魂，也對換掉現在的身體不感興趣。霍金並未受限於自身的狀況，而是去重新定義。「我的障礙並非嚴重的殘疾，」他在一九八四年的《科學文摘》（*Science Digest*）中寫道，事實上，「這為我阻擋」身體的需索——也就是對做事情和移動的期望，而這些是活動自如的人的負擔。總之，懷特喜歡在霍金身上試驗全身體移植的這個想法。他尤其樂於想像可能向霍金證明物理學家有靈魂這件事，他問道，難道這不是「值得全世界認真考慮的動人情境嗎？」[19]但是，霍金絕對不會成為懷特的病人。那麼，會是誰呢？這項手術需要的是一位開拓者，和懷特一樣有志於挑戰極限的人。

• • •

克雷格·威托維茲（Craig Vetovitz）坐在輪椅上微笑接受二十三頻道新聞（Channel 23 News）的採訪，報童帽牢牢戴在頭上。電視臺為了「本週企業」單元過來報導他的公司——動態鍍膜（Dynamic Coating）。在他背後，有一輛賽車車體被滑輪吊起來，懸在閃閃發亮的引擎上方。他解釋：「我喜歡賽車。發生事故之後，我想要做跟賽車有關的事情。」[20]攝影機的畫面切換到他放在輪椅導航系統上的右手。威托維茲無法控制精細動作，再也無法駕駛賽車，但不能阻止他繼續在賽車道上發揮影響力。威托維茲開發出引擎零件的聚合物鍍膜技術，減少摩擦力，使車輛跑得更快而不會故障。這種鍍膜比鐵氟龍薄，不容易磨損，甚至連NASA都注意到了，於是和他簽約，以減少太空梭的摩擦力。「應用範圍無窮無盡，」他說，「我喜歡測試極限……坐在輪椅上……」他聲音突然變小，然後繼續說。「這改變了我的人生，但我基本上得忽略殘疾部分。」[21]他看著後方線條流暢、光鮮亮麗的車底盤，再度笑了起來。並不是每個人都希望自己的事業會時時提醒他們以前是什麼樣子，而且再也回不去了。然而，威托維茲不是一般人。

意外發生在一九七一年。那年，威托維茲從高中畢業，才剛完成一趟越野摩托車旅行回來。他的藍色條紋摩托車載滿露營家當，沿著穿越美國大西南部的公路行駛，最後結束在密西根州的叔叔家。他夏天在那裡工作，然後在一個悶熱的午後回父母家探望，離俄亥俄州的克里夫蘭不遠。

房子蓋在一座山丘上，後面屋頂往下斜到接近地面，正好在一個誘人的游泳池上方。這樣的距離很適合做為跳入水中的完美平臺，雖然屋簷還是有一點太高了。威托維茲的祖母警告他不要嘗試，但是他的第一跳很順利，一陣急衝之後，激起一團冰涼的水花。他從泳池爬出來，一邊滴水，一邊大笑，準備再試一次。這次俯衝時，他沒能把手臂伸到身前，撥開水面的表面張力：這是微小的疏失，卻成了災難。他的頭先撞擊水面，由於速度與水的張力，頭往後反彈，再偏向一邊。猛然啪地一聲，與其說脊椎骨折斷，不如說是碎裂了。

當身體進入休克狀態，無法回應來自腦的訊號，便停止運轉。威托維茲那天死了三次。醫護人員在意外現場把人救了回來，但他仍然癱軟、全身濕淋淋，他的家人嚇壞了，只能在一旁看著。他們在急診室再度把他救回來，當他躺在手術檯上，生命徵象呈平直線時，又被救回來一次。他會活下去，但是人生從此不同。

威托維茲的下半身失去所有運動控制能力，也失去大部分身體感覺（只有一隻腳對搔癢有輕微感覺）。他可以聳肩，但是四肢僵直，醫生無法讓他兩邊的膝蓋伸直或抬起大腿。他的腳趾僵硬，因此很難脫襪與脫鞋，他的手指和手掌靈巧度很差，常常沒有反應。[22]他在初步好轉和穩定後，做了脊髓攝影（一種造影技術，需要用細針把對比劑注入脊椎管裡），結果顯示最糟的情形：第三、四節頸椎的脊髓萎縮變細。威托維茲現在四肢癱瘓，餘生都要坐在輪椅上。[23]

頸椎第四節出問題造成的四肢癱瘓，通常被認為是最嚴重的脊髓損傷。威托維茲在克里夫蘭的高地景觀醫院（Highland View Hospital）住了一年半的時間，這家醫院約在都會醫院以南二十公里處，但是醫生沒有真正往完全康復的方向努力，因為這是不可能的目標。威托維茲認為這樣就等於放棄。他想，一定有更好的方法，於是決定採取激進的解決辦法。他辦理出院，搬進一位在醫院遇到的退伍軍人的公寓，這人曾經是醫務兵。兩人一起用廢鋁材打造支架，認真鍛鍊肌肉。威托維茲加強肩膀的力量，讓他起碼可以開始控制手臂。他開發出一種「寫字夾板」，是類似石膏、可用於手臂和手掌的固定裝置，讓他可以重新學習寫字。一年後，他註冊了卡雅荷加郡社區學院（Cuyahoga Community College）。他繼續在附近復健，游泳並利用平行桿練習，增進肌肉張力。他想要打敗自己的癱瘓，他想阻撓它，贏得勝利。[24]同時，他要盡可能爭取獨立。一九七六年，威托維茲和父親設計了一間房子，給他和未來妻子蘇珊居住。有八角形的地面層，窗戶很低，讓他可以看出去外面（如果失火，也容易逃生），這間房子以中途之家為設計概念而上了新聞，其他坐輪椅的人也能夠來這裡共居。[25]它的結構接近圓形，因此威托維茲可以一直往前移動，而不需要後退，這也是他的生存口號。

威托維茲經常誇耀自己在輪椅上完成的事情，比起其他許多身體不受限制的人還要多。他完成學業、結婚、生子、創業、獲得NASA的研究經費，並且到處旅行，包括前往紐西蘭和斐濟進行短期旅行。[26]雖然他再也不能開賽車或騎摩托車，也不能陪兒子在後院玩美式足球，但是他拒絕故步自封。他開始一項訓練癱瘓病人到他的企業工作的計畫、示範如何使用新型輪椅（例如GRIT自由椅，這是一種適用於各種地形的輪椅，起初是模仿高爾夫球車而來），以及為了克里夫蘭希斯山兒童醫院（Heath Hill Hospital for Children）的脊髓損傷病童舉辦募款活動。「並非身心的障礙使得兒童或大人成為殘廢，」威托維茲在一九九一年慈善活動後接受採訪時這麼說，「是其他人……透過貼標籤和歸類造成的。」[27]不過，他也知道希斯山的孩子大多活不到青少年時期。畢竟，身體是很脆弱的東西。以克雷格來說，他的不對勁始於腎臟。他的腎臟開始衰竭。

自從莫瑞實施第一起腎臟移植，拯救理查．赫里克的性命以來，數十年過去了，許多方面都變得更好：安全性提高、移植受贈者的存活年限更長、獲得器官的機率變大。莫瑞已從哈佛醫學院退休，而且在一九九〇年獲得諾貝爾生理醫學獎。但是，腎臟移植永遠不會拯救威托維茲。由於癱瘓，他不會被視為「合適」的人選。[28]對於器官的需求，從以前就很高，而且持續居高不下；每一年可用的腎臟數量達一萬六千枚，但還留下五萬人在等候名單上。[29]有這麼多需求待解決，移植中心謹慎且嚴格地審查這些可能的接受者。病人若要被納入移植考量，必須「健康情況良好」，除了腎臟疾病以外。[30]我們需要不斷地分泌荷爾蒙和其他化學物質，才能幫助身體癒合、成長與調節。這些負責維持器官和組織健康的訊號一旦中斷，整個系統就可能故障。而腎臟像是煤礦坑裡的金絲雀，如果它們出狀況，其他器官會一個接著一個垮掉。脊髓創傷也會打斷痊癒所需的「腦至身體至腦」訊號。結果就是，很少有癱瘓病人被認為適合腎臟移植，即使有，也絕不會排在前面。威托維茲知道自己很可能永遠不會進入等候名單。但是，他打算把生命交到一位實驗外科醫生手中。威托維茲勇敢、聰明、永不氣餒，自己就是一位發明家，隨時準備冒險，去做不可思議的事情。而且他也沒什麼可失去了。至少在懷特看來，他是完美的病人。

值得拯救的生命

以懷特的全身體移植手術為主題的文章，通常會提出倫理和宗教問題加以奚落。

砍下某個人的頭真的「沒問題」嗎？懷特的答案始終如一。不，這沒有違反倫理；不，這沒有違逆教會。教宗本人不反對。事實上，教宗若望保祿二世還邀請懷特加入宗座科學院，那是他多年前曾經造訪的神聖建築，白色大理石在陽光下熠熠生輝，此外，教宗請他就生物倫理議題提供個人建議。[31]當時，梵蒂岡主要關注的焦點是生命起點和墮胎問題；懷特認為自己是在這些事情另一端的專家，但是他的大部分對話，與學院的許多交流，仍然圍繞著什麼是生命與什麼不是生命之間的模糊界線。對懷特而言，歸根究柢，這仍與腦活動有關。*懷特一再堅持，「從神學或倫理觀點來看，」全身體移植沒有任何問題，因為腦死就是真正死了。[32]然而，對很多人來說，這些話很空洞，有如試圖為類似法蘭肯斯坦的傲慢做辯解。

「我希望，」威托維茲告訴兒子科里各（Kreg），「你能給人吃一種藥丸，讓他們癱瘓一個月。」他的用意並非要讓別人長期行動不便，而是一種方法，讓他們可以從束

* 作者注：生命始於受孕的概念，對於天主教會來說還很新，教會在墮胎方面所持的立場只有大約一百五十年的歷史。一八六九年，教宗庇護九世在詔書《宗座調和》（*Apostolicae Sedis Moderationi*）中宣布，墮胎是一種謀殺。更早以前認為，胎兒要到「賦予靈魂」（ensoulment）的時刻才被視為具有完整生命，而這整個時間表似乎沒有共識。懷特醫生對於墮胎的立場並不明確。

縛於輪椅上的人的眼睛，直接目睹失去獨立自主能力的情景。他們就會知道真正的難堪在哪裡。「假裝你是四肢全都癱瘓的人，」威托維茲對《克里夫蘭風景》（*Cleveland Scene*）雜誌的記者說，「好比說你真的渴了，你得要別人幫你倒杯水來。」[33]喝下那杯水後，你必須請人協助你上廁所，因為癱瘓之後，訊息無法透過脊神經在腦和膀胱之間傳遞。癱瘓不只是你做不到什麼事情，也變成分界，你的身體似乎不再完全屬於你。威托維茲換另一種方式說：「當你成為殘障人士，你會失去所有隱私。」[34]別人必須替他洗澡、換衣服……許多病人還得每四到六個鐘頭讓膀胱透過尿管排空。威托維茲已經和妻子離婚，但前妻繼續照顧他，免去讓陌生人（看護）或自己兒子（這樣更糟）替他做這些私事的尷尬。

而且，還有其他風險：太少活動造成的深層靜脈栓塞（血液裡有凝塊）、腸胃不適，以及會引發感染而導致敗血症的皮膚病變和褥瘡——癱瘓的人過著需要隨時警覺的生活。身體變成你一切舉動的主要談判代表，這時身體已經與不再控制它的意志分離。威托維茲抱怨：「每個人總是想到，」進行頭部移植肯定是「一件多麼『噁心、可怕、殘酷的事！』」[35]但這只是因為他們不理解。威托維茲奮起應付挑戰，克服四肢癱瘓的障礙，活出豐富人生。然而，他是在一九七二年受的傷，當時預期脊髓損傷患者平均只能再多活二十多年。醫生原本說他活不過三十歲，而他現在已經四十多歲了。從醫學的意義來說，威托維茲已經過了保存期限。剩下的時間不多，所有的風險不再是一樣的了。[36]他知道懷特醫生；懷特醫生是當地的脊髓創傷專家，多年前曾收到威托維茲的X光片，儘管對他的損傷束手無策。威托維茲也知道懷特醫生不那麼正統的研究。

威托維茲對實驗性手術感興趣，這始於他努力提升大眾對幹細胞治療的認識，當時這種療法還不允許應用在臨床上。他開始在地方媒體上發表觀點文章。如果他展現出病人願意全力以赴的決心，或許會打動人心，打動研究審核委員會。他已經跟克里斯多夫．李維見過面並談過話，李維也一心想要尋求脊髓損傷的療法，但是治療方法來得很慢。如果威托維茲的器官衰竭，他就遇不到這些方法了。

懷特的研究受到地方和全國電視臺的報導，他一再提及，在猴子身上實施的頭部移植可以擴展到人類，那個人可以得到一具新的身體。威托維茲決定和懷特聯繫，懷特非常高興見到他。一九九六年，兩人首度一起公開露面，出現在小報式電視新聞節目《證據確鑿》（*Hard Copy*）的三分鐘片段。在後製剪輯中，製作人換了旁白，介紹這對搭檔是「法蘭肯斯坦醫生和他的志願怪物」。他們把特製片段穿插到一個復活節的科幻餘興節目中，醜化懷特的研究以及威托維茲的自願犧牲。威托維茲被惹毛了，去找製作人大吼，要他們重剪一個版本播出。然而，這件事令人震驚，讓人難以置信。「我們還跟他開玩笑。」他的兒子科里各說道。「不過，爸爸準備好了。而我們也變得習慣這個想法。我想，我們是從拒絕到懷疑，再到好奇。」[37]

對威托維茲來說，懷特的研究並非駭人聽聞，而是高尚的行為。他強調，這位外科醫生了解病人過著什麼樣的生活，他能感受到他們的不幸和痛苦。[38]大多數人（包括報導這個故事的各種採訪者，以及電視與廣播電臺的特派記者）仍然認為，威托維茲自願當天竺鼠是愚蠢衝動的行為。但是，威托維茲具有衝鋒精神，而且和懷特一樣厚臉皮，他揮手讓他們走開。他堅持自己完全適合這麼做，因為「我根本不屑別人的想法。」[39]懷特來到威托維茲位於俄亥俄州興克利（Hinckley）那棟特別設計的房子。兩人在樸實的白色用餐區停留，往外望去是通往陽臺的滑門，門外是一片綠色針葉林。懷特站在這位新病人後方，把手搭在他的肩上，一同看向攝影機。這是他們的正式媒體照片。懷特談到了他能挽救的生命，以及他能為病人爭取的時間。癱瘓的人可能不會被視為器官移植的理想人選。但他們是擁有人類靈魂的人，難道他們的生命不值得拯救嗎？[40]

懷特早就忙著開發可以用在人類身上的擴大版手術程序。他甚至聲稱這還更簡單，畢竟人類有較大的靜脈和動脈；其實是所有組織都比猴子大，也更容易看清楚和操作。除此之外，懷特更了解人腦和它的電反應，勝過猴子的情形。他們只需要安全防護備用系統、更大的團隊，以及一間更大的手術室。他甚至仔細估算了成本。手術本身約需要十萬到二十萬美元。懷特認為，從全盤來看並不算太貴，當你考慮到腎臟移植的時間和設備平均花費是四十萬美元。但是，懷特當然需要經費進行初期的訓練、試驗，以及打造一間有專門配備的手術室，讓兩組外科團隊協力為兩個人動手術。還有恢復期的照護，可能需要復健，更不用說抗排斥藥物了。要做到這些，最終的花費無疑會接近四百萬美元。他猜想補助款會和以前的猴子實驗一樣有著落。或許國家衛生研究院會支持，或許吧。即使沒有聯邦主管機構，也可能很難說服醫院的倫理委員會。*懷特與威托維茲都擔心，這項手術也許會被認為太過驚世駭俗。

一九九八年始於寒冷的一月，以及鬧得沸沸揚揚的政治醜聞（主要是總統與年輕

* 作者注：有別於受到食品暨藥物管理局（FDA）監督的新藥開發，外科手術並沒有聯邦標準規定。因而每個地區的手術方案可以有很大的差異。

實習生有不正當的關係）。但是，懷特的天大消息截然不同：他在都會醫院的任期正式塵埃落定。他必須在一九九九年底退休。這代表剩不到兩年的時間可以明確制訂威托維茲身體移植的各項參數，找出方法讓懷特手術公諸於世的時日不多了。

一直以來，解剖室就是外科醫生的私人圖書館。剖開一具遺體，如同翻閱一本獨家書籍的書頁，是許多醫學生必經的儀式。懷特想要把他的手術方案往前推進。他早已想像過無數次，他躺在床上，讓手術步驟具體出現在腦海裡的私人空間，並調整到臻於完美。現在，他想要讓手指也跟著做，拿著手術刀沿著圖解中的線條劃開。他再也不需要猴子了，他需要的是新鮮的屍體，就像他文學中的同類法蘭肯斯坦一樣。醫學院中的屍體通常是防腐保存的，帶有化學液體的味道，這些液體會使肌肉褪色、組織也染成別的顏色，身體的內部構造沒有一處看起來像原本應有的樣子，也完全不像教科書上的描述。懷特需要未經過處理的人體，也就是不久前還活著的新鮮遺體。好比說，之前莫瑞為了試行腎臟移植，在耶誕節的前幾天，還得駛過結冰的道路，才能接觸到剛死不久的遺體。懷特提出請求，他想要的不是一個，而是兩個合適的「病人」來練習。同時，他拿出以前猴子手術的筆記本、示意圖和計畫。他也觀看了這些手術的影片，畫面帶有顆粒感，但色彩鮮明得令人覺得不安。他需要回答的問題是：把猴子的手術擴展到人類，需要改變什麼？

懷特如同繪製星圖一樣展開工作，把在猴子微小血管進行的步驟，投射到人體解剖上。他曾經看過數百隻猴子，以及成千上萬位男性、女性及小孩的身體內部。儘管執行人類以外的靈長動物的移植手術有數十年了，他仍然覺得比較陌生不熟。而在人體上，懷特就像在家裡一般。他閉著眼睛也能想像出脊神經和腦神經的走向。懷特最後一次察看筆記。他不需要用到新的藥物，真的不用。他甚至不需要新的設備。維持血流是關鍵，監控腦活動也是，但現在的大多數手術都這樣做了。不過，他們會需要安全防護技術。他和奧本已經開發出來了，也就是血液灌流機，作用起來幾乎像是機器心肺。這可以在中間的關鍵階段抽送推動血液，同時把氧氣提供給等著接收頭部的身體以及將被移植的頭。[41]如果身體移植當中出了任何問題，機器可以挑起大梁，讓腦部不會遭遇危險狀況。懷特到實驗室檢查設備，標出仍需要購買或製造的項目。然後，他回到解剖室。有電話打進來，他很幸運，剛才有兩具新鮮的遺體送到。試驗的時間到了。

懷特的手術檯上躺著一具完全沒有生命氣息的屍體。去世不久的人看起來非常像睡著的活人，除了眼睛眨也不眨地凝視上方。懷特扶著脖子畫出一圈細線，然後把兩個大金屬架卡在頭上，將螺釘鎖入頭顱固定。就在視線以外，一模一樣的手術檯上，躺著的是「腦死」的第二具屍體。真正的手術中，會有兩組由外科醫生、助理、護理師及麻醉醫生組成的團隊，在緊繃的張力下等著手術刀揮舞。懷特此時仍然需要他的團隊這麼做，但是他們工作時沒有相同的焦慮感，畢竟，這些「病人」沒有死亡的風險。

懷特把六條管線中的四條分開來，這些是皮下的重要靜脈，再將它們透過線圈形管子連接到「腦死」病人的軀體。要是這兩顆心臟正在跳動的話，兩具身體的血液此刻會開始流入第一位病人的頭部。懷特接著小心切斷並縫合血管，直到所有相關的血液供應管線讓血液從第二具身體流到新的頭部。又一個小時過去了，他已經讓頭顱重新固定在「腦死」身體上，以螺釘和縫線組裝到脊椎骨，移除所有線圈管。[42]懷特看了時鐘，團隊在時間內完成手術。這是成功的人類版本頭部移植，即使兩位病人都已經死亡。

你可以說是頭部移植或身體移植，懷特兩種說法都用過。但是他強調，為威托維茲規畫的手術不會是「實驗」。你會在動物或屍體上實驗；但臨床手術只有在你讓它變得完善之後才會進行。懷特花了將近三十年的時間來精進，連最小的細節也不放過。在懷特的腦海中，頭部／身體移植已經不是實驗。[43]它只是還沒實現的手術。

懷特開口說：「下一位。」一邊把一名手指麻痺的老婦人引到旁邊，讓路給另一名患者。懷特在門診附近的「麥當勞辦公室」，受到一小群人的包圍，他在那裡和病人見面，提供免費的建議。這是在無意間開始的，先是他被認出來，然後有人來請教他對於病症的意見，沒多久他就經常出現在那裡。一個穿著髒襯衫的人和懷特握手，邊露出殘缺的牙齒微笑說：「只是想說聲謝謝，頭痛好了。」[44]懷特點點頭。事情很簡單：就是換個牌子的啤酒。

他一直在尋找新的麥當勞，會在（俄亥俄州的）日內瓦，等他正式退休就可以去了。他退休後仍可以受邀參加會議和委員會，甚至能夠開刀，只要醫院提供設備和空間。但是，身為唯一在處理公眾事務時大聲疾呼的醫生，發出理性和權威的單一聲音，他具有某些特質。他喜歡貼近生活的感覺，尤其是在沒有人要求或期望的空間。最棒的是，麥當勞是寫作的最佳場所。背景噪音（現在幾乎消失在家裡）帶來的安心感受，不知怎地卻能處觸發腦細胞。懷特需要寫文章。他的榮退紀念會即將到來，接著就是搬到一小時車程外的巨大遷移工程，而且他還要在期限之前完成《科學美國人》

（*Scientific American*）的要求。這是他到目前為止宣傳「懷特手術」的最好機會，也將是他第一次分享完美的手術流程。文章會在一九九九年底刊出，也就是下一個千禧年到來之前的最後幾個月，到那時，二十世紀已成為「橫陳的屍體」，如同湯瑪士．哈代（Thomas Hardy）的描述。*懷特寫好文章了。

「儘管有電視與吃角子老虎機，」《科學美國人》的主編格倫．佐佩特（Glenn Zorpette）和卡蘿．伊澤爾（Carol Ezzell）在當期的開場白寫道，「科技的意義在於延伸我們的身體、我們的感官，最重要的是，延伸思想可以做到的事情。」[45]他們把這一期稱為《你的仿生未來》，談到可攜式電子裝置年代、基因密碼和DNA的新發現，以及廣義的「仿生學」（Bionics）的開端。仿生學這個名詞通常帶有「模控學」（cybernetic）的概念，也就是使用高科技硬體取代人體的某個部位，但是對佐佩特與伊澤爾而言，這也代表「結合生物學和微電子學」改變人類的生活。[46]他們說明，未來十年內，我們會看到複製人、人工子宮、從幹細胞培養的器官、帶來豐富感官體驗的虛擬實境、透過人體掃描而訂製的服裝，以及不需上健身房就能讓我們長肌肉的基因疫苗。[47]雖然這一期有幾項宏偉遠大的主張，然而基調仍然相當克制，聚焦於當時正在研究或測試的項目。其中只有三項是特例，根據編輯的說法，雜誌內容討論到的計畫有三項看起來太怪異而無法實現。有一項是工程師雷・庫茲威爾（Ray Kurzweil）的研究，他認為機器將會有情緒和意識。另一位邊緣先驅則是迪恩・哈默（Dean Hamer），他預期會有嬰兒的基因訂製服務，甚至可以指定性格。但是，編輯在第三篇看似駭人的稿子糾結許久，這篇文章的標題是〈頭部移植：替舊思維配上新身體〉。編輯的結論是，**我們當然不會看到這樣的怪物**——但話說回來，下一個千禧年屬於那些願意掌握仿生未來影響力的人。

明顯帶著玩笑意味的小標「頭砍給你」，出現在一張照片之前，照片中是一顆充滿生氣且神情清醒的頭顱，裝在鐘形玻璃罩中。懷特開頭寫道：「我們現在可能考慮把頭部移植應用於人類了。」[48]文章詳細描述手術流程，跟他才在屍體上練習的一樣，也是他打算用在威托維茲身上的流程。讀起來的風格很類似他發表的猴子頭部移植科學論文：充滿權威，但輕鬆且自信，通俗易懂而不會過於學術。然而，有一項值得注意的變化：懷特不再把實驗對象稱為「實驗材料」，他以前習慣這麼稱呼。他們現在

* 作者注：大地那清癯的面容像是／世紀的屍體橫陳；／沉沉的雲幕是他的墳穴，／晚風是輓他的歌聲。
——湯瑪士・哈代，〈冬晚的畫眉〉（The Darkling Thrush），一八九九年十二月三十一日（中文翻譯引用：余光中，《英詩譯註》，臺北：文星出版，一九六〇）

是病人。

「一旦兩位病人接受麻醉，」他用過去式來寫，彷彿手術已經成為往事，「兩個團隊」同時沿著兩位病人的脖子進行深度切割。[49]他們一點一點地分開組織和肌肉，觸及頸動脈、頸靜脈與脊柱。[50]懷特解釋，人類的血管約是猴子的五倍粗，因此血管系統容易定位，也更容易操作。兩位病人的頸部骨頭都要去除，露出脊髓——就像先前獼猴的情形一樣——每一位的脖子都要乾淨俐落地切斷。他再次描述摘除頭部的經過，把這段過程稱為「關鍵行動」，因為之後的事情就是縫合靜脈與動脈、把脊柱鎖在一起，然後將皮膚覆蓋回去。[51]這裡當然與原始手術會有明顯的不同：第二位病人的頭會被莊嚴地摘除（或許舉行葬禮？）。至於留下來的頭，它那現在已經沒有用處的身體……嗯，肯定也會有去處。懷特並未停下來思忖，要如何把某個人曾經待過的「舊」身體，當成另一個人的身體下葬。

懷特總結道：「我和同事已經朝人類頭部移植邁開第一步。」他的話旁邊有一幅人頭的影像，這顆頭被C形夾固定住，非常像脖子鎖著螺栓的法蘭肯斯坦怪物。[52]他列舉可以使體溫降至攝氏十度的泵浦，以及他進一步開發能降低代謝率的冷卻方法。他也提到需要藥物抑制免疫反應，避免身體排斥新頭顱。回想起來，懷特沒有說的事情更有意思。他忽略威托維茲的名字，雖然他提及可能面臨器官衰竭的潛在病人。懷特也忽略選來做為身體捐贈者的腦死患者的名字，此人仍受到匿名保護。透過福斯新聞節目《時事》（*A Current Affair*）的其中一集，我們從威托維茲口中得知，這位男性捐贈者的身體情況良好，但腦部毫無反應。我們不清楚除此之外的事情，也不知道懷特用什麼方法取得捐贈者家屬的同意。

懷特的文章選擇以深奧的問題作結。移植人頭不只是一項科學發現，也關乎保存和延長生命——這是透過換掉故障身體而獲得的一種永存不朽。懷特強調，真正的問題不在於我們怎麼達成，而是「人腦移植涉及移植心智和精神……也就是靈魂的實體倉庫，社會對這種概念的接受程度有多高？」[53]頭部移植或許可以挽救威托維茲的生命，但還有更大的功用。（懷特深信，）這將證明人類靈魂位於何處，也暗示靈魂確實存在……這非常可能是他一路以來的主要目標。

移植手術一直都不是只與血和肉有關，莫瑞說移植是「靈魂的手術」，給了他目標和意義。懷特則執意要直接對靈魂動手術。他自己的哲學，自己對於物質與非物質在何處相遇的思索，只是沒有證據的風中雲煙。一個心靈在一具新身體裡醒來，眼睛可以張開，感官有所覺察，雖然已經有了不同的皮囊：這會是無可置疑的證據，證實人格位於腦中，也證實在三維頭部的局限之下，四維的靈魂是可以移植的。懷特的結論是：「這些問題我們在現實中會遇到，而瑪麗．雪萊只會在小說中遇到。」[54]

•••

文章在一九九九年秋季末登出。幾天內，世界各地出現的新聞標題充滿了期待。倫敦的《泰晤士報》（*The Times*）宣布「外科醫生計畫進行頭部移植！」[55]該文作者強納生．李克（Jonathan Leake）聲稱，這項手術將使「生重病的大亨」獲益，每顆頭需要的花費高達八十萬英鎊。不過，這條新聞最令人震驚的地方並非標出價格，而是報紙理所當然認為問題不在於**是否**而是**何時**會實現。有一篇分別供稿給《英文台灣日報》（*Taiwan News*）和《南華早報》（*South China Morning Post*）的文章說，「世界頂尖腦外科醫生」懷特將在烏克蘭的羅瑪多納夫神經外科研究所（Romadonaff Neurosurgery Institute）切下威托維茲的頭，文中還驚人地補充，因為這家研究所需要現金，而且烏克蘭的人類器官移植法規很寬鬆。文章繼續報導說，四百萬美元的費用將由國家衛生研究院以及克里斯多夫與唐娜．李維基金會（Christopher & Dana Reeve Foundation）買單。[56]然而，這些報導彼此之間有明顯分歧。有些消息來源認為，手術會在俄羅斯的一所大學進行，花費是五百萬美元；另外一些消息則說，基輔神經科學研究中心（Neuroscience Research Center of Kiev）有優先權。就在幾週後，有一篇文章討論懷特提議的手術（那時被視為即將發生），刊在英國的《倫理學報告》（*Ethical Record*）期刊，標題是〈身體移植的前景如何？〉。文章把威托維茲與霍金、李維等更為人知的名字列在一起，不只為懷特辯護，說他的研究符合倫理，還主張癱瘓的人應該擁有健康且長壽的生活——癱瘓及其他類似的情形都是。作者的結論是「**健康的心靈，存在於健康的身體裡**」。[57]看到倫理學期刊如此熱情支持這麼令人不安的手術讓人訝異，但如果作者是希爾曼的話就不意外了，他就是曾經到莫斯科拜訪德米科夫的英國神經生物學家，自己也在研究所謂的「腦膠」（brain glue），試圖刺激脊髓再生，治療癱瘓。

或許新的千禧年鼓舞了宏願，也或許《科學美國人》的文章最終引起共鳴；無論是哪一種原因，顯著的轉變發生了。不過幾年前，生物倫理學家亞瑟．卡普蘭（Arthur Caplan）指控懷特的研究有一種終極的「噁心因子」，並且抱怨這「貶低」了生命。神經科學家同行娜歐米．克萊特曼（Naomi Kleitman，邁阿密癱瘓治療計畫的聯絡人）說這是一種「幻想」，認為沒有人會想要進行這種手術，即便是她最嚴重的殘障病人。[58]

現在，國際報紙不僅緊追懷特不放，他們也會採訪威托維茲。威托維茲告訴瑞典的一家報紙：「每個人總有一天會死。」[59]為了某個目標，他不怕死。至於懷特——儘管已經搬到日內瓦湖——他經常接到來自各地的演講邀約，每週大約到都會醫院兩天，而且曾在兩部紀錄片擔任要角。聚光燈回來了，醫生登場。

「我把這叫做『懷特手術』，」他在二〇〇〇年一月告訴《連線》（*Wired*）雜誌。他感覺到巨大的變化。時鐘和電腦滴答走入新的千禧年，沒有發生系統故障或科技災難。那些囤積飲水、口糧、彈藥，甚至黃金的人，只好難為情地忙著處理物資，拆除臨時搭建的地下避難室。另外好幾件大事即將來臨。第一批準備住在國際太空站（International Space Station）的組員抵達太空，這是由美國太空人和俄羅斯太空人組成的團隊。科學家完成人類基因體的第一份草稿，懷特在《神經學研究》（*Neurological Research*）發表頭部移植實驗的歷史綜述。他寫道，這將是也必定是大腦的世紀。問題是，美國會領先或落後對手。

•••

然而，實際情況並非如此。威托維茲對《時事》節目吐苦水說：「政府介入，讓手術喊停。」[60]這項指控的實據從未披露出來，但還沒到二〇〇〇年底時，就很清楚這項手術無法在美國進行。懷特在當年的一場採訪提到李維基金會，不過事實上，他們並沒有承諾提供經費；而頭部移植的任何研究，即使是沒那麼危險（與邊緣）的研究，都很難拿到國家衛生研究院的補助。新聞說這項手術已經預定在俄羅斯或烏克蘭進行，這是渲染的報導，然而前蘇聯地區的確是最佳選擇。「如果我們在基輔動手術，」懷特在那一年八月說道，「我想可以讓費用落在兩百萬美元。」[61]烏克蘭的研究所如同懷特喜歡形容的那樣，對於外科手術「非常不官僚」。不像在美國得花很多年的時間等待委員會核准，花很多時數訓練人手，懷特在烏克蘭只需要三到四週就能訓練出一個外科團隊（可能因為資格的要求沒那麼嚴格），以及大約一樣長的時間「與當局處理手續」。[62]懷特獲選為俄羅斯與烏克蘭這兩個國家醫學科學院的院士；他也在那裡動過手術，甚至早在一九六六年首次拜訪莫斯科時就示範過了。至少那些地方很容易找到可供移植的人體。[63]懷特告訴《連線》雜誌，他收到來自莫斯科、列寧格勒與基輔的邀請函。「他們都想要我去。」他說道。[64]但是，不會有人找他到克里夫蘭都會綜合醫院再進行一場手術。他已經正式（帶著一些苦澀）退休了。

來自俄羅斯的愛

畢生的心血，豈是一個房間塞得下的。懷特從辦公室打包的箱子，以及裡面的祕密寶藏分別搬到三個地點。他被分配到都會醫院的「榮退」辦公室，這是和其他幾位退休人士所共用的房間，這些人放不下醫院與其代表的意義。他在沙克高地的家庭辦公室已經快要爆滿了，只能放幾樣零星雜物，其他的東西都跟著他到日內瓦湖。湖濱的屋子更具現代感，這種風格延伸到保麗板桌子和可以眺望岸邊的整排滑動窗戶。牆壁才掛上他的獎項、早期腦分離手術的黑白照片，以及教宗的照片。還有他認為值得特別尊敬的兩幅肖像。第一幅是庫欣，他通常被視為神經外科學之父。第二幅是懷特曾經遇過的人：弗拉基米爾・涅戈夫斯基（Vladimir Negovsky）醫生，蘇聯的復甦學（reanimatology）與低溫應用之父，這些研究領域使他成為布留霍年科「有機體復活實驗」的繼承者。

懷特曾回去過俄羅斯數次。他甚至在一九九二年和哥倫比亞廣播公司（CBS）的電視製作單位一起回到腦研究所。最後，他們讓懷特進去神祕的第十九號房，許多傑出領導人的腦都積聚在那裡，全泡在福馬林中——還包括列寧的腦。[65] 原本大家以為列寧的腦失蹤多年，但驚人的是，這顆腦其實被切成三萬片。這些切片薄如紙張、保存完好且幾乎透明，遺留下革命背後的思想。「我把一個要為謀殺百萬人民負責的人的部分大腦拿在手中，此人創造的共產主義政府形式至今仍存在於世界許多國家中。」懷特對著攝影小組說。這是他等了三十多年的榮耀，象徵尊重和信任，他銘感在心——但他也很高興離開那裡。[66]建造一座病理學博物館是一回事，它使人們想起成功和失敗，以及對於神經疾病醫療的精益求精。然而，即使是和列寧短暫同處，與其相關的歷史隨之襲來，那又是另一回事。不過，或許懷特此行遇到最令人驚訝的事情，並非自己目擊到的奇觀，而是那些看似日常的物品，卻對他遇到的俄國人具有神祕的重要性。一天，一位同行偷偷帶懷特去看腦研究所的珍貴財產：一臺早期的蘋果電腦。絕無僅有的一臺。[67]即使到了新的千禧年，情況依然沒有太大改善。

二〇〇〇年之前，俄羅斯正在經歷轉變期。鮑利斯．葉爾辛（Boris Yeltsin）雖然掌權，但是他的不穩定政權產生非常明顯的效應。[68]街頭犯罪攀升，特別是鬧市的扒手和搶劫猖獗。貨幣體系同樣崩壞，民眾拚命勉強維持生計。這不是自由的感覺，更像是貧窮的滋味。就連計程車司機也抱怨「西方」，特別是美國人，把痛苦加諸在他們身上（雖然沒人能確切說出美國人是怎麼辦到的）。[69]總理弗拉基米爾．普丁（Vladimir

Putin）早已覬覦總統大位，亟欲建立某種秩序。他在五月七日實現願望，乘著對更安定的蘇聯時代的懷舊浪潮，立即恢復一九四四年制訂的蘇聯國歌。

懷特可能曾經收到俄羅斯與烏克蘭同行的許多邀約，他們想請他以革命性手術來為所屬機構增光，但歸根結底的問題在於成本、成本、成本。即使是最便宜的全身體移植，所需金額仍然相當可觀。是的，鐵幕已經倒下，但是醫院依舊資金拮据，而且實驗室和醫療技術還停留在十至十五年前。如果懷特想要在前蘇聯地區進行移植手術，必須自己籌措經費。

諷刺的是，懷特早在一九七五年就可以動這種手術。他得知基輔有一對雙胞胎兄弟遭到逮捕、定罪並判處死刑。懷特受邀把他在猴子身上做過的研究移到人體上試驗，以這對兄弟做為實驗對象，而基輔的實驗室任憑他差遣。這兩人無疑是完美的病人。如果手術失敗，他們會在麻醉狀態下死去，或許遭遇的痛苦比行刑還少一些。[70]要是成功了，懷特就能證實懷特原理：人類的靈魂不是固定的，因而能夠轉移，而且身體移植可能讓禁錮於垂死身體的心靈繼續活下去。但是，事情不能這樣進行。凡有一點道德的外科醫生，絕不會違反病人的意志在他們身上動手術——尤其是不能在囚犯（可能是政治犯）身上。再則，懷特需要在接下來幾年，創建一套他認為足夠安全而能用於臨床試驗的手術程序。沒錯，PETA稱他為法蘭肯斯坦醫生，但是他們有一點是錯的，懷特的確在乎結果，也一樣在乎方法。科學進步並不是一切。懷特曾經說過，在倫理與道德的大海中，「沒有航海圖。」唯一的磁石是人類的良知。[71]

懷特在俄羅斯無疑將得到他提及的任一所候選機構的支持，但沒有經費。（「我今天檢查郵件，」他對一位記者開玩笑說，但奇怪得很，「沒看到兩百萬美元的支票。」）[72]在美國，懷特肯定拿得到錢，不過手術得不到支持。接下來的九月，懷特退休還沒滿兩年，世貿雙子星大樓倒塌。新千禧年令人興奮的氛圍，轉變為對恐怖主義及中東戰爭威脅的擔憂。或許是焦點突然轉移，也或許與其他國家競爭科學實力的時代戛然而止。無論如何，曾被視為尖端研究的猴子移植，卻有愈來愈多人認為是恐怖的邊緣科學。那些對他持懷疑態度的人，主要的控訴並不是腦死，甚或懷特的動物實驗。而是與切斷脊椎有關。

懷特總是認為，他的手術應該主要限定在癱瘓病人。這是他如此關注那些已經癱瘓者的原因之一；對他們來說，手術是延長既有生命，而非得到更美好人生的方法。

懷特的確心懷希望，有一天，科學也可以解決這個問題，不過他的首要目標一直是在證明概念。畢竟，最早的心臟移植並沒有讓受贈者的生命加長，甚至可能會縮短。然而，如果沒有早期的手術，就不會有當今真正能拯救生命的心臟移植獲得廣泛應用的情景。對懷特來說，他的創新具有同樣的價值；然而，對他的批評者而言，這一步跨得太大了。沒有人想支持這麼激烈的外科醫療，除非結果有助於病人的復原，而非只是延長四肢癱瘓的時間。

哥倫比亞廣播公司有一次採訪傑瑞・席佛（Jerry Silver）博士，他是懷特自家凱斯西儲大學的神經學家，卻譴責懷特的研究。席佛在一九七〇年曾待在懷特的實驗室，那時懷特的猴子醒過來，卻完全癱瘓。「真的很可怕，」他說道。「我不認為這種事應該再來一次。」把人類的脊髓重新接起來「純粹完全是幻想，」實施頭部移植將會讓病人永遠癱瘓；對席佛而言，即使病人一開始就癱瘓，這種實驗性手術「從來就不應該發生。」[73]英國開放大學（Open University）的腦研究主任史蒂芬・羅斯（Steven Rose）博士也同意這種看法。他在二〇〇一年英國廣播公司BBC新聞的採訪中抨擊懷特，稱他的研究「完全是誤導，在科技上無關緊要，別的不說，這是違反任何倫理考量的荒謬情事。」[74]懷特的反駁，引自同一篇新聞，說道：「今天，脊髓損傷圈子中有一些瀕臨死亡的人，如果接受身體移植，就會活下來。」這些話並沒有動搖反對者。[75]倫敦聖巴多羅買醫院（St Bartholemew's Hospital）的彼得・哈姆林（Peter Hamlyn）醫生稱懷特的研究「殘忍」且不重要，而威托維茲這種人是想獲得關注的怪人。[76]攻擊懷特的可能病人，比起攻擊他本人，更讓他受傷。對於身體日漸衰弱的人，那些無論生命多麼有限而仍想繼續活下去的人，醫生怎能直接對他們說出這些話？

有時候，成功本身就會招來不滿。第一位心臟移植患者只勉強多活了幾個星期，之後跟著接受移植的人僅多活了幾個月。儘管如此，他們被推崇為移植可以挽救性命的證據。接下來數十年，存活率大增，然而受贈者的標準卻遭到限縮。威托維茲曾被拒絕，無法進行腎臟移植，因為身障者不是「好人選」。無論如何，手術程序已經開始由醫學專業意見，根據構成良好生活的條件來評估。威托維茲就是活生生的例子。他仍在尋找新的可能方法，仍在為幹細胞研究奮鬥。美國人對於實驗的熱情，對於嘗試前所未有事物的熱愛到哪去了？四肢癱瘓者面臨的障礙，似乎同樣困擾著懷特手術：**麻痺**。

但是，如果你能重新編織神經束，打通腦和身體之間的資訊高速公路，會怎樣呢？如果能找到一種療法，不管是醫學或科技上的方法，可以讓癱瘓的身體復原並且再度充滿活力，情況會是如何？懷特的手術最終會獲准進行嗎？答案在所謂「仿生未來」的地平線上徘徊，它將被稱為「腦門」（BrainGate）。

CHAPTER

9

如果我們不需要脊髓？
What If We Don't Need the Spinal Cord?

二〇〇〇年一月二十四日，紐文（Nuveen）投資公司推出一支為第三十四屆超級盃拍的廣告。一分鐘長的廣告中，一九九五年癱瘓的「超人」演員克里斯多夫．李維從椅子上站起來，然後開始走路。這則廣告引發旋風。現在大家熟悉的電腦合成影像（CGI）技術，當時還是不可思議的新科技。影像如此逼真，觀眾紛紛湧入電話線。李維在哪裡接受治療，他們也可以嗎？紐文是一家投資機構，花了四百萬美元買下廣告時段，宣稱他們想鼓勵投資者捐款給像李維基金會這樣的慈善團體（而不是去買「更大的船」）。[1]這家公司與美國廣播公司（那年轉播超級盃的電視臺）都遭到指摘，說他們嚴重誤導大眾，然而李維堅稱廣告描繪的情景是「真實可能會發生的事。」李維無法活到親眼目睹的那一天，但是他的話非常有先見之明。電腦動力神經科技系統公司（Cyberkinetics Neurotechnology Systems Inc.）是布朗大學的醫療裝置新創事業，他們在僅僅兩年後申請啟動第一代神經介面系統的先導臨床試驗。他們想要把一項裝置植入人腦裡，讓裝置直接傳送訊號給肌肉，繞過斷掉的脊神經。布朗大學、麻省總醫院、史丹佛大學、普洛維登斯退伍軍人醫學中心（Providence VA Medical Center）及懷特自家的凱斯西儲大學，都有研究團隊開始提出值得思考的問題：如果我們不需要脊髓，會怎樣呢？如果病人可以只靠想法就能產生動作，又會怎樣？

進入腦門

約翰・唐納修（John Donoghue）博士是布朗大學神經科學系的主任，從一九八〇年代開始研究腦如何把思想化為行動，後來研究這些電子脈衝如何轉成電腦語言（兩者同樣是電子語言）與機械命令。[2]理論上，他的研究是首次提供機會，讓腦跳過脊髓，直接與四肢溝通。布朗大學沒有所需的資源，不能創造出可能達成上述目標的新科技；但是猶他大學（University of Utah）一直在發展先進的神經感測晶片（neuro-sensor chip），這類晶片將可以感測神經活動，然後以電脈衝的形式傳送。*唐納修和那裡的研究人員組成團隊，提出書面文件，申請利用實驗動物開始測試他們的成品。不久後，他收到第一隻恆河猴。[3]

唐納修的實驗獼猴將先學會如何執行任務，有點像懷特的博士猴那樣。牠是新千禧年的靈長類，所以接受數位電動遊戲機（而不是類比機器）的訓練，學習使用搖桿移動游標，以獲得食物獎賞。接著，唐納修的外科小組把猴子麻醉，植入一個電子晶片到牠的大腦深處。[4]小組成員把猴子的神經晶片直接連到電腦上。猴子為了獲得獎賞，得再度移動游標——但是這次完全不能使用游標。牠必須**想像**搖桿的動作，如此一來，猴腦裡的電脈衝能移動電腦螢幕上的游標。幾乎就像奇蹟，這是第一次，一個念頭可以透過電訊號化為行動，完全用不到脊髓。

唐納修選擇在《自然》期刊上發表論文，宣布他的成果，如同懷特在數十年前的做法。這篇文章稱為〈即時神經控制〉（Instant Neural Control），認為這項新科技可以給癱瘓病人使用——不是讓病人用來控制自己的四肢（或者當時還做不到），而是僅僅透過思考，就能與周遭世界互動。[5]結果造成轟動，其他報刊紛紛報導，例如《科學》

＊作者注：正常情形下，腦一直在進行這些事情：以電訊號的形式傳送資訊，讓身體各部位行動。

期刊的〈猴子看，游標動〉提及：「動物能夠用『想』的方式把游標移到目標上，如同手動方式移動游標一樣快。」[6]但是，唐納修仍然不知道這些猴子在想什麼，牠們無法跟他說話，無法說明這種感覺。因為這樣，他需要在人類身上使用這種裝置。他和布朗大學的兩位同事，也就是分別擔任神經科教授和神經外科教授的米哈伊爾・賽路亞（Mijail Serruya）與傑哈德・弗里斯（Gerhard Friehs），以及芝加哥大學計算神經科學主任尼可・哈楚波洛斯（Nicho Hatsopoulos）共同創立電腦動力神經科技系統公司。他們一起著手為裝置籌到資金，也獲得食品暨藥物管理局核准臨床試驗。

二〇〇四年，羅德島州、麻州、伊利諾州的醫院獲准做為先導試驗的地點。有四位四肢癱瘓的病人同意參加。[7]手術順利，沒有併發症，但可惜試驗過程很麻煩又花時間，需要上兩個月的課程，加上數小時練習移動游標，不過這些會安排成與病人的日常有關。電腦動力公司花了兩年多的時間改善神經介面系統。然後，外科醫生把感測器植入一位二十五歲羅德島州居民馬修・納格爾（Matthew Nagle）的腦裡，他高中時曾是美式足球明星，三年前的七月四日慶祝活動中遭人刺傷頸部。他們把他的腦連接到義手。很快地，他只需要想像動作，就能把手掌張開、合攏。接著，他把整隻手臂平舉起來。「天哪！」他大喊，他已經好幾年沒有移動過自己的手和腳了，但是現在他只要靠著腦袋思考，就能跟這些外科醫生揮揮手。[8]

對於唐納修來說，這項研究最重要的發現，不是人類能做到猴子可以做的事情。研究人員原本擔心神經通道可能會萎縮或改變路線。但是納格爾腦中過去用來控制手臂動作的訊號還是有功用，即使他已受傷多年。這證明和我們的手臂、手指及腳趾溝通的思緒，讓我們皺鼻或揚眉的念頭依然有作用，即使訊號的輸入有好長一段時間都遭到拒絕。對於唐納修而言，這代表未來植入晶片不是只能移動機器肢體，也能活動病人自己的四肢。這代表不一定要修復脊髓，才能治好癱瘓。你不需要修正自己能夠繞開的問題。[9]

納格爾的腦門神經介面系統植入晶片，大小約和一錠低劑量阿斯匹靈差不多。有一百根細如髮絲的電極從晶片的一面凸出來。這個裝置會正好安裝在大腦控制運動的區域之上。對於納格爾來說，晶片只能設計成以一種方法來發揮效用：他送出想法，轉變成電訊號，再轉譯為外在的行動。然而，在其他模式下，這種過程是可以有回饋的。唐納修認為，插入腦中深達十公分的「深層腦部電極」可以用來減緩慢性疼痛，或可能影響其他疾病，例如帕金森氏症、癲癇及憂鬱症。[10]但是，記者暨《實驗人》（*Experimental Man*）作者大衛・艾溫・鄧肯（David Ewing Duncan）在《舊金山紀事報》線上版（SFGate.com）寫了一篇回應文章批評道，如果可以把脈衝輸入到腦部，這是否會演變成思想控制？或者，戰鬥機駕駛員可能依賴類似納格爾使用的那種裝置，只用思想來駕駛噴射機、投擲飛彈——這像是匪夷所思的蘇聯念力實驗又詭異地復活了？唐納修承認，有一位表演藝術家把電脈衝連到肚子，讓他可以用十隻手指頭控制第三隻手，也就是利用腹肌使運動神經細胞活化。[11]儘管如此，唐納修仍不理會任何可能產生的負面後果，確信上帝正在利用他向全世界展示未來可能是什麼模樣。「我不後悔，」他說，「我期盼這會給其他人帶來希望。」[12]

當然會，而且不只為癱瘓人士帶來希望。特別是有一位神經外科醫生非常強烈關注唐納修的研究。

位於俄亥俄州日內瓦的麥當勞裡，懷特醫生點了一杯咖啡，在他最喜歡的桌子坐了下來。那裡沒什麼特別可看的，就是繁忙公路旁的休息站一般會有的裝潢。懷特要求保留一個特定的停車格給他——不用很大，但是有個免費空間上面漆著「懷特醫生」幾個字，不是很棒的事嗎？這家店的經理聽到懷特想把速食店當成辦公室，覺得是在開玩笑。等到經理發覺這位戴著棒球帽和雙焦眼鏡的老人家是說真的，他同意一個折衷方案。懷特的桌子可以一直為他保留，桌上放著看起來很正式的名牌。而附近的日出咖啡館，店主人康妮也在一把特定的椅子標上懷特的名字。

懷特七十四歲了，已經退休五年，但是退休沒有讓他的腦袋停止運轉，也無法阻止他對廣大神經科學領域中的各種新奇可能事物覺得興奮。他還有很多事可以做，他想要參與其中，保持不可或缺的重要地位。他在醫療互助健康保險公司擔任顧問，在格瑞那達（Grenada）的聖喬治大學醫學院（St. George's University School of Medicine）擔任客座教授，另外還是宗座科學院的院士，在那裡發表文章並參與討論教會在幹細胞與生命始於何時等議題的立場。他經常回都會醫院看看，有時候會到自己與派翠莎在沙克高地的房子過夜，並且為醫學論文和期刊擔任專家審查委員及非常設編輯委員。他也為當地的《新聞先驅報》（*NewsHerald*），以謙卑的語氣撰寫固定專欄。有時候，這是他可以發出個人聲音的唯一地方，他試圖走在時代前端，也或許試圖維持影響力。

所以，當腦門的新聞報導出現，噴發科幻小說般的興奮之情，他坐在麥當勞的桌子為此寫下文章。「我們正在目睹的，是醫療保健的真正革命，」懷特寫道。「隨著這些科技未來的進展，許多無法治癒的神經疾病或精神疾病將會變得可以治療，這將建立起一門新的『腦工程』醫療專業。」[13] 如果這篇文章裡摻雜了專業上的嫉妒，那並沒有顯現出來。懷特轉而談到機會，以及電線有一天可以如何越過腦和身體之間的連結。即便如此，廣大的神經科學社群仍然存疑。「這裡頭有太多宣傳，效果十足。」米格爾・尼可列利斯（Miguel Nicolelis）博士抱怨道，他是杜克大學神經生物學副教授，這與懷特的開創性研究所受的指責如出一轍。[14]他們把電線放到腦裡來收發訊息，即使思想控制不會成為真正的威脅，他們仍然需要監管，以避免不合常規的科學以及病人的風險。

對於這一點，懷特似乎表示贊同。「我最小的兒媳前幾天問我，現在的科學是否可以製造出殭屍，我一開始覺得這個問題很傻。」他在文章中寫道。[15]然而，或許這個問題並非那麼異想天開。他一直在回顧腦部刺激的實驗，特別是動物腦中控制與行為的區域受到激發或破壞的研究。懷特知道在一些研究當中，腦部刺激改變了動物的性格和反應：有一隻公牛再也不想往前衝，有一隻大鼠沉迷於讓自己感到愉悅。（可悲的是，這隻大鼠一直接受快感的刺激而死掉。）他不會說唐納修的研究是譁眾取寵或令人害怕，但是也沒對萬一苗頭不對可能導致的情境多加思考。這畢竟仍是一項腦部手術，所有潛在問題都可能隨之而來。「短期來看，」他寫道，「如果電極放的位置不恰當，有可能造成腦出血而失敗。長期而言，可能發生感染，或者電池與設備故障。」[16]大腦可不是遊戲場。不過，腦門對此也有解決方法。[17]

植入電極的手術開始時，外科小組把一種稱為立體定位頭盔的裝置戴在病人頭上，固定頭部。這是一種透明的塑膠圓罩，上方和側邊有一個個突起，看起來像是早期科幻電影中想像出來的太空人頭罩。頭盔裡的磁振造影（MRI）監測器會掃描病人頭部，提供高頻無線電波影像，讓外科醫生可以建立出腦地圖。[18]神經外科醫生再也不需盲目開刀；進行腦門手術時，他們能夠很清楚知道放置電極的位置，以刺激腦部的某個區域。接著只需要在頭皮上劃出小切口，在頭骨上鑽個小孔，就可以慢慢將電極放入內部。直到此時，病人還是清醒的。這是必需的。病人的回應，協助外科醫生把頭盔內的數據與MRI掃描影像整合。每一顆腦都有自己的小祕密，所以他們需要病人的合作，確保刺激發生在正確的地方。「你的手有感覺嗎？」「腳趾有感覺嗎？」只有當他們確定病人的反應指出位置正確，他們才會讓病人接受刺激，以懷特的話來說，這讓外科醫生能「在組織裡開出通道」，通往頭、頸和胸部。[19]另外，會安裝刺激器在胸部的皮下位置，有點像心律調節器的情形，可以增強通過的訊號，還可以從腦部電極接線連到對應的肌肉。**如果這樣的裝置可以讓一些人恢復走路能力，會怎麼樣？**能否安裝更多電極，有更好的專一性，讓訊號一路傳到手臂和腿部？如果這些都能實現……世界會徹底準備好接受懷特手術嗎？

懷特清楚看出這些電子玩意的好處，它們有潛力解決脊髓斷掉造成的問題。如果腦門系統確實有效果，那麼他精密嚴實的手術程序最終可能進入臨床試驗。但若是如此，也很可能不是由懷特執刀。他到都會醫院辦公室短暫停留的期間，偶爾遇到緊急小組匆忙準備腦部手術的情形。這時他會感覺到一股衝動，肌肉記憶催促他從椅子上跳起來，趕快去刷手。他熱愛這種感覺。他甚至說，這是唯一真正對他有用的藥物。不過，懷特已經五年沒動手術了，他一直忙於其他事情。

被歸入X檔案

二○○七年九月初，懷特穿上實驗衣，在都會醫院榮退外科醫生辦公室安靜等候。他在等一位客人，而約在這裡見面，給他一種權威感。

這次會面是由他女兒佩蒂安排的。最近有幾次這樣的會晤，有一場是和一位幫《VICE》雜誌拍攝頭部移植手術紀錄片的年輕電影工作者見面。佩蒂了解通常會有預算限制，因此提供最新的訪客標準選項：她知道可以住宿的最便宜旅館，可以吃到經濟、餐點豐盛的最佳餐廳，還有，他需要機場接送服務嗎？對方的助理說，不需要，他會搭私人飛機過來。懷特醫生的客人是法蘭克．史巴尼茲（Frank Spotnitz），《X檔案》的執行製作人。

史巴尼茲起初是這部電視熱門影集的編劇，負責編寫或與他人共同編寫四十集的劇本，最終製作同系列第一部長片搬上大銀幕。他剛著手籌劃這部電影的續集《X檔案：我要相信》（*The X-Files: I Want to Believe*），正遇到一點障礙。史巴尼茲想在劇中讓某個角色為愛人進行頭部移植，他希望盡可能貼近「真實的」科學。他要研究助理去翻看醫學史，沒多久助理打電話給他，上氣不接下氣興奮地說：**這不是虛構的。確實有人這麼做**，是克里夫蘭的一位外科醫生。史巴尼茲想要見這個人。一部分當然是為了研究，但也是出於合理的好奇心。什麼樣的人會砍掉猴子的頭？「這總是讓我覺得很興奮，」史巴尼茲日後解釋，「當我出於想像，憑空編出一個故事，卻能在現實中找到基礎。」[20]想到這種事真的發生了，讓他覺得既恐怖又令人著迷。

這是私人會面，沒有攝影機，也沒有公開文章記錄這件事，只有科幻製片人留下的深刻印象。史巴尼茲對面前這個人的感覺，從佩服、感動，變成有點不自在。懷特語氣輕柔、彬彬有禮，甚至溫和文雅，是「一位如同祖父般的可愛老人家」，卻以冷靜超然的態度談到切斷猴子的脊髓……[21]懷特向史巴尼茲承認：「我走入死巷。」斷掉的脊髓是無法接回來的，如果手術導致的癱瘓無法解決，沒有人會冒險動刀。更確切地說，除非繞過脊髓的新研究證實是成功的，不然沒有人會冒險。史巴尼茲問起猴子：為什麼要用這麼多猴子？這不是很恐怖嗎？懷特仍然顯得很平靜。他不會良心不安，一點也沒有。最後，就是這種情感上的脫離，讓史巴尼茲覺得這場會面令人難忘。「我最記得的是，」他多年後回想起，當時他正在製作亞馬遜尊榮影音串流服務（Amazon Prime Video）的《高堡奇人》（*The Man in the High Castle*）系列影集，「我對這個人的印象，是他完全沒有被自己研究帶來的影響所困擾。」[22]

對史巴尼茲而言，科幻小說的價值，在於能幫助我們把這些影響看得更清楚。「我們投入研究，相信我們朝正確的方向前進，」史巴尼茲認為，「但只有在科技突飛猛進後，我們才了解自己做了什麼。」[23]在小說中，透過字裡行間，倫理有了面貌、情節、故事。我們在乎，我們在其中看到自己。小說提供空間，可以在安全的情境下探討人類的問題：我們會適應這些新現實嗎？即使需要面對潛在後果，我們允許它們發生嗎？這就是小說的價值，根據史巴尼的想法：我們並非把這些幻想當作模範，而是視為警世寓言。工業革命的發明帶來了未來的意外，而我們通常要到了那個地步才會知道後果。儘管如此，我們必須小心，不要在發明火車之前就發明火車相撞這種事情……然而，與懷特見面時，史巴尼茲偶然闖入自己幻想中最黑暗的領域，並發現潛藏在那裡的東西是**真的**。[24]他認為，或許這是集體潛意識在作用，也就是所有人類被古老的無形絲線牽連到祖先記憶和原始恐懼的概念。**或許**。

《X檔案：我要相信》在二〇〇八年七月二十五日首映，第一天開出四百萬美元的票房。這部電影在國際上映結束時，收入超過六千八百萬美元。雖然影評人抱怨，這部電影充滿「人體器官、陰森、沉鬱與毀滅，」[25]羅傑・伊伯特（Roger Ebert）仍然給這部電影三顆半星（滿分四顆星）。「這不只是關於善與惡，」他寫道，「而是關於選擇，使它成為一部很好的恐怖驚悚片。」[26]頭部移植的概念又成為怪物電影的素材，但懷特手術不再是嚴肅的科學，而是回歸為科幻題材。儘管懷特聲稱對於自己可以影響流行文化感到驕傲，可是一位神經外科醫生不能把自己的豐功偉績建立在《X檔案》之上。

當醫生變成病人

這個房間很陌生。昏暗的日光燈照出單調的牆壁，掛在金屬鉤子上的米黃色簾子被拉到一邊，遠處還有一臺監測儀。一側傳來模糊的雜音，是橡膠鞋底走在老舊油氈上的聲音。懷特醫生眨眨眼，想讓模糊視線變得清晰。面對伊利湖的窗戶不見了，取而代之的景色，是從寒冷十一月的天際線凸出的建築物頂端。「我們來讓你看MRI掃描結果，」哥倫比（Columbi）醫生解釋道。懷特知道這個名字，哥倫比曾是他的學生。他在思緒混亂之前，特別指名找哥倫比和賽爾曼（Selman，他以前的另一位學生）醫生。他們告訴他，「你出了意外，」手裡拿著腦部影像。有一瞬間，可能像是回到多年前，他們還是學生，而他是博學的教授，正在給他們看掃描影像。但這一次是懷特的腦，頭骨和灰質之間出現朦朧泛白，透露出他需要知道的一切線索：他出現硬腦膜下血腫。[27]這顆腦在流血。

那時是十一月初，《X檔案》首映的幾個月後。懷特開著深灰色的格蘭美（Grand Am）房車去採買食品雜貨。路程沒有太遠；多年來他固定每週跑一趟，同一個市場，同一條路，同一個停車場。懷特跟著方向燈的細微蜂鳴聲響，小心翼翼把轎車開上五三四號公路，然後砰地一聲。他沒有道路優先權，被一輛來車撞上。車子底盤吸收了衝擊，然而即使是最輕微的碰撞，也會以似乎超過車速所能造成的力量搖晃身體。猝不及防，懷特從座位向前搖晃，額頭重重撞上駕駛座旁的車門。駕駛另一輛車的夫婦報警，然後有人打電話通知懷特住在附近的兒子麥克。懷特解釋，只是個小車禍。他的頭皮割傷，另一車的女性撞到手，但是沒人去醫院。麥克開車載著有嚴重瘀傷的懷特回家。派翠莎對他關懷備至，這是當然的——嫁給神經外科醫生多年，她知道輕微撞擊可能造成嚴重損傷。懷特堅持，他只是需要躺一下。然而，到了第二天，情況很不對勁。他說話含糊，思緒不清楚。第三天，懷特覺得腦袋混亂，身體搖搖晃晃，於是要麥克打電話給大學醫院。[28]

哥倫比是脊椎外科醫生，也是腦外科醫生，以前幫懷特動過一次手術，修復一處受損的椎間盤。（哥倫比在手術前不久去滑雪度假，但堅決不踏上斜坡；要是他受傷，不能為老師開刀，怎麼辦？）[29]懷特信任他，理應如此，因為自己教過他。對於沒接受過訓練的人來說，哥倫比拿到懷特面前的灰黑色影像只是模糊的頭顱輪廓，在腦膜和腦室有一大片波紋狀的空虛地帶。對懷特而言，這代表血管破裂，血液流入軟組織裡。懷特實際上是中風了。硬腦膜下血腫害死懷特的無數病人；他救回一些人，他們卻變得口齒不清、無法完全康復。他想要起來，從床上起身，但是他失去了平衡。他幾乎無法抬起頭來。哥倫比立即把懷特收入神經外科加護病房。

懷特原先不想退休。他不想放棄醫院。現在，他突然擔心起自己無法出院過耶誕節。誰來為羅曼學校（Lomond School）的弱勢兒童在「星期六學者」活動中扮演耶誕老公公？誰來採買教師精選清單中的禮物？[30]他需要重新學習走路嗎？他的心智會有永久性的變化嗎？他的研究怎麼辦？

數個月後，懷特仍在接受復健治療。「這讓我想起……《道林．格雷的畫像》（*The Picture of Dorian Gray*），」懷特在《新聞先驅報》的專欄中寫道。懷特想像自己是道林，仍然「年輕、健康，外表看起來良好，相較於……相同體格與相同職業的同類病人，」他們的身體洩漏出毛病和問題，然而他在道德和靈性上「青春永駐」。[31]但是，回到他的白色小房間，在無情的日光燈照射下望著鏡子，懷特明白真相。鏡中凝視回來的臉孔帶著老人斑，臉龐凹陷，有雙下巴，皮膚鬆垮。「我恍然大悟，我和那些病人真的沒什麼不同，」懷特承認道，雖然他很坦率且不加掩飾。**我們都一樣**，都有「共同的願望，希望活下去，並回歸」外面的世界。[32]

謙卑的懷特。屠夫懷特。實驗外科醫生懷特，有數百篇論文與成千上萬場手術掛上他的名字，他建立了灌流技術和頭部移植，他想要在人類身上完成第一例真正的頭部／身體移植——同樣這一位懷特，也只是凡人。懷特在八年前勇敢宣布，頭部移植終於即將實現，他一直懷抱希望，無論多麼渺茫，但此時他知道自己再也不能動手術了。

懷特仍在復健期間就收到消息說，都會醫院的新管理階層計畫拆除腦研究實驗室，彷彿在回應他日漸衰弱的健康。那一層樓至今已經閒置八年，變成醫院內的小型展覽館。沒有經費，以前的團隊成員無法靠他的研究繼續下去，只好轉去做別的項目——反正懷特也把猴子實驗做到淋漓盡致了。都會醫院需要空間。他們說，他可以帶走任何想要的東西。剩下的物品會被丟掉。事實上，有些檔案已經銷毀了，那些只是不會再做的手術的廢棄物。似乎沒人看出，以犧牲身體功能為代價救回頭顱的手術，究竟有什麼意義。

到了春天，懷特的身體開始衰退。他歷經了幾次健康危機，包括反覆胃出血，起碼有一度讓他得在暴風雨的黑暗中搭乘直升機。即使再次回到家，他不能開車，不能自行走路，變得愈來愈虛弱。他的實驗室已經解散，細心保留的箱子搬到日內瓦房子閒置的角落。所有發生的事情當中，懷特最難接受這項消息。他曾希望自己的研究能夠保存下來，即使是以展覽館的形式，留在他貢獻大半輩子的醫院裡。他的研究的確有一部分獲得保留，更確切的說法是得到採用。全國各地的外科醫生把灌流冷卻應用於治療脊髓損傷、嚴重缺血、中風，以及頭部創傷。[33]而這奠基於懷特的早期實驗：

腦分離實驗，以及在那之前的狗與猴子灌流實驗。這項成就將會延續下去。沒有追隨者把他的全身體移植程序帶到未來，灌流似乎是懷特唯一剩下的東西——唯一未遭遺忘的成就，即使他擔心自己可能會被忘卻。

懷特曾經說過，生命是最應該維持的事物。但是，隨著自己的生命與事業日漸衰退，懷特開始認真考慮留下自己的事蹟。因此，二〇一〇年一月底，懷特坐下來寫信。他需要一位老朋友的協助。

「親愛的鮑伯，」莫瑞在幾天後就回信了。「感謝你費心籌劃與諾貝爾獎相關的有用信件……我正在採取符合現行提名指引的適當步驟。」[34]在懷特的請求下，本身是諾貝爾獎得主的莫瑞同意提名，讓他有機會在一群科學巨擘之間取得一席之地。

這群備受尊崇的男士與女士，在物理、化學、醫學、文學、和平、經濟方面，對後世的貢獻獲得讚揚，如果懷特成為他們的一分子，將能加入由不到千人所成就的輝煌功績，而只有大約兩百人來自生理學或醫學領域。其中一位是巴夫洛夫，也就是德米科夫的偶像；另一位是法國外科醫生卡雷爾，很久以前就能把狗的腳交換過來（雖然不太成功）。華生和克里克（以DNA雙螺旋聞名）在一九六二年達標……當然還有莫瑞本人，他在一九九〇年加入。至少從某種角度來說，永垂不朽仍然是可能的。

諾貝爾獎的歷史源於阿弗雷德・諾貝爾（Alfred Nobel）的人生與財富。這位工業家出生於瑞典，在俄羅斯成長，他把大部分財產留下來在一八九五創立有獎金的獎項。只有創造出的發明可以「改變科學典範，且對人類有巨大助益」的人，才能獲得諾貝爾生理醫學獎。終身成就非凡，或者在科學界具有領導地位，並不在考量範圍。他們的貢獻必須是一項特殊的發明，而且必須具有經得起時代考驗的潛力。僅有特定少數人可以為該獎項提名候選人，主要是同一類別的過去得主，也就是像莫瑞這樣的人。

「這項提名的緣由，其實始於彼得本特布萊根醫院，」莫瑞在提名信的開頭寫道。[35]他繼續說明，懷特醫生就是在這裡和莫爾以及莫瑞本人一起工作，從莫爾實驗室的「研究精神」得到激勵。年輕的懷特從戰爭歸來，還處於有幸進入哈佛的震驚狀態，體格依然健壯，仍戴著黑框眼鏡；同一個懷特，將會在梅約診所繼續有優異的表現，他為了腦半球切除術開發出第一個灌流裝置，讓腦循環完全停止，堪稱是一種開關。莫瑞列出懷特一生的七大成就：首先是靈長類的腦分離，然後依序是腦灌流（冷卻腦部，使代謝幾乎停止）、發現深度低溫的保護效果、冷卻腦的長期儲存、利用低溫處理治療脊椎損傷、把腦移植到狗的頸部裡面，以及把頭移植到另一具身體上。雖然最後一項可能是最具前瞻性的，但是莫瑞並未多加著墨。莫瑞認為懷特最重要的一項成就，也是他值得獲得諾貝爾桂冠的成果，與移植無關，而是冷卻技術。

提及懷特的「探討深度低溫對中樞神經系統組織有何效用的實驗性研究」時，莫瑞幾乎當成科幻小說，形容為「難以置信」。懷特無疑證明了，深度冷卻的腦可以長期處於幾乎靜止的狀態——沒有血液、沒有循環、看起來像是「死了」——卻能恢復生氣，沒有任何不良影響。「只要想想其中的意義，」莫瑞強調：藉由精巧、靈敏、複雜的必要操作，腦部不僅能在似乎不利於生命的溫度下存活，還可以得到保護。[36]讓腦暫停循環，心血管外科和神經外科才可能有重大發展，使耗時更久或更精細的手術變得可行。處理難以觸及的腫瘤，甚至重建主動脈的手術可以成功，都歸功於懷特的開創性工作。莫瑞堅信，這是懷特最關鍵的成就，勝過其他一切。他學到把一顆頭放在冰上，因此同時保存了藏在裡面的人格，也就是自我。這不是很值得讚揚的嗎？

莫瑞不會花太多時間描述懷特其他對健康不那麼直接有用的研究，提名信中甚至沒有提到頭部移植對人類的任何用途。莫瑞在草擬提名文件之前，曾要求懷特提供一份灌流研究的簡潔摘要，他提醒這位同儕要收斂長篇大論的習慣；文件中不能有任何一個多餘的字，也不要提到全身體移植。「你不用覺得不好意思，」他告訴懷特，「我很樂意幫忙。」[37]他在訊息署名「你的實驗工同夥」，並且承諾會盡他所能把提名信送交委員會。但是，他告誡說：「我們的通信一定要嚴格保密。」[38]當然，嚴格來說，懷特甚至不應該知道自己獲得提名。根據諾貝爾獎委員會的規定，被提名人（以及提名人）的名字必須保密五十年，確保匿名原則。不過提名委員會的成員不一定總是遵守規定，這件事大家心知肚明。

懷特還偷偷塞給莫瑞一份履歷；他先用鉛筆改在舊的版本上（以他那不尋常的正體大寫字母與花體字），然後把一團亂的稿子拿給女兒佩蒂打字。最後，這份文件足足有十二張。他有一個理學士、一個醫學博士，以及一個哲學博士學位。他還有四個榮譽學位，包括兩個科學博士、一個人文博士，以及一個文理博士。懷特接受十三項醫學方面的聘任工作，曾任三份主要期刊的主編，並加入數個編輯委員會。他是各國五十八個學會的會員，參與許多董事會，得過的獎項和榮譽不計其數。懷特非常希望再多一項，然而，這一次完全不是他能左右的。他只能靜觀其變。

腦機介面

懷特繼續枯坐等待。這時仍是二〇一〇年初，但跨越大西洋，在另一端的瑞士蘇黎世，外科醫生把壞消息告訴一位年輕體操運動員。二十二歲的大學生大衛・姆澤（David Mzee）從彈翻床空翻到泡棉墊落地。墊子應該可以減緩姆澤落下的力道，他卻還是跌斷了脖子。他花了數個月的時間接受物理治療，上半身恢復活動的能力，不過脊神經受損太嚴重，無法活動腿部，尤其是右腿。他將終身坐在輪椅上，如同先前情況和他類似的許多人一樣。[39]

翌年，荷蘭工程師葛江・歐茲坎（Gertjan Oskan）遭遇車禍。外科醫生在他二十八歲生日那天宣告他將終生癱瘓。幾個月後，熱愛自行車的賽巴斯汀・托布勒（Sebastian Tobler）在騎車登山時發生意外，脊椎嚴重受傷。[40]這三起病例中，受損的脊髓都無法治癒，由於受傷、腫脹及自殺連鎖效應（垂死的神經發出訊號，引發附近其他神經的衰亡），使得大量神經束死亡。每一位病人都奮發去適應受限的新人生……在每一例中，他們等待、關注，希望有開創性研究出現。威托維茲描述過，依賴那些你原本想保護和照顧的人，會感覺到無助和挫折。他老早就放棄恢復行動能力的夢想，但他願意嘗試不可能的事情，於是簽字參加懷特的全身體移植。然而，一九七七年癱瘓的威托維茲可能做到的事情，與二〇一〇至二〇一一年之間癱瘓的三人有著巨大的差異。姆澤、歐茲坎與托布勒又能走路了。他們繞過受傷的脊髓，變成「半機器人」，讓自己再度行走。

腦門並沒有閒著。到了二〇一五年，布朗大學的大衛．波頓（David Borton）帶領腦門的研究人員進行一項完整驗證概念的研究。如同之前的懷特，他們以恆河猴做為實驗對象。這個小組以手術的方式造成脊椎損傷，讓兩隻猴子的一條後腿癱瘓。猴子可以靠其他三條腿走路，實驗室短片顯示兩隻猴子都把沒用的那條腿拖在後方。[41]脊髓損壞，代表訊息無法到達肢體，或者訊息散逸開來以至於微弱到不能轉化成行動。但這是猴子的腦波還沒經過電腦處理的情形。

早期的游標實驗中，唐納修利用電極捕捉腦中的電訊號，把訊號輸進演算法中，變成一系列有限且電腦可以執行的明確指令。接下來，有一臺外部電腦把這些數學解碼成病人也可以理解的命令，雖然可惜的是，這些絕對不像「移動手臂」這樣簡單。然而，波頓打算把新實驗往前推，超越人類研究曾經達到的地步。從某些方面來說也更簡單。納格爾必須訓練自己理解電腦給的程式碼和命令，學習如何讓自己的腦傳回對介面有意義的訊號，這過程不是把比如「我要抓住它」的簡單想法一對一翻譯成動作，而是需要幾週的試誤學習。這次的溝通會比較直接。電極和以前一樣植入腦中，捕捉好比移動腿部這樣的訊號。也和以前一樣，有一臺外部電腦會把訊號解碼成命令，但是這一次，猴子不需要理解命令，也不需要把想法回送變成一個迴路。取而代之的是，電腦把訊號直接送到腰椎的另一個電極，形成從運動皮質到肢體的電路。他們繞過損傷部位，也繞過需要翻譯命令（例如，移動搖桿的游標或移動人工義肢）的意識。[42]基本上，腦和腿現在的運作方式和以前一樣，相當於跳過神經高速公路的障礙處，繞道而行。

波頓研究中的猴子執行這項科技「毫不費力」。猴子甚至不用回頭看那條曾經疏離的腿——「牠們直接走起路來。」[43]波頓和他的小組把猴子自然行動的命令從大腦移到腿部，不費心去修理脊髓，直接跳過斷裂處。波頓和組員把這稱為腦脊介面（brain-spine interface）。參與研究的另一位科學家葛瑞格．庫爾坦（Grégoire Courtine）則警告，這種科技目前還不適用於人類；其中一個原因是，雙足動物的活動方式與四足動物非常不同。但是，這一天就快來臨。他在瑞士的洛桑聯邦理工學院（Federal

Institute of Technology in Lausanne）繼續研究，才剛邀請了三位人類參與者加入試驗，也就是托布勒、歐茲坎和姆澤。

這一切從手術開始。庫爾坦以波頓的方法為靈感，在受傷部位下方、下背部的脊髓表面植入一小片電極。接著，把電極連接到內部的節律器上，在需要使用肌肉時，這種裝置可以受到觸發，把一串串電刺激傳送到個別肌肉。[44]然而，和猴子手術不同的是，庫爾坦不會在人腦中植入電極。他把目標放在針對性的刺激，開啟裝置後讓刺激脈衝與預期行動一致。換句話說，如果你想抬起左腿，腦發出要腿移動訊號的那一刻，你就發出脈衝。這三位參與者會被選中，是因為他們的傷勢仍然可讓訊號從腦傳到身體。腦訊號微弱到無法到達腿部，但是衝擊波大約會同時抵達。庫爾坦提出的方法並非跳過連結中斷處，而是訊號加強器；這種裝置打開時，可以將腦傳到目標肢體的訊號放大。這需要幾個月的物理治療和訓練，病人才能邁開最初的笨拙步伐；儘管在枴杖和助行器的支持下，動作搖搖晃晃且不靈活。但是，他們已經在走路了。

此外，姆澤開始使用這種裝置的幾個月後，半夜會覺得左半邊有點癢而醒來。原來是腳趾頭在他睡著時動了，沒有依靠裝置的協助。一開始，他以為在做夢，但集中精神後，發現可以讓腳趾再度活動；他透過自己腦袋的命令，指揮腳趾前後擺動。[45]

一點一滴地，他能控制更多動作，伸直膝蓋，抬起大腿。五個月後，他可以自己走幾步路，不需要依賴裝置。

這完全出乎意料。[46]庫爾坦解釋：「我們在動物身上觀察到的是，神經纖維再生，再度把腦和脊髓連接起來。」當然，有些情況之前已經在小鼠身上看過——不過像是小鼠、大鼠和其他小型哺乳動物，甚至是完全沒受到刺激的對照組，也發生了一些再生現象。有人認為，由於牠們的神經網路比較單純，加上用四肢行走的步態，可以解釋這種進展，但是沒人預期會發生在更複雜的人類身上。姆澤的改善程度最大，歐茲坎也恢復了一些運動控制能力，而托布勒終於可以騎在腳踏車上，靠著他手腳並用的動作，能讓改裝腳踏車前進。[47]報章雜誌讚嘆，這近乎奇蹟，如同紐文投資公司的李維廣告最後實現了。二〇一九年「生命的翅膀」（Wings for Life）慈善路跑活動上，姆澤走過起跑線，為脊髓研究募款。他持續走了三十分鐘，前進大約四百公尺，接受成千上萬人的歡呼喝采。

但是，這裡潛藏一個問題。面對所有科學成果，有一句警語始終適用：不要相信炒作。這種針對性裝置不能一直持續提供刺激，否則肌肉會覺得很混亂；畢竟，病人需要用想的，把腳抬起來和放下來。時機很重要，還必須和想走路與移動的念頭一致。

其實沒有裝置能超越大腦閃電般的反應。長時間使用會帶來不適，而且在實驗室環境以外使用，花費極為昂貴也不穩定可靠。庫爾坦的神奇裝置最終證明了可能性，而非制訂出一種療法。如果裝置沒有開啟，這三人都走不遠，即便是姆澤，如果沒有協助，也走不了那四百公尺。回到俄亥俄州的凱斯西儲大學，物理醫學暨復健教授金・安德森（Kim Anderson）仍持審慎態度。「距離民眾能夠利用這種裝置做為標準醫療服務，我們還有很長的一段路要走。」她警告。[48]腦門特有的跨國多所大學研究途徑，優點在於廣度。庫爾坦的設計並非唯一可行的方法。加州大學爾灣分校的生物醫學工程師佐蘭・內納迪克（Zoran Nenadic）與神經學家杜安宏（An Hong Do，音譯）決定在人類身上嘗試波頓的原版猴子研究：除了刺激肌肉外，還讓腦繞過斷裂處。

模控科技一直是科幻小說中的一種理念，存在時間比真正實現的時間還長。比如說，達斯維達（Darth Vader）如果沒有外部系統協助調節他那特殊的呼吸方式，就無法存活；科幻電影《極樂世界》（*Elysium*）中，麥特・戴蒙（Matt Damon）飾演的主角選擇動手術裝上外骨骼，使他因暴露在輻射下而變弱的身體可以行動迅速敏捷。《極樂世界》在二〇一三年上映時，「現場科學」（Live Science）網站把電影中的醫學／軍事科技拿來與腦門對照，並且在文章中嵌入網路連結，指向庫爾坦早期在電子刺激方面的實驗。不過，爾灣分校的新研究將捨棄波頓與庫爾坦的手術方法，改採類似量測腦波的方式。

這項試驗的主要對象是一名腿部已癱瘓五年的男性，他頭戴一頂腦電波活化帽來測量腦部活動，而不需要埋入電極。[49] 然後，讓他想到走路這件事。他的第一次嘗試，走得很像飄浮在空中的月球漫步。但是病人經過密集的物理治療後，戴上電極帽，站在將近三．七公尺長的步道起點，透過腳的動作走完。腦部發出命令，在幾奈秒之內疾速通過電腦，驅動安裝在膝蓋的電極，電極同時與腦波帽連線。如同波頓的猴子，卻不需要外科的縫合，這是首度有癱瘓人士完全沒用到脊髓就能走路。雖然還需要用到吊帶、讓手臂可以扶握的平行桿，以及好幾萬美元的設備──然而，這是起點。

問題依然存在：如果我們不需要脊髓，會怎樣呢？如果我們可以繞過脊椎上無法復原的創傷，像科幻小說裡的人物一樣，情況會如何？這是不是代表懷特頭部移植的接受者，即使脊髓組織完全被切斷，最終還是能克服癱瘓？這是否足以讓手術到頭來不會比多數腦門研究昂貴多少，也就是變得可行，甚至令人嚮往呢？「是的，這項理論的大部分仍然很像科幻故事。」懷特在《新聞先驅報》最後幾篇專欄之一寫道。但是，這麼多科幻故事都實現了，從臉部移植到可以接上牆壁插座充電的人工心臟。全世界大約有四十位病人已經裝上「新的」手，懷特甚至見過其中一位，他是德國的警察，在嘗試拆除炸彈的過程中失去雙手。[50]懷特到德國南部度假時，那人騎摩托車來赴約，而摩托車是需要靈巧技術駕馭的機器，比操作汽車的方向盤更複雜。他用原來不屬於自己的手，得意地和懷特握手。[51]

「（公共電視網科教節目）《新星》（NOVA）與我聯繫，」懷特在文章中繼續寫道，因為他們想請教，腦部的損傷部分是否能夠如同手那樣被替換。確實有一些實驗嘗試過，包括把胚胎組織植入帕金森氏症病人的腦部。哎呀，懷特向公共電視保證，答案是否定的。懷特解釋，「儘管有成千上萬篇的科學報告，但是（腦區域置換）沒有一項實驗成功過。」可是，全身體移植完成過一例，當然是懷特在猴子身上實行的。他寫道：「（我的）這項成就的重要性，已經受到全世界的讚揚。」即使從來不曾在人類身上實踐。[52]有一些橋梁，還沒有人準備好要跨越。懷特以他最初的主張來結束這篇專欄文章，也是他成為神經學家最重要的原因：「請記住，腦組織是世上最複雜、最精緻的物質，」對懷特來說，我們所有人永遠存在於這個寶庫。[53]

這篇文章於二〇一〇年八月二十二日刊出，也是懷特的最後一篇文章。依然盼望著諾貝爾獎委員會的消息，但是這位外科醫生兼科學家已經開始衰竭。他的身體沒能從車禍完全康復，又漸漸受到糖尿病和前列腺癌的影響。他的頭腦曾經那麼敏捷，也慢慢變得模糊了。他向女兒口述最後幾封信件，並讓她試圖為可能成為自己回憶錄的內容做最後潤飾。但是，最後一篇文章刊登在《新聞先驅報》的一個月後，懷特在湖畔的家中去世，離他的孩子與孫子曾經嬉戲的海灘很近。這一天是二〇一〇年九月十六日；他八十四歲。

諾貝爾生理醫學獎將在十月公布，不過根據長久以來的慣例，逝者不能在死後得獎。這一年的獎項頒給羅伯．愛德華茲（Robert G. Edwards），表彰他在體外人工受精的成就。

沒有人能夠活到永遠，即使是懷特醫生也一樣。莫瑞是對的：懷特在深度低溫的貢獻，對於現代創傷病房與神經外科仍然有臨床上的深遠影響。如今，低溫治療可以挽救心跳停止的病人，阻止腦細胞壞死，廣泛的深層腦部手術利用這種能耐，讓腦處於靜止狀態，不再需要氧氣，並且避免損傷。[54]懷特的裂腦手術釐清了腦對於胰島素到雌激素等各種物質的反應，提供現今許多研究重要資訊。[55]懷特為神經可塑性的研究，甚至於腦死的倫理奠定基礎。[56]但是，他最為人所知的，是做了一件連他最大膽的同儕都認為不可思議的事情。只有屠夫才會低微到重現法蘭肯斯坦的試驗；只有致力於保存生命並相信高貴靈魂的人，才會出於怪異的仁慈理由這麼做。直到最後，懷特仍然深信，這項手術有一天將會在某個地方進行，屆時將能證實自己研究成果的清白。

尾聲　法蘭肯斯坦醫生再現
Conclusion: Dr. Frankenstein's Reprise

《科學怪人》小說中，怪物向維克托述說對自身存在的恐懼；他說自己是失敗的產品，是不應該出現的東西。這部小說沒有想到前世。瑪麗・雪萊認為她的怪物是一塊乾淨的黑板、一個空洞的容器，必須從頭學習各種事物，甚至自己的身分。然而，法蘭肯斯坦使用了一個成年人的腦，那必定是在某個人體內發展完全的處理單元，而電影的改編顧及到這種可能性。你在新的身體裡醒來，透過自己的雙眼張望四周，卻看到奇怪和不熟悉的景物，這種情況有何含義？這與我們談論到恐懼，一個疏離的化身比怪物令人更不安。這提醒了我們有多麼依賴自己的這具身體，身體是我們從小實踐身分認同的重要部分。不過，當身體變得和我們不一致時，腦部移植與其他保存人類脆弱生命的方法，真有那麼大的不同嗎？

懷特曾經說過，進行頭部移植可能是他做過最不利於事業生涯的一件事，或許是太容易讓人聯想到瑪麗・雪萊的《科學怪人》，使他無緣於半世紀成功手術應該帶來的榮耀。[1]但是，科學研究有時候可能像在地底流動的河流。一種想法消失一段時間，沒料到會在最不可能的地方冒出來，偶爾還力道驚人。懷特離世的三年後，有一篇不尋常的論文出現在《國際外科神經學》（*Surgical Neurology International*）期刊，這是一份經同儕審查的美國醫學期刊。作者是義大利杜林先進神經調節組織（Turin Advanced Neuromodulation Group）的外科醫生，名叫塞吉歐・卡納維羅（Sergio Canavero），論文有個不尋常的浮誇標題：〈HEAVEN*：頭部吻合冒險〉。

文章開頭提到懷特在一九七〇年的猴子頭部移植。卡納維羅把頭部移植不受支持，歸咎於科學無法使脊髓癒合。[2]只要脊髓可以再生，只要體內的資訊高速公路可以重新接通，卡納維羅推論，頭部移植肯定會再度崛起。這項評估可能遺漏了同樣困擾懷特的倫理難題，或者他面臨到的難以獲得批准與經費的困境，但是卡納維羅把這些疑慮推到一旁，沒多久就讓他聲名大噪。他強調，科學關乎能夠做到什麼，而非應該做什麼。「應該」做什麼是社會的問題，不是他的問題——他「只是技術人員」，嚴格來說，他的角色是設計解決方案。[3]

「接下來，」卡納維羅在二〇一三年的這篇論文提出人類頭部移植的可能做法，「是可能的情境，為了讓讀者大概知道整個過程。」[4]這段描述與懷特在《科學美國人》寫出來的手術流程有所重複，實際上有好幾處是直接引用，一個例子是：「兩個團隊分工合作，沿著兩位病人的脖子進行深度切割，仔細分開所有解剖結構，讓頸動脈與椎動脈、頸靜脈和脊柱露出來。」卡納維羅甚至附上懷特在文章裡的結語，他提到，未來頭部移植將會變成習以為常的事情。對於卡納維羅來說，懷特的話是預言，而自己會是透過「修復」斷裂脊椎的新科技來實現預言的第一人。他把這種特殊的處置稱為GEMINI，也就是脊髓接合術。[5]卡納維羅宣稱的成功，祕訣在於促融劑（fusogens），也就是希爾曼夢寐以求的「腦膠」。

膠水、黏性物質、聚乙二醇

希爾曼總是對膠水非常著迷；從一九七〇年代就說個不停，經常推廣「他的研究

* 譯者注：「Head Anastomosis Venture Project」的縮寫。

與懷特互補」的概念（懷特似乎不完全同意*）。二〇〇〇年，希爾曼告訴英國的《週刊》（*The Week*），他一直在研究特別的「腦膠」，就是讓斷掉的脊髓黏起來並促進再生的物質。他提議的可能原料有神經生長因子、胚胎萃取物、幹細胞、組織培養物、類固醇、神經膠質細胞，以及維生素。然而，這項研究大致是紙上談兵，他拿不到繼續研究所需的經費。[6]由於他的腦細胞理論帶有爭議（他認為，腦細胞只有兩種，並非四種，其他科學家認為他們在電子顯微鏡下看到的東西純粹是弄錯了），他在英國薩里大學失去公信力。校方強迫他提早退休，即使他從一九七〇年起就擔任該大學應用神經生物學聯合實驗室的主任。膠水概念似乎走入死巷。但是，如同法蘭肯斯坦的怪物，它也再度回歸，就在二〇〇三年。

賽・夏漢（Shai Shaham）是紐約一間實驗室的主持人，他研究線蟲（roundworm）的膠質細胞（glial cells），得到驚人的發現。膠質細胞占腦構造的百分之九十，長期以來被認為只是為了支持腦中更重要的部分：神經元。但是，膠質細胞本身看起來毫無組織，卻以某種方式負責組織其他東西。膠質細胞似乎能夠創造界線和分區，形塑與分隔果凍般灰質，成為我們所知道的腦。這種生成特性究竟可能達到何種地步仍然成謎，但是打開了探索的大門。脊髓受傷之後，膠質細胞會在組織裡形成「疤痕」，常見於線蟲和小鼠身上。結疤過程到底發生什麼事？對於脊髓再生又有何意義？

二〇〇四年，墨爾本大學的一個研究團隊分離出EPHA4分子，並且可以阻斷它的生成，這種分子被認為會活化星狀膠細胞（astrocytes），在受傷的脊神經周遭形成疤痕組織。[7]研究人員選擇性培育出一群沒有該分子的小鼠，然後製造脊椎損傷，讓每一隻小鼠的左後腳癱瘓。小鼠在三週內重新發展出正常的步幅，一個月內能再度使用腳踝和腳趾。[8]研究小組解剖小鼠屍體後，發現脊神經在損壞區域再生。起初，這似乎是令人驚嘆的突破：**暗示每個人都可能長出新的脊髓**！但出乎意料的是，實驗結果有點複雜。其中之一是，正常產生這種分子的對照組小鼠也恢復了百分之七十的行動力。傑弗瑞・雷斯曼（Geoffrey Raisman）是倫敦大學學院（University College London）新脊髓修復中心的主任，他認為無須把這項研究太當一回事，因為小型動物常常會自己好起來，而且小鼠與人類的差異，並不比線蟲與人類的差異小多少。即使這樣，小鼠和大鼠的脊髓再生研究正式展開，很快地，凱斯西儲大學席佛博士的實驗室將主導一項綜合性研究（席佛先前曾反對懷特的頭部移植研究）。不同團隊在不同程度上都依

* 作者注：懷特只是在訪談中一時提到希爾曼的膠水。懷特並沒有完全排除，但不抱持相同的期望，因為他沒看到這種化合物真正有效的證據。

賴脊髓本身及神經膠質細胞的能力。然而，普渡大學（Purdue University）的一間實驗室中，有一種新的黏性物質即將出現。

二〇〇四年底，《普渡大學新聞》的標題寫著：〈狗和人類脊椎損傷的希望〉。標題下方的照片裡，有一位留著大鬍子的應用神經科學教授與一隻名叫卡迪（Kady）的焦糖色臘腸狗。這項計畫從五年前開始，也就是新千禧年來臨前夕；理查．博根斯（Richard Borgens）與搭檔史日異（Riyi Shi）一直在研究天竺鼠，嘗試讓牠們脊髓裡的神經纖維融合。他們不是使用希爾曼的「腦膠」配方，而是選擇真正的液態聚合物：聚乙二醇（polyethylene glycol，簡稱 PEG）。[9]大多數人與PEG的相遇，出於它那令人難以啟齒的功能，做為緩瀉劑或「個人潤滑劑」；此外，PEG在工業上的應用，則是做為溶劑、黏合劑及絕緣材料裡的成分。博根斯決定把PEG注射到脊髓的受傷部位，想藉由這種聚合物類似塑膠的性質，填補受損細胞膜的裂隙。他的研究小組發現，細胞受傷時可以撐過一開始的摧殘，但是因為細胞膜受損，無法把神經脈衝從一個細胞傳給下一個細胞，於是這些細胞傾向於自我毀滅。「然而，更糟的是，」博根斯在發表最初的發現之後寫道，從垂死細胞滲出的化學物質，向未受損細胞發出「自殺訊號」，引發死亡連鎖反應，導致不可挽回的脊髓傷害。[10]博根斯並不打算讓細胞再度生長出來，他想用PEG膠水修補細胞膜，使細胞可以自我療癒。

這種膠水不能治癒脊髓的舊傷，因為細胞膜很久以前就損壞了。博根斯想像將來有一天，每一輛救護車都能配備PEG，就能在傷者一受傷時立即施打，避免癱瘓。但是這種用途很有限，對於脊髓完全切斷的頭部移植幫不上忙，而懷特醫生雖然知道PEG研究，但從來不認為這是真正可行的方法。然而，新科技正在展現驚人的景象。

到了卡納維羅的論文在二〇一三年出現時，中國的研究生已經使用鑽石刀割斷一隻齧齒動物的脊髓，然後在原處填滿PEG。兩天後，小鼠又可以走路。這項成果在幾大洲重現，甚至是凱斯西儲大學席佛博士的實驗室。不過，中國東北的哈爾濱醫科大學附屬醫院主任計畫擴大規模。出生於中國的任曉平，在肯塔基州的路易斯維爾（Louisville）與一個團隊合作，進行第一例手部移植。回到中國後，他決定嘗試更具企圖心的手術，雖然是在小型實驗對象身上進行。他把一隻黑色小鼠和一隻白色小鼠的頭交換過來。不久後，他就收到卡納維羅的來信。席佛博士可能聲稱，PEG在小鼠上的成功不一定能擴大；小鼠和人類當然不是相同的生物。這完全不能讓卡納維羅打消念頭。卡納維羅給任曉平的提議很簡單：任曉平想嘗試人類的頭部移植嗎？他在哈爾濱的實驗室願意主導這種開創性的手術嗎？卡納維羅需要任曉平能夠提供的實驗室與設備，以及中國對於創新手術相對寬鬆的規範。當然了，卡納維羅可以提供他的HEAVEN和GEMINI流程。他甚至還有更重要的東西——第一位人類志願者。

《大西洋》（*The Atlantic*）雜誌刊登一篇報導，標題是：〈利用頭部移植拯救性命的大膽計畫〉。特寫照片的風格光暗對比分明。光線從垂直百葉窗簾透入，落在穿著起皺有領襯衫的男子若有所思的臉上。他的輪廓突出：額頭隆起、鷹鉤鼻、下巴微揚。黑暗取代光明之處有一臺輪椅，以及生病消瘦的隱約身形。他是俄羅斯的瓦列里・史皮里多諾夫（Valery Spiridonov），罹患沃尼克—霍夫曼症（Werdnig-Hoffmann disease），這是一種遺傳疾病，會破壞肌肉並害死協助身體運動的神經元。[11]這種病症最終會致命；身體會虛弱到形銷骨立。史皮里多諾夫三十一歲時，在家經營教育軟體公司。他的創業精神或許可與懷特的完美病人威托維茲相提並論，但是兩人的相同點不只是科技抱負。懷特最後一次拜訪烏克蘭期間，史皮里多諾夫在電視上看到這位外科醫生，並且聽到頭部移植計畫。**這就是方法**，他那時想。史皮里多諾夫不曾跑步或走路，不曾離開輪椅。一具新的身體，健康的身體，似乎是他解決困境並延長壽命的最好方法。史皮里多諾夫從來沒有機會見到懷特，懷特幾年後就過世了。所以當他在TED演講看到卡納維羅（這場演講現在已臭名昭彰），他搜尋卡納維羅的聯絡資訊，並寄出一封電子郵件。如果卡納維羅可以做到自己的承諾，那麼史皮里多諾夫想當第一位志願者。

卡納維羅的演講在二〇一五年發表，點閱數現在已經超過五百萬次。這也讓他贏得一些綽號；批評者說他「失心妄想」、「〇〇七反派」，當然還有「法蘭肯斯坦醫生」。[12]這位五十二歲的義大利外科醫生頂著光頭踏上舞臺，穿著黑色馬球衫與牛仔褲，有點像外科醫生界的賈伯斯。「所有專家都知道的事情，其實是錯的，」他宣布。「坐穩了，我要載你去飆一趟車。」[13]這場演講後來被TED組織標記為不符合他們的「策展方針」*（或許因為他們認為他的研究結論是不可行的），內容涵蓋脊髓融合的前景，還幾乎不加掩飾地指出，俄羅斯富豪如果複製出夠多的身體用來換頭，就能長生不死。卡納維羅一副自命不凡的模樣，無疑是在虛張聲勢，他自豪地宣稱寫了一本探討「女性魅力」的書籍；觀眾還會知道他不吃牛肉，他練柔道，而且喜歡提到自己有六

* 作者注：TED注明，「這場演講是在獨立的TEDx活動拍攝下來的，我們加上標記，是因為它明顯超出TEDx的策展方針。觀看這場演講時最好把它當成是推論性質的假設情境，並請帶著以下認知，卡納維羅醫生二〇一七年在人類屍體進行的手術，引發科學社群在實務和倫理方面的擔憂。這場演講中關於神經再生的陳述，受到許多神經科學家的質疑。」

塊肌。[14]但是，他也成功介紹了帕金森氏症的大腦皮質刺激術（以電流刺激腦部深處運動神經的一種程序），撰寫幾本關於中樞神經系統功能失調的教科書，並且掛名超過一百篇同儕審查論文的作者或共同作者。而且，他顯然相信自己的懷特手術將會奏效。

卡納維羅打算建造配備起重機的手術觀摩室，好讓要移植的頭「飄浮」在捐贈者的身體上方，這樣一來，兩人的脊髓殘枝可以對齊，填入PEG，並施加電刺激（應該）可以幫助切斷的脊髓建立通路。[15]接合工作會比懷特的猴子手術更費力，因為所有肌肉組織和神經都需要重新縫合起來。懷特不需要傷腦筋，因為就算脊髓不會傳導神經脈衝，也沒什麼大不了。甚至卡納維羅也不期待神經和肌肉立即恢復運作。身體必定會接上維生系統，直到恢復運動的跡象出現。史皮里多諾夫可能會先動動眼睛或嘴唇，如同懷特多年前在猴子手術後，期待令人開心的生命回歸徵兆。[16]但是外科醫生也可以留意腳趾頭的彎曲，以及手掌的抓握動作。卡納維羅宣稱，這項手術有超過百分之九十的機率會成功——雖然他的同僚任曉平並未給出這樣的承諾。[17]

二〇一六年，卡納維羅重現懷特的猴子手術，並發布這隻靈長類動物的照片，牠躺在白色毛巾上，脖子有像拉鍊般的縫線。「我們明年將在人類身上進行，」他承諾，時間大約落在耶誕節前後。「再也不是只有『瘋狂塞吉歐』了，」他在接受加拿大《國家郵報》（*National Post*）的採訪時說道，「現在，全世界有許多瘋子在做這件事。」[18]這麼說可能有點太誇張了；大多數神經外科醫生對卡納維羅的說法，就像對懷特那樣不以為然。

二〇一七年的耶誕節來了又去，二〇一八年和二〇一九年也是如此。中國政府的批准不像卡納維羅起初暗示的那麼容易拿到，儘管當局沒有告知擱置的理由。他也失去試驗病例。史皮里多諾夫遇到安娜思塔西雅（Anastasia），並在二〇一八年娶她為妻，然後在他們的兒子誕生後，他退出HEAVEN移植計畫。史皮里多諾夫的妻子對這項手術毫無興趣。她說，像史皮里多諾夫這樣的人，「更有深度、情感豐富、忠實可靠、心地善良，而且他們通常非常聰明。這些不是最重要的嗎？」[19]史皮里多諾夫後續在佛羅里達州的新家接受《早安英國》（*Good Morning Britain*）節目採訪。他很高興地告訴新聞播報員：「我的生命中出現了一位令我深愛的女子。」[20]有這麼多原因讓史皮里多諾夫維持目前的生活，他已經沒有興趣加入可能只是「昂貴的安樂死」的實驗。[21]

懷特一直堅信，每一個生命都是值得活下去的。癱瘓並非終點。即使是他從威托維茲而來的研究，動機也是因為後者可能失去腎功能，雖然後來的轉折有點諷刺，威托維茲還比懷特晚七年才過世。然而，對頭部移植的期盼，同時包含了對於長命百歲，甚至長生不死的期盼。如果人體各部位可以不斷地更換，如果腦部可以無限期地保固，這代表什麼意義？卡納維羅對於俄羅斯富豪的隨口評論提供了有用的說明。身體移植要是真能實現的話，就會是特權的領域。《未來主義》（*Futurism*）期刊有一篇文章控訴：「只有人類會愚蠢到相信身體可以移植。這是他們特權的一部分……彷彿身體是一種配件，而非人格不可分割的面向……就好像他們的怪癖及化學殘渣沒有刻畫在我們腦中的皺褶裡。」[22]我們的身體不是單獨的實體，而是由微生物與細胞活動協同合作而形成的完整宇宙；我們可能不會吃什麼就變成什麼，但光是腸道即獲得證實能以驚人的方式影響大腦，從情緒到疼痛反應。頭部移植究竟可以成就什麼？可以重組、加強或抹滅「自我」嗎？會改寫死亡的規則嗎？或者，這就如同許多科技，只是讓富有的人擁有更多東西的另一種方式？

懷特的內心有一個笛卡兒，相信心靈和身體、靈魂與物質是有分界的，即使我們多數人遇到的事實更加混亂。對懷特來說，移植手術是一團謎，是可以用科學頭腦克服的不可能任務。但是也可能有更多意涵。移植手術可能是最佳方法，可以調和他的兩種指導原則，也就是他的兩大動力：科學，以及上帝。如果懷特能夠完成頭部移植，肯定會在當代最具開創精神的科學家中占有一席之地。這可能以某種方式保障他的聲譽，甚至連他爭取諾貝爾獎都難以企及。外科醫生懷特能夠把活生生的腦捧在手中，那是身體死亡後留下來的生命證據。靈魂，自我，許多哲學家、神學家及醫學巨擘所追求的無形聖杯：這難道不是懷特的目標嗎？

懷特一九九九年那篇探討仿生未來的文章做了以下的結論：「我預期，這種一直存在於科幻小說中的概念，也就是法蘭肯斯坦式的傳說，傳說中透過把身體各個部位縫在一起構成一個完整的人，將會在二十一世紀初成為臨床事實。」[23]二十年後的二〇一九年三月，任曉平與卡納維羅發表兩篇論文，宣稱他們可以把猴子和狗的脊髓完全切斷後再接回去。兩項研究都發表在《國際外科神經學》，聲稱這些動物在手術後能夠走路，還附上影片做為證據。[24]這篇報導登上《今日美國》（*USA Today*），該報與任曉平的後續交流透露，有些情況證實人類臨床試驗應該已經啟動。雖然風雨波折不斷，懷特對於新千禧年的預言仍是先見之明。

移植靈魂的追尋，仍然持續進行中。

8 Ibid.

9 "Purdue Research Offers Hope for Canine, Human Spinal Injuries," *Purdue University News*, December 3, 2004.

10 Ibid.

11 Sam Kean, "The Plan to Save a Life by Head Transplant," *The Atlantic*, September 2016.

12 Ibid.

13 這場演講於二〇一五年登場，後來遭到TED標注。

14 Kirkey, "Head Case."

15 Kean, "The Plan to Save a Life by Head Transplant."

16 Ibid.

17 Ibid.

18 Ibid.

19 Yarin Steinbuch, "Disabled Man Changes Mind About Head Transplant," *New York Post*, December 18, 2018.

20 Sharon Kirkey, "First Man to Sign Up for Head Transplant Bows Out, but Surgeon Insists List of Volunteers Is Still 'Quite Long,'" *National Post*, April 9, 2019.

21 Kean, "The Plan to Save a Life by Head Transplant."

22 Haybitch Abersnatchy [pseud.],"Where the Body Ends and the Self Begins," *Futurism* (blog), *Vocal*, 2017, https://vocal.media/futurism/where-the-body-ends-and-the-self-begins.

23 Robert White, "Head Transplants," *Scientific American Presents: Your Bionic Future*, Fall 1999, 24.

24 Kim Hjelmgaard, "Xiaoping Ren and Sergio Canavero Claim Spinal Cord Progress," *USA Today*, March 27, 2019.

44 Benedict Carey, "Once Paralyzed, Three Men Take Steps Again with Spinal Implant: An Experimental, Pacemaker-Like Device Offers Hope for Treating Spinal Injuries," *New York Times*, October 31, 2018.
45 Becker, "Spinal Implants Help Treat Paralysis."
46 Pallab Ghosh, "Spinal Implant Helps Three Paralysed Men Walk Again," BBC News, October 31, 2018.
47 Ibid.
48 Carey,"Once Paralyzed, Three Men Take Steps Again."
49 "Brain-computer Interface Enables Paralyzed Man to Walk: Proof-of-Concept Study Shows Possibilities for Mind-Controlled Technology," *Science Daily*, September 24, 2015.
50 Robert White, "The Two-Headed Russian Dog," *News-Herald* (Willoughby, Ohio), August 22, 2010.
51 Ibid.
52 Ibid.
53 Ibid.
54 Manjila et al., "From Hypothermia to Cephalosomatic Anastomoses," 14–25.
55 Ibid.
56 Ibid.

尾聲　法蘭肯斯坦醫生再現

1 Putre, "The Frankenstein Factor."
2 Sergio Canavero, "HEAVEN: The Head Anastomosis Venture Project Outline for the First Human Head Transplantation with Spinal Linkage (GEMINI)," *Surgical Neurology International* 4 (Suppl. 1) (June 13, 2013): S335–42.
3 Sharon Kirkey, "Head Case," *National Post*, August 2019.
4 Ibid.
5 Ibid.
6 Harold Hillman, "Dr. Robert J. White," *Resuscitation* 83 (2012): 18–19.
7 Paula Gould, "Mice Regrow Damaged Spinal Cord," *Nature*, November 9, 2004.

24 Ibid.

25 Frank Lovece, "The X-Files: I Want to Believe," film review, *Film Journal International*, July 24, 2008.

26 Roger Ebert, "The X-Files: I Want to Believe," film review, *Chicago Sun Times*, July 24, 2008.

27 Michael White, interview with author, Willoughby, Ohio, January 9, 2019.

28 Michael White, phone interview with author, August 13, 2019.

29 Patty White, letter, August 14, 2019.

30 Ibid.

31 Robert J. White, "You Learn a Lot About Yourself as a Patient," *News-Herald* (Willoughby, Ohio), June 7, 2009.

32 Ibid.

33 Joseph Murray, "Significance," Nobel Prize Nomination of Robert White, February 10, 2010.

34 Joseph Murray, email to Robert White, Friday, January 22, 2010, 10:16 a.m.

35 Joseph Murray, "History," Nobel Prize Nomination of Robert White, February 10, 2010.

36 Murray, "Significance."

37 Joscph Murray, email to Robert White, "Nobel Prize Nomination," Tuesday, January 12, 2010, 9:23 a.m.

38 Ibid.

39 Rachel Becker, "Spinal Implants Help Treat Paralysis but Aren't Ready for Primetime," *The Verge*, November 3, 2018.

40 Angus Chen, "Spinal Stimulator Implant Gives Paralytic Patients a Chance to Regain Movement," *Scientific American*, October 31, 2018.

41 Eliza Strickland, "Brain and Spine Implants Let a Paralyzed Monkey Walk Again: This First-in-Primate Study Tested Out Tech for Future Human Trials," *IEEE Spectrum*, November 10, 2016.

42 Ibid.

43 Brian Borton, quoted in Strickland, "Brain and Spine Implants."

Chapter 9——如果我們不需要脊髓？

1 "Reeve Ad Inspiring or Misleading?" CBS News, January 28, 2000.

2 David Ewing Duncan, "Biotech & Creativity: Quadriplegic Fitted with Brain Sensor Ushers in Cybernetic Age," *SFGate*, December 5, 2004.

3 Ibid.

4 Ibid.

5 M. D. Serruya et al., "Instant Neural Control of a Movement Signal," *Nature* 416, no. 6877 (March 14, 2002): 141–42.

6 Mary Beckman, "Monkey See, Cursor Do," *Science*, March 14, 2002.

7 Robert Lee Hotz, "Device Translates Brain's Energy into Actions: Nonsurgical Mind-Computer Link Could Assist Patients Unable to Move or Speak," *Los Angeles Times*, December 10, 2004.

8 Duncan, "Biotech & Creativity."

9 Sabin Russell, "Quadriplegic's Mind Able to Control Matter: Mind Reading a Success for Quadriplegic," *SFGate*, July 13, 2006.

10 Duncan, "Biotech & Creativity."

11 Ibid.

12 Russell, "Quadriplegic's Mind Able to Control Matter."

13 Robert White, "Future Wiring of Your Mind," *News-Herald* (Willoughby, Ohio), August 3, 2008.

14 Ibid.

15 Ibid.

16 Ibid.

17 Ibid.

18 Ibid.

19 Ibid.

20 Frank Spotnitz, interview with the author, July 20, 2018.

21 Ibid.

22 Ibid.

23 Ibid.

56 U.S. Feature Syndicate Edit International and Taiwan News, "US Surgeon to Perform World's First Human-Head Transplant," *Tehran Times*, July 16, 2001.
57 Harold Hillman, "What Are the Prospects for Body Transplant?," *Ethical Record*, January 2000, 10.
58 Lou Jacobson, "A Mind Is a Terrible Thing to Waste," *Field Notes* (blog), *Lingua Franca*, 1997, http://linguafranca.mirror.theinfo.org/9708/fn.9708.html.
59 "Craig's Head to Be Moved to a New Body," NYHETERsön, July 8, 2001 (Swedish).
60 Kreg Vetovitz interview, October 29, 2019.
61 "Transplanted Heads," *Süddeutsche Zeitung*, August 25, 2000.
62 Ibid.
63 Ibid.
64 "A Little Off the Top," *Wired*, January 1, 2000.
65 Robert White, "Cleveland Visits Lenin's Brain," unpublished essay, White family archive.
66 Robert White, "A Halloween Tale: Where Is Lenin's Brain?," *News-Herald* (Willoughby, Ohio), October 25, 2009.
67 White, "Cleveland Visits Lenin's Brain."
68 Ajay Kamalakaran, "Nostalgia for the Russia of the 2000s," *Russia Beyond*, January 14, 2017.
69 Boris Fishman, "In Moscow, An Unexpected Creative Revolution," *Travel + Leisure*, October 28, 2015.
70 Michael White, email, July 12, 2019.
71 Jungblut, *Meinen Kopf auf deinen Hals*, 186.
72 "A Little off the Top."
73 Danielle Elliott, "Human Head Transplant Is 'Bad Science,' Says Neuroscientist," CBS News, July 2, 2013.
74 "Frankenstein Fears After Head Transplant," BBC News, April 6, 2001.
75 Bennun, "Dr. Robert White."
76 Ibid.

tion: Who Is Eligible?," *Clinician Reviews* 21, no. 10 (October 2011): 19–23.

30 Ibid.

31 Putre, "The Frankenstein Factor."

32 Palmer, "Getting Tired of Your Body?"

33 Putre, "The Frankenstein Factor."

34 Ibid.

35 Ibid.

36 Ibid.

37 Kreg Vetovitz, phone interview with author, October 29, 2019.

38 Putre,"The Frankenstein Factor."

39 Ibid.

40 Jungblut, *Meinen Kopf auf deinen Hals*, 2.

41 Bennun, "Dr. Robert White."

42 Adapted from Jungblut, *Meinen Kopf auf deinen Hals*, 9–11.

43 Palmer, "Getting Tired of Your Body?"

44 Ibid., 132.

45 Glenn Zorpette and Carol Ezzell, "Your Bionic Future: As Life and Technology Merges, They Will Both Become More Interesting," *Scientific American* 10, no. 3 (Fall 1999): 4.

46 Ibid.

47 Ibid.

48 Ibid.

49 Ibid.

50 Ibid.

51 Ibid.

52 Ibid.

53 Ibid.

54 Ibid.

55 Jonathan Leake, "Surgeon Plans Head Transplant," *Sunday Times* (London), August 28, 1999.

6 Nicholas Regush, "Doctor Wants to Transplant Human Heads Soon," *Sightings*, Second Opinion, ABC News, June, 1, 2000.

7 Ibid.

8 Jungblut, *Meinen Kopf auf deinen Hals*, 94.

9 National Conference of Commissioners on Uniform State Law, "Uniform Determination of Death Act," 1981.

10 Ibid.

11 Jungblut, *Meinen Kopf auf deinen Hals*, 169.

12 Ibid, 168.

13 Ibid.

14 Ibid., 179.

15 Ibid., 67.

16 Ibid., 173.

17 Bennun, "Dr. Robert White."

18 Jungblut, *Meinen Kopf auf deinen Hals*, 21.

19 Bennun, "Dr. Robert White."

20 "Dynamic Coating & Craig Vetovitz," Channel 23 News, https://www.youtube.com/watch?v=9MnpMZ8-Av4.

21 Ibid.

22 Per Dr. J. P. Conomy，根據他在一九七六年對克雷格・威托維茲的神經學評估，經威托維茲的兒子科里各・威托維茲（Kreg Vetovitz）同意，在這裡重述。

23 "Your Head in His Hands," *Times Higher Education*, October 29, 1999.

24 Kreg Vetovitz, phone interview with author, October 29, 2019.

25 Sue Hively, "Couple's Plans Call for Two Homes in One," *Cleveland Plain Dealer*, January 13, 1979.

26 Ibid.

27 Josh Taylor, "Today's Profile," *Cleveland Plain Dealer*, July 16, 1991.

28 Alasdair Palmer, "Getting Tired of Your Body? Why Not Try a New One," *Sunday Telegraph/Edmonton Journal*, December 21, 1996.

29 Based on numbers of 2011; Kim Zuber and Jane S. Davis, "Kidney Transplanta-

65 Robert White, interview, "The Man Who Believes in Body Transplants," *Q.E.D.* (London: BBC Worldwide, 1989).

66 Ibid.

67 White, quoted in Bennun,"Dr. Robert White."

68 Ingrid Newkirk and Robert White, Debate, City Club Cleveland, February 10, 1989.

69 Ibid.

70 Ibid.

71 Ibid.

72 Ibid.

73 Ibid.

74 Newkirk interview, November 19, 2019.

75 Ibid.

76 Bennun, "Dr. Robert White."

77 Christian Jungblut, *Meinen Kopf auf deinen Hals; Die neuen Pläne des Dr. Frankenstein alias Robert White* (Stuttgart, Germany: Hirzel, 2001), 76.

78 Ibid.

79 Ibid.

80 Ibid., 79.

Chapter 8——完美的病人

1 Christian Jungblut, *Meinen Kopf auf deinen Hals; Die neuen Pläne des Dr. Frankenstein alias Robert White* (Stuttgart, Germany: Hirzel, 2001), 19.

2 Grant Segall, "Dr. Robert J. White, Famous Neurosurgeron and Ethicist, Dies at 84," *Cleveland Plain Dealer*, September 16, 2010, last modified January 12, 2019, https://www.cleveland.com/obituaries/2010/09/dr_robert_j_white_was_a_world-.html.

3 James Renner, "White's Anatomy," *Cleveland Free Times*, March 7, 2007.

4 Jungblut, *Meinen Kopf auf deinen Hals*, 185.

5 Ibid., 94.

40 Robert White, letter, March 3, 1982.

41 Robert White, letter, June 30, 1982.

42 Ibid.

43 Robert White, letter, March 23, 1989.

44 Robert White, letter, August 11, 1983.

45 White,"An Interesting Case of Juvenile Vascular Malformation."

46 Robert White, letter, August 11, 1983.

47 Robert White, "The Facts About Animal Research," *Reader's Digest*, March 1988, 127–32.

48 Ibid., 129.

49 Ibid., 131.

50 Ibid.

51 Manjila et al., "From Hypothermia to Cephalosomatic Anastomoses," 20.

52 White, "The Facts About Animal Research."

53 Ibid., 130.

54 Ibid.

55 "Animal Rights Activists Rally at Reader's Digest Briefly," *The Morning Call*, July 19, 1988.

56 Ingrid Newkirk, phone interview with the author, November 19, 2019.

57 Ibid.

58 Ingrid Newkirk and Robert White, Debate, City Club Cleveland, February 10, 1989.

59 Newkirk interview, November 19, 2019.

60 Keith Mann, *From Dusk 'til Dawn: An Insider's View of the Growth of the Animal Liberation Movement* (London: Puppy Pincher Press, 2007), 497.

61 David Bennun, "Dr. Robert White," *Sunday Telegraph Magazine*, 2000, archived at https://www.bennun.biz/interviews/drwhite.html.

62 Ibid.

63 Ibid.

64 John Rinaldi, interview with author, Cleveland, Ohio.

19 Carlson, "The Great Silver Spring Monkey Debate."

20 *The Use of Animals in Medical Research and Testing: Hearings Before the Subcommittee on Science, Research, and Technology of the Committee on Science and Technology*, US House of Representatives, 97th Cong., 1st Session, October 13, 14, 1981, no. 68 (Washington, DC: US Government Printing Office, 1982).

21 Carlson, "The Great Silver Spring Monkey Debate."

22 *The Use of Animals in Medical Research and Testing.*

23 Ibid., 13.

24 Taub, quoted in ibid.

25 Tori DeAngelis, "Going to Bat for Science," *Monitor on Psychology* 38, no. 7 (July/August 2007): 20, https://www.apa.org/monitor/julaug07/tobat.

26 Ibid.

27 Ibid.

28 Quoted in ibid.

29 White, "Antivivisection: The Reluctant Hydra," 504.

30 Ibid., 507.

31 Robert J. White, "Animal Ethics?," *Hastings Center Report* 20, no. 6 (November–December 1990): 43.

32 Robert White, "Thoughts of a Brain Surgeon," *Reader's Digest*, September 1978.

33 Robert White,"Dr. Robert J. White: Years Later, Patient's Case Still on His Mind," *News-Herald* (Willoughby, Ohio), January 3, 2010.

34 Ibid.

35 John Hubbell, "The Medical Wonders of Dr. Robert White," *Reader's Digest*, February 1977.

36 Robert White, "An Interesting Case of a Juvenile Vascular Malfunction," *News-Herald* (Willoughby, Ohio), September 5, 2010.

37 Robert White, letter, March 23, 1989.

38 Y. Takaoka, N. Taslitz, and R. J. White, "The Vascular Split Brain in the Monkey," *Anatomical Record* 184, no. 3 (1976): 595.

39 Robert White, letter, June 30, 1982.

96 Ibid., YouTube video, https://youtu.be/TGpmTf2kOc0.
97 White, quoted in Rader, "Surgeon Views Brain of Humans as 'Inner Space.'"
98 Reuters, "What's Next? Head Transplant."

Chapter 7——人類這種動物

1 Patricia White, interview, June 15, 2019.
2 Kleban, "A Devout Neurosurgeon Studies the Brain with Medically Dazzling, Morally Puzzling Head Transplants."
3 Ibid.
4 Robert White, letter.
5 Peter Carlson, "The Great Silver Spring Monkey Debate," *Washington Post*, February 24, 1991.
6 Ibid.
7 Ibid.
8 Ibid.
9 Tom Regan, "The Case for Animal Rights," in Tom Regan and Peter Singer, eds., *Animal Rights and Human Obligations* (Englewood Cliffs, NJ: Prentice Hall, 1976).
10 Richard Lyons,"Does Everyone on This Ark Have a First-Class Ticket?," *New York Times*, April 30, 1978.
11 Tom Regan,"Why Death Does Harm Animals," in *Animal Rights and Human Obligations*, 153–57.
12 Alex Pacheco with Anna Francione, "The Silver Spring Monkeys," in Peter Singer, ed., *In Defense of Animals* (New York: Basil Blackwell, 1985), 135–47.
13 Ibid.
14 A. N. Rowan, "The Silver Spring 17," *International Journal for the Study of Animal Problems* 3, no. 3 (1982): 219–27.
15 Carlson, "The Great Silver Spring Monkey Debate."
16 Ibid.
17 Ibid.
18 Pacheco with Francione, "The Silver Spring Monkeys," 135–47.

73 Robert White, "Antivivisection: The Reluctant Hydra," *The American Scholar* 40, no. 3 (Summer 1971): 503–12.

74 Ibid., 507.

75 Ibid.

76 Ibid.

77 Ibid., 504.

78 Harvey Cushing, quoted in White, "Antivivisection," 504.

79 White, "Antivivisection," 504.

80 Ibid., 506.

81 Ibid., 507.

82 Ibid.

83 Howard Yonas, interview with the author, Cleveland Heights, Ohio, August 13, 2018.

84 Donald McRae, *Every Second Counts* (New York: Penguin, 2007), ebook.

85 Ibid.

86 Ibid.

87 Associated Press, "Edmund Stevens, 81, a Reporter in Moscow for 40 Years, Is Dead," *New York Times*, May 27, 1992.

88 Veatch, "Case Studies in Bioethics."

89 Schmeck, "Medicine."

90 Robert White, interview by Hans Vladimirsky and Konstantin Razin,"The Questionable and Unquestionable in Brain Transplant Problems," *Moscow News* 42 (1975): 11.

91 Reuters, "Head Transplant Next Step—Prof.," *Ottawa Journal*, July 7, 1972.

92 Reuters, "What's Next? Head Transplant," *Tennessean*, July 8, 1972.

93 Robert White, quoted in Peggy Rader, "Surgeon Views Brain of Humans as 'Inner Space,'" *Akron Beacon Journal*, July 31, 1977.

94 Ibid.

95 Audio transcribed from *MotherBoard*, "Interview with Robert White," *A Monkey Head Transplant*. Produced by David Feinberg, July 9, 2009.

57 Pope Paul VI, "Address to the Plenary Session and to the Study Week on the Subject 'Brain and Conscious Experience,'" in *Papal Addresses*, 185.

58 White, in Renner, "White's Anatomy."

59 R. J. White et al., "Cephalic Exchange Transplantation in the Monkey," *Surgery* 70, no. 1 (July 1971): 135–39.

60 Monica Robins, "As MetroHealth Prepares to Break Ground on New Hospital, Here's a Look Back at Its History," WKYC, April 12, 2019, ttps://www.wkyc .com/article/news/as-metrohealth-prepares-to-break-ground-on-new-hospital -heres-a-look-back-at-its-history/95-3924d492-e4dd-450a-a6cf-32ed68470df0.

61 Robert J. White et al., "Recovery of the Subhuman Primate After Deep Cerebral Hypothermia and Prolonged Ischaemia," *Resuscitation* 2, no. 2 (June 1973): 117–22.

62 Robert J. White, "Preservation of Cerebral Function During Circulatory Arrest and Resuscitation: Hypothermic Protective Considerations," *Resuscitation* 1, no. 2 (July 1972): 107–112, IN5, 113–115.

63 Catherine Robert, "Animal Experimentation and Evolution," *The American Scholar* 40, no. 3 (Summer 1971): 497–503.

64 Ibid., 501.

65 Ibid.

66 Ibid., 498.

67 Ibid., 499.

68 Ibid., 500.

69 Ibid.

70 Jeremy Bentham, *An Introduction to the Principles of Morals and Legislation*, quoted in Peter Singer, "All Animals Are Equal," *Philosophic Exchange* 1, no. 5 (Summer 1974).

71 Peter Singer, "All Animals Are Equal," in Tom Regan and Peter Singer, eds., *Animal Rights and Human Obligations* (Englewood Cliffs, NJ: Prentice Hall, 1976), 79–80.

72 Robert, "Animal Experimentation and Evolution," 497–503.

teh）醫生。

36 Harold Schmeck Jr., "Medicine," *New York Times*, June 4, 1972.

37 Barry Barkan, "Transplant Patient Is Impatient," *Baltimore Afro-American*, September 11, 1968; Koretzky, "'A Change of Heart.'"

38 Ibid.

39 Ibid.

40 Ibid.

41 Allen Howard, "With an Image of Nothing, He Created Man," *Cleveland Call & Post*, March 2, 1968. Quoted in Koretzky.

42 Kenneth L. Kusmer, "African Americans," *Encyclopedia of Cleveland History*, accessed May 1, 2019, https://case.edu/ech/articles/a/african-americans.

43 Emily Bamforth, "July 23 Marks 50-Year Anniversary of Glenville Riots," Cleveland.com, July 23, 2018.

44 Ibid.

45 Ibid.

46 Locke, *Twice Dead*, 91.

47 Quoted in Koretzky, "'A Change of Heart.'"

48 Christiaan Barnard, quoted in Locke, *Twice Dead*.

49 Locke, *Twice Dead*, 97.

50 Dennis Kucinich (OH), Selections from "Honoring the Life and Achievements of His Holiness Pope John Paul II and Expressing Profound Sorrow on His Death," *Congressional Record* 151, no. 38 (April 6, 2005): H1807–21.

51 Ibid.

52 James Renner, "White's Anatomy," *Cleveland Scene*, March 7, 2007.

53 Robert White, quoted in Renner, "White's Anatomy."

54 Marcelo Sanchez Sorondo, "Introduction," in *Papal Addresses to the Pontifical Academy of Sciences 1917–2002* (Vatican City: Pontifical Academy of Sciences, 2003), xxix.

55 Pope Paul VI, quoted in *Papal Addresses*, xxix.

56 Ibid., xxx.

17 Dennis Coday, "Charles Curran to Retire from Full-Time Teaching," *National Catholic Reporter*, May 15, 2014.

18 White and Curran, "The Morality of Human Transplants," 23.

19 Ibid.

20 Locke, *Twice Dead*, 78.

21 Hoffenberg, "Christiaan Barnard," 1478.

22 Ibid.

23 White and Curran, "The Morality of Human Transplants," 24.

24 Pope Pius XII, "The Prolongation of Life."

25 White and Curran, "The Morality of Human Transplants," 24.

26 Dr. Howard Yonas (previously White's resident), interview with the author, Cleveland Heights, Ohio, August 13, 2018.

27 White and Curran, "The Morality of Human Transplants," 23.

28 Ibid.

29 Ibid.

30 Hoffenberg, "Christiaan Barnard," 1479.

31 一位匿名的公衛官員在《新聞週刊》（*Newsweek*）描述這如同惡夢一樣的場景，也可參見H. A. Davidson, "Transplantation in the Brave New World," *Mental Hygiene* 52, no. 3 (July 1968): 467–68.

32 Maya Overby Koretzky, "'A Change of Heart': Racial Politics, Scientific Metaphor and Coverage of 1968 Interracial Heart Transplants in the African American Press," *Social History of Medicine* 30, no. 2 (May 2017): 408–28.

33 Robert M. Veatch, "Case Studies in Bioethics: Brain Death: Welcome Definition . . . or Dangerous Judgment?," *Hastings Center Report* 2, no. 5 (November 1972): 10–13.

34 Susan E. Lederer, "Putting Death in Context," *Hastings Center Report* 38, no. 6 (November–December 2008): 3, https://muse.jhu.edu/article/254294.

35 這件將在一九七二年判決的案子記錄為：已故布魯斯・塔克之遺產管理人威廉・塔克，控告理查・洛爾醫生、大衛・休姆醫生、大衛・史威爾（David H. Sewell）醫生、H・M・李（H. M. Lee）醫生及阿卜杜拉・法蒂（Abdullah Fat-

54 Robert White, 1972 radio interview, quoted in "Head Transplant," *Motherboard*, July 9, 2013.

Chapter 6——現代的普羅米修斯

1 Edgar Allan Poe, "The Premature Burial," quoted with thanks from Michael DeGeorgia, "History of Brain Death as Death: 1968 to the Present," *Journal of Critical Care* 29, no. 4 (2014): 673–78.
2 Robert White, interview, "The Man Who Believes in Body Transplants," *Q.E.D.* (London: BBC Worldwide, 1989).
3 Margaret Locke, *Twice Dead: Organ Transplants and the Reinvention of Death* (Berkeley: University of California Press, 2001), 78.
4 Ibid.
5 Oriana Fallaci, "The Dead Body and the Living Brain," *Look*, November 28, 1967, 112.
6 DeGeorgia, "History of Brain Death as Death."
7 Locke, *Twice Dead*, 79.
8 Pope Pius XII, "The Prolongation of Life: An Address to an International Congress of Anaesthesiologists, November, 24 1957," *The Pope Speaks* 4, no. 4 (1958), 393–98.
9 DeGeorgia, "History of Brain Death as Death," 673.
10 Ibid., 675.
11 Raymond Hoffenberg, "Christiaan Barnard: His First Transplants and Their Impact on Concepts of Death," *BMJ* 323, no. 7327 (December 22, 2001): 1478–80.
12 DeGeorgia, "History of Brain Death as Death," 675.
13 Christiaan Barnard, "Surgical Innovation," *BMJ* 325, no. 7374 (November 23, 2002): 1195.
14 DeGeorgia, "History of Brain Death as Death," 675.
15 Ibid.
16 Robert White and Charles Curran, "The Morality of Human Transplants," *Sign* 47 (March 1968): 23.

Some Account of the Doctrine, Discipline, Rites, Ceremonies, Councils, and Religious Orders of the Catholic Church (London: Kegan Paul, Trench, Trübner, 1893), 851.

30 Quoted in Bennun, "Dr. Robert White."

31 Michael White and Patricia White, letter, February 2018.

32 Ibid.

33 Wagner, "The Brain Research Laboratory at the Cleveland Metropolitan General Hospital and Case Western Reserve University," 881–87.

34 Deborah Blum, *The Monkey Wars* (Oxford: Oxford University Press, 1994), 35–36.

35 Wagner, "The Brain Research Laboratory," 885.

36 Robert White et al., "Cephalic Exchange Transplantation in the Monkey," *Surgery* 70, no. 1 (1971): 135–39. 37.

37 Ibid., 136.

38 Norman Taslitz, phone interview with the author, July 18, 2018.

39 White, "Discovering the Pathway for Cooling the Brain."

40 James Renner, "White's Anatomy," *Cleveland Free Times*, March 7, 2007.

41 Quoted in Bennun, "Dr. Robert White."

42 Patricia White, email, March 7, 2019.

43 White et al., "Cephalic Exchange Transplantation in the Monkey," 135–36.

44 Ibid., 136.

45 *Stranger than Fiction: The First Head Transplant*, Paul Copeland, director.

46 White et al., "Cephalic Exchange Transplantation in the Monkey," 135–36.

47 Quoted in Bennun, "Dr. Robert White."

48 *Stranger than Fiction*.

49 Robert White, interview in "A. Head B. Body," *Midnight Archive*, episode 05, special presentation, Jim Fields, director, 2008, 2011, YouTube, accessed March 7, 2019, https://www.youtube.com/watch?v=V2P-teoc2ic.

50 Quoted in Bennun, "Dr. Robert White."

51 Robert White, quoted in Putre, "The Frankenstein Factor."

52 White, interview in "A. Head B. Body."

53 White, quoted in Bennun, "Dr. Robert White."

9 Fallaci, "The Dead Body and the Living Brain," 106.

10 White, quoted in Fallaci, "The Dead Body and the Living Brain," 112.

11 Ibid.

12 Ibid.

13 Ibid.

14 Ibid.

15 Fallaci, "The Dead Body and the Living Brain," 104.

16 Ibid.

17 Lesley Sharp, *Animal Ethos: The Moralist of Human-Animal Encounters in Experimental Lab Science* (Oakland: University of California Press, 2019), 42–43.

18 Ibid., 42–44.

19 Ibid., 50.

20 Quoted in David Bennun, "Dr. Robert White," *Sunday Telegraph Magazine*, 2000, archived at https://www.bennun.biz/interviews/drwhite.html.

21 Ibid.

22 Christina DeStefano, "The Interview that Became Henry Kissinger's 'Most Disastrous Decision': How Oriana Fallaci Became the Most Feared Political Interviewer in the World," *Literary Hub*, October 2017; Judy Klemesrud, "Oriana Fallaci, an Interviewer Who Goes for the Jugular in Four Languages," *New York Times*, January 23, 1973.

23 Nina Burleigh, "Oriana Fallaci, Right or Wrong: Review of *Oriana Fallaci* by Christina DeStefano," *New York Times*, October 2017.

24 Fallaci, "The Dead Body and the Living Brain," 114.

25 Putre, "The Frankenstein Factor: Cleveland Brain Surgeon Robert J. White Has a Head for Transplanting."

26 Barbara Kleban, "A Devout Neurosurgeon Studies the Brain with Medically Dazzling, Morally Puzzling Head Transplants," *People*, August 13, 1979.

27 Ibid.

28 Robert White, quoted in Fallaci, "The Dead Body and the Living Brain," 106.

29 William Edward Addis and Thomas Arnold, *A Catholic Dictionary: Containing*

34 Konstantinov, "At the Cutting Edge of the Impossible."

35 Elena Berger et al., " The Unspoken History of Medicine in Russia," *MEDIC* 25, no. 2 (2017): 28–34.

36 Ibid., 31.

37 Konstantinov, "A Mystery of Vladimir P. Demikhov."

38 Eric Pace, "Vladimir P. Demikhov, 82, Pioneer in Transplants, Dies," *New York Times*, November 25, 1998, https://www.nytimes.com/1998/11/25/world/vladimir-p-demikhov-82-pioneer-in-transplants-dies.html.

39 White, in *Stranger than Fiction*.

40 Konstantinov, "A Mystery of Vladimir P. Demikhov."

41 Quoted in Carl Muller, "Swapping Heads and Brains—The Real-Life Frankenstein," *Saturday Magazine*, October 28, 2000, accessed January 24, 2019.

42 Robert White, interview, *Süddeutschen Zeitung*, August 25, 2000. Translated for *Southern Cross Review*, accessed January 24, 2019, https://www.southerncrossreview.org/8/transplant.html.

43 Robert White, interview, "Work Together for a Happier Life," *Moscow News*, June 1973, 23–30.

44 Ibid.

45 White, in *Stranger than Fiction*.

Chapter 5 ——法蘭肯斯坦的猴子

1 Oriana Fallaci, "The Dead Body and the Living Brain," *Look*, November 28, 1967, 100.

2 Ibid.

3 Ibid., 100–101.

4 Ibid., 101.

5 Ibid., 104.

6 Ibid., 105.

7 Ibid., 106.

8 Robert White, quoted in Fallaci, "The Dead Body and the Living Brain," 106.

15 Harold Hillman, in *Stranger than Fiction*.

16 White, in *Stranger than Fiction*.

17 Gloria Stewart, "Life in Moscow in the Soviet 1960s: Memoirs of a British Journalist Part 1," *103rd Meridian East*, accessed January 17, 2019, http://meridian103.com/issue-14/history/moscow-in-the-soviets/.

18 Ibid.

19 Gloria Stewart, "Life in Moscow in the Soviet 1960s: Memoirs of a British Journalist Part 2," *103rd Meridian East*, accessed January 17, 2019, http://meridian103.com/issue-14/history/soviet-moscow/.

20 Michael White, interview with the author, January 7, 2019.

21 Mark Popovsky, *Science in Chains* (London: Collins Harvill, 1979), 3.

22 Quoted in Popovsky, 4.

23 Ibid., 5.

24 I. E. Konstantinov, "A Mystery of Vladimir P. Demikhov: The 50th Anniversary of the First Intrathoracic Transplantation," *Annals of Thoracic Surgery* 65 (1998): 1171–77, DOI: 10.1016 /S0003-4975(97)01308-8.

25 Quoted in Popovsky, 9.

26 Ibid., 11.

27 Ibid., 71.

28 Konstantinov, "A Mystery of Vladimir P. Demikhov: The 50th Anniversary of the First Intrathoracic Transplantation."

29 I. E. Konstantinov, "At the Cutting Edge of the Impossible: A Tribute to Vladimir P. Demikhov," *Texas Heart Institute Journal* 36, no. 5 (2009): 454.

30 Ibid.

31 Matskeplishvili, "Vladimir Petrovich Demikhov (1916–1998): A Pioneer of Translantation Ahead of His Time, Who Lived Out the End of His Life as an Unknown and in Poor Circumstances."

32 Boleslav Lichterman, interview with author, the second Doctor as a Humanist conference, 2019.

33 Matskeplishvili, "Vladimir Petrovich Demikhov," 3407.

2 Ibid.

3 Harold Hillman, quoted in "Harold Hillman, Biological Scientist," obituary, *Telegraph*, September 7, 2016.

4 Robert White, interview by Paul Copeland, director, in *Stranger than Fiction: The First Head Transplant*.

5 United Press International,"2 Americans Held in Soviet Meet with Russian Lawyers," *New York Times*, November 27, 1966, accessed January 15, 2019, https://nyti.ms/2RNTShn.

6 United Press International, "Russian Republic Stiffens Laws Against 'Slanders,'" *New York Times*, October 6, 1966, accessed January 15, 2019, https://nyti.ms/2RNUe7H.

7 United Press International, "A Russian, in 494 Pages, Finds U.S. Life All Bad," *New York Times*, December 11, 1966, accessed January 15, 2019, https://nyti.ms/3aFIz1v.

8 Robert White, quoted in Laura Putre,"The Frankenstein Factor: Cleveland Brain Surgeon Robert J. White Has a Head for Transplanting," *Cleveland Scene*, December 9, 1999, https://www.clevescene.com/cleveland/the-frankenstein-factor/Content?oid=1473264.

9 Michael White, interview with the author, Willoughby, Ohio, January 7, 2019.

10 "Andrei P. Romodanov, MD, interviewed by Robert White, MD." Supported by the American Association of Neurosurgeons, 9th European Conference of Neurosurgery, Moscow, 1991, https://www.youtube.com/watch?v=dPHi3VLo6JE.

11 Ibid.

12 Boleslav Lichterman, "A History of Russian and Soviet Neuro(path)ology," in *History of Neurology*, Stanley Finger, François Boller, and Kenneth L. Tyler, eds., vol. 95, 3rd series (Amsterdam: Elsevier, 2009), 746.

13 Joy Neumeyer, "A Visit to Moscow's Institute of the Brain," *Vice*, April 10, 2014, accessed January 17, 2019, https://www.vice.com/en_us/article/qbejbd/a-visit-to-moscows-brain-institute.

14 White, in *Stranger than Fiction*.

ens): A Comparison with Rhesus Monkeys (*Macaca mulatta*)," *Animal Cognition* 10, no. 4 (2007): 369–75.

26 White et al., "The Isolated Monkey Brain," 216–17.

27 Ibid.

28 American Association of Neurological Surgeons, "History," https://www.aans.org/About-Us/History.

29 Harold M. Schmeck Jr., "Brains Are Kept Alive for Tests After Removal from Monkeys," *New York Times*, June 8, 1964.

30 Michael DeGeorgia, interview with the author, University Hospital, Cleveland, Ohio, August 7, 2018.

31 Eelco F. M. Wijdicks, *Brain Death*, 3rd ed. (Oxford: Oxford University Press, 2017).

32 Schmeck, "Brains Are Kept Alive."

33 Ibid.

34 Robert White, "Historical Development of Spinal Cord Cooling," *Surgical Neurology* 25, no. 3 (1986): 295–98.

35 Schmeck, "Brains Are Kept Alive."

36 Robert White, interview by Paul Copeland, director, in *Stranger than Fiction: The First Head Transplant*.

37 Michael White, interview with the author, Willoughby, Ohio, January 8, 2009.

38 White, in Renner, "White's Anatomy."

39 Patty White, interview, August 8, 2018.

40 Robert White, "Discovering the Pathway for Cooling the Brain," *Paths of Discovery*, acta 18 (Vatican City: Pontifical Academy of Sciences, 2006).

41 Harold Hillman,"Dr. Robert J. White (1926–2010)," *Resuscitation Journal* 83 (2012): 18–19.

Chapter 4——鐵幕之後的腦（科學、伏特加及美女）

1 Peter Grose, "Soviet Overrules Its Scientists, Bars U. S. Research Ship's Visit," *New York Times*, May 21, 1966, 1, 27.

7 Robert White, Maurice S. Albin, and Javier Verdura, "Isolation of the Monkey Brain: In vitro Preparation and Maintenance," *Science* 141, no. 3585 (September 13, 1963): 1060–61.
8 Ibid.
9 Oriana Fallaci, "The Dead Body and the Living Brain," *Look*, November 28, 1967, 108.
10 David Donald and Robert White, "Selective Perfusion in the Monkey: Effects of Maintained Cerebral Hypothermia," *Journal of Surgical Research* 2, no. 3 (May 1962): 213–20.
11 Ibid., 218.
12 Sam Kean, *The Tale of the Dueling Neurosurgeons* (New York: Back Bay Books, 2014), 33.
13 Ibid., 8–9.
14 Michael White, interview with the author, Willoughby, Ohio, January 8, 2019.
15 Robert White, interview, in James Renner, "White's Anatomy," *Cleveland Free Times*, March 7, 2007.
16 Ibid.
17 White, Albin, and Verdura,"Isolation of the Monkey Brain," 1060.
18 Robert White, Maurice Albin, Javier Verdura, and George Locke, "The Isolated Monkey Brain: Operative Preparation and Design of Support Systems," presented at the meeting of the Harvey Cushing Society in Los Angeles, CA, April 1, 1964. Supported by U. S. Public Health Service Grant NB-03859. 215–216.
19 Ibid., 216–17.
20 Ibid.
21 Ibid., 224.
22 White, Albin, and Verdura, "Isolation of the Monkey Brain," 1061.
23 Leo Massopust, quoted in Alvin Toffler, *Future Shock* (New York: Bantam, 1990), 214.
24 White, Albin, and Verdura, "Isolation of the Monkey Brain," 1061.
25 Francys Subiaul et al., "Cognitive Imitation in 2-Year-Old Children (Homo sapi-

59 Steven Johnson, *Where Good Ideas Come From: The Natural History of Innovation*, (New York: Riverhead Books, 2011), 45.

60 Wagner, "The Brain Research Laboratory at the Cleveland Metropolitan General Hospital and Case Western Reserve University," *Journal of Neurosurgery* 101, no. 4 (2004): 881–87.

61 Walt Tomford, phone interview with the author, July 19, 2018.

62 Franklin C. Wagner Jr., "The Brain Research Laboratory," 881.

63 Ibid.

64 David Bennun, "Dr. Robert White," *Sunday Telegraph Magazine*, 2000, archived at https://www.bennun.biz/interviews/drwhite.html.

65 Wolfe, *Competing with the Soviets*, 91.

66 Ibid., 93.

67 Ibid., 94.

68 Ibid.

69 Ibid., 95.

CHAPTER 3——那顆腦是否正在思考？

1 Frank Hellinger, Byron Bloor, and John McCutchen, " Total Cerebral Blood Flow and Oxygen Consumption Using the Dye-Dilution Method: A Study of Occlusive Arterial Disease and Cerebral Infarction," *Journal of Neurosurgery* 19, no. 11 (1962): 964.

2 Min Lang et al., "A Tribute to Dr. Robert J. White," *Neurosurgery* 85, no. 2 (2019): E366–73, DOI: 10.1093/neuros/nyy321.

3 Wagner, "The Brain Research Laboratory at the Cleveland Metropolitan General Hospital and Case Western Reserve University,": 881–87.

4 Ibid.

5 J. Verdura, R. J. White, and H. E. Kretchmer, "A Simplified Method for Obtaining Cerebrospinal Fluid Pressure Measurements in the Dog," *Journal of Applied Physiology* 18, no. 4 (1963): 837–38.

6 Wagner, "The Brain Research Laboratory."

tion, https://www.sgkpa.org.uk/main/history-of-the-kidney-disease-treatment.

40 Quoted in Stevens, "How Shavka Joined Brodyaga."

41 Ibid.

42 Mark, "I've Been Working in the Kremlin with a Two-Headed Dog," *Galileo's Doughnuts* (blog), *Medium*, May 6, 2015, https://medium.com/galileos-doughnuts/i-ve-been-working-in-the-kremlin-with-a-two-headed-dog-eb29132466dc.

43 "Russia's Two-Headed Dog," *Life* 47, no. 3 (July 20, 1959).

44 Robert White, interview, in James Renner, "White's Anatomy," *Cleveland Free Times*, March 7, 2007.

45 Ibid.

46 Walt Tomford, phone interview with the author, July 19, 2018.

47 White, in Renner, "White's Anatomy."

48 Howard Yonas, phone interview with the author, August 13, 2018; George Dakters, phone interview with the author, July 17, 2018.

49 White, in *Stranger than Fiction.*

50 Sam Kean, *The Tale of the Dueling Neurosurgeons* (New York: Back Bay Books, 2014), 256.

51 Sunil Manjila et al., "From Hypothermia to Cephalosomatic Anastomoses: The Legacy of Robert White (1926–2010) at Case Western Reserve University of Cleveland," *World Neurosurgery* 113 (May 2018): 14 25.

52 Stacey Conradt,"The Quick Eight," Mental Floss, February 11, 2009.

53 Henry Gully, "History of Accidental Hypothermia," *Resuscitation* 82, no. 1 (2011): 122–25.

54 Robert Falcon Scott, quoted in Gully.

55 John Bryk et al., "Deep Brain Hypothermia by Means of High-Flow Biventricular Cooling," *Resuscitation* 5, no. 4 (1976–1977): 223–28.

56 Zawn Villines,"What Happens After a Lack of Oxygen to the Brain?" SpinalCord.com, June 13, 2016.

57 White, in Renner, "White's Anatomy."

58 Manjila et al., "From Hypothermia to Cephalosomatic Anastomoses."

1171–77, DOI: 10.1016/S0003-4975(97)01308-8.
16 I. E. Konstantinov, "At the Cutting Edge of the Impossible: A Tribute to Vladimir P. Demikhov, " *Texas Heart Institute Journal* 36, no. 5 (2009): 453–58.
17 Matskeplishvili, "Vladimir Petrovich Demikho," 3406.
18 Konstantinov, "A Mystery of Vladimir P. Demikhov."
19 Matskeplishvili, "Vladimir Petrovich Demikhov," 3406.
20 Ibid., 3407.
21 Konstantinov, "At the Cutting Edge of the Impossible."
22 Konstantinov, "A Mystery of Vladimir P. Demikhov."
23 Ibid.
24 R. M. Langer, "Vladimir P. Demikhov, a Pioneer of Organ Transplantation," *Transplant Proceedings* 43 (2011): 1221–22.
25 Wolfe, *Competing with the Soviets*, 40.
26 Michael D'Antonio, *A Ball, a Dog, and a Monkey: 1957—The Space Race Begins* (New York: Simon & Schuster, 2007), 5.
27 Quoted in D'Antonio, 14.
28 Quoted in D'Antonio, 15.
29 D'Antonio, 42.
30 Ibid., 25.
31 Quoted in D'Antonio, 36.
32 Associated Press, "Edmund Stevens, 81, a Reporter in Moscow for 40 Years, Is Dead," *New York Times*, May 27, 1992.
33 Ibid.
34 Edmund Stevens, "How Shavka Joined Brodyaga," *Life* 47, no. 3 (July 20, 1959).
35 Ibid.
36 Ibid.
37 根據史蒂文斯〈莎芙卡如何與布羅迪亞嘉合體〉(How Shavka Joined Brodyaga)一文的描述和照片佐證。
38 Vladimir Demikhov, quoted in Stevens, "How Shavka Joined Brodyaga."
39 "History of the Kidney Disease Treatment," St. George's Kidney Patients Associa-

32 Ibid., 120.

33 Putre, "The Frankenstein Factor."

Chapter 2——雙頭狗和太空競賽

1 Simon Matskeplishvili, "Vladimir Petrovich Demikhov (1916–1998): A Pioneer of Transplantation Ahead of His Time, Who Lived Out the End of His Life as an Unknown and in Poor Circumstances," *European Heart Journal* 38, no. 46 (December 7, 2017): 3406–10, https://doi.org/10.1093/eurheartj/ehx697.

2 "Envoys Stalk Again as Nikita Rants," *Milwaukee Sentinel*, November 19, 1956.

3 Quoted from Khrushchev's "We Will Bury You," February 7, 1962, Central Intelligence Agency, approved for release January 4, 2002, accessed March 25, 2019, https://www.cia.gov/library/readingroom/document/cia-rdp-73b00296r000200040087-1.

4 Audra J. Wolfe, *Competing with the Soviets: Science, Technology, and the State in Cold War America* (Baltimore: Johns Hopkins Press, 2013), 9.

5 Ibid., 9.

6 Ibid., 19.

7 Ibid., 18.

8 Ibid.

9 Wolfe, *Competing with the Soviets*, 20.

10 Mark Popovsky, *Science in Chains: The Crisis of Science and Scientists in the Soviet Union*, trans. Paula S. Falla (London: Collins and Harvill Press, 1980), 23.

11 Wolfe, *Competing with the Soviets*, 55.

12 Robert White, interview by Paul Copeland, director, in *Stranger than Fiction: The First Head Transplant* (UK: ITN Factual, 2006).

13 Ibid.

14 Larry Greenemeier, "US and Soviet Spooks Studied Paranormal Powers to Find a Cold War Advantage," *NewsBlog, Scientific American*, October 20, 2008.

15 I. E. Konstantinov, "A Mystery of Vladimir P. Demikhov: The 50th Anniversary of the First Intrathoracic Transplantation," *Annals of Thoracic Surgery* 65 (1998):

Beach, MA: Science History Publications, 2001), 73.
14 Ibid., 75.
15 Joseph E. Murray, "The Fight for Life: The Pioneering Surgeon of the World's First Successful Human Organ Transplant Reflects on the Gift of Life," *Harvard Medicine*, Autumn 2019, https://hms.harvard.edu/magazine/science-emotion/fight-life.
16 Joseph E. Murray, interview by Martin Woolf, *On the Beat*, New York Organ Donor Network publication, May 25, 2004.
17 Pacific Immunology, "Antibody Introduction: What Is an Antibody?," accessed September 5, 2019, https://www.pacificimmunology.com/resources/antibody -introduction/what-is-an-antibody/.
18 Murray, *Surgery of the Soul*, 16.
19 "Francis Daniels Moore Dies at 88," *Harvard Gazette*, December 6, 2001.
20 Joseph E. Murray, "Remembrances of the Early Days of Renal Transplantation," *Transplantation Proceedings* 13, suppl. 1 (February 1981): 9–15.
21 James Renner, "White's Anatomy," *Cleveland Free Times*, March 7, 2007.
22 Andy Hollandbeck, Jeff Nilsson, and Demaree Bess, "Not So Neutral: America's War Efforts before Pearl Harbor," *Saturday Evening Post*, August 11, 2016.
23 "Army Battle Casualties and Nonbattle Deaths in World War II," Combined Arms Research Library, Department of the Army, June 25, 1953, https://apps.dtic.mil/dtic/tr/fulltext/u2/a438106.pdf.
24 Laura Putre, "The Frankenstein Factor: Cleveland Brain Surgeon Robert J. White Has a Head for Transplanting," *Cleveland Scene*, December 9, 1999, https://www.clevescene.com/cleveland/the-frankenstein-factor/Content?oid=1473264.
25 Murray, *Surgery of the Soul*, 80–81.
26 Ibid., 80.
27 Ibid.
28 Ibid., 81.
29 Ibid.
30 Ibid.
31 Ibid., 119.

注釋
Notes

Chapter 1——少了一枚腎臟

1 Nicholas L. Tilney, *Transplant: From Myth to Reality* (New Haven, CT: Yale University Press, 2003), 37.
2 Ann Rooney, *The History of Medicine* (New York: Rosen Publishing, 2012), 154.
3 Tilney, *Transplant*, 37.
4 David Hamilton, *The First Transplant Surgeon: The Flawed Genius of Nobel Prize Winner Alexis Carrel* (Hackensack, NJ: World Scientific, 2016), 110–11.
5 Susan E. Lederer, *Flesh and Blood: Organ Transplantation and Blood Transfusion in Twentieth-Century America* (New York: Oxford University Press, 2008), 7.
6 Ibid., 7.
7 Tilney, *Transplant*, 17.
8 Ibid., 7.
9 New York biologist Leo Loeb, quoted in Tilney, 37.
10 Tilney, 98.
11 Ibid.
12 National Institute of Diabetes and Digestive and Kidney Disease, https://www.niddk.nih.gov/.
13 Joseph E. Murray, *Surgery of the Soul: Reflections on a Curious Career* (Sagamore

謙卑先生與屠夫醫生
實現首例恆河猴換頭手術，神經外科先驅羅伯・懷特對移植人類大腦的追求，以及靈魂移植的追尋

謙卑先生與屠夫醫生（Brandy Schillace）著；徐仕美譯. －初版. －臺北市：麥田出版：英屬蓋曼群島商家庭傳媒股份有限公司城邦分公司發行，2021.12
面； 公分
譯自：Mr. Humble and Dr. Butcher : a monkey's head,the pope's neuroscientist, and the quest to transplant the soul.
ISBN 978-626-310-100-5（平裝）
1. 懷特（White, Robert Joseph, 1926-2010）2. 神經外科 3. 醫師 4. 傳記 5. 美國
785.28　　110015453

封面設計　莊謹銘
印　　刷　漾格科技股份有限公司
初版一刷　2021年12月

定　　價　新台幣480元
I S B N　978-626-310-100-5
Printed in Taiwan

作　　者　布蘭迪・席萊斯（Brandy Schillace）
譯　　者　徐仕美
責任編輯　林如峰
國際版權　吳玲緯
行　　銷　何維民　吳宇軒　陳欣岑　林欣平
業　　務　李再星　陳紫晴　陳美燕　葉晉源
副總編輯　何維民
編輯總監　劉麗真
總 經 理　陳逸瑛
發 行 人　凃玉雲

出　　版
麥田出版
台北市中山區104民生東路二段141號5樓
電話：(02) 2-2500-7696　傳真：(02) 2500-1966
網站：https://www.facebook.com/RyeField.Cite/

發　　行
英屬蓋曼群島商家庭傳媒股份有限公司城邦分公司
地址：10483台北市民生東路二段141號11樓
網址：http://www.cite.com.tw
客服專線：(02)2500-7718; 2500-7719
24小時傳真專線：(02)2500-1990; 2500-1991
服務時間：週一至週五09:30-12:00; 13:30-17:00
劃撥帳號：19863813　戶名：書虫股份有限公司
讀者服務信箱：service@readingclub.com.tw

香港發行所
城邦（香港）出版集團有限公司
地址：香港灣仔駱克道193號東超商業中心1樓
電話：+852-2508-6231　傳真：+852-2578-9337
電郵：hkcite@biznetvigator.com

馬新發行所
城邦（馬新）出版集團【Cite(M) Sdn. Bhd. (458372U)】
地址：41, Jalan Radin Anum, Bandar Baru Sri Petaling, 57000 Kuala Lumpur, Malaysia.
電話：+603-9057-8822　傳真：+603-9057-6622
電郵：cite@cite.com.my